THOMAS PETER CARSTENSEN

Dauer von Untersuchungshaft

KRIMINOLOGISCHE FORSCHUNGEN

Herausgegeben von

Prof. Dr. Hellmuth Mayer † und Prof. Dr. Joachim Hellmer

Band 13

Dauer von Untersuchungshaft

Von

Dr. Thomas Peter Carstensen

DUNCKER & HUMBLOT / BERLIN

Gedruckt 1981 bei Jürgen Kleindienst, Berlin 61
Printed in Germany

ISBN 3 428 04878 4

Vorbemerkung

Das Manuskript wurde im **Frühjahr 1979** abgeschlossen. Der lange Weg über die verschiedenen Instanzen bis zum Erscheinen ist gerade bei einer Zeitverlaufsstudie nicht ohne Ironie.

Die Dr. Otto-Bagge-Gedächtnisstiftung in Kiel hat den Druck durch eine Beihilfe zum Druckkostenzuschuß ermöglicht.

Inhaltsverzeichnis

Dritter Teil

Ergebnisse

Vierter Teil

Abhilfen

Einleitung

Diese Untersuchung befaßt sich ausschließlich mit der *Dauer* von Untersuchungshaft, weder mit ihrer Anordnung noch ihrem Vollzug, und auch nicht mit den der Haft zugrundeliegenden Strafverfahren. Diese Einschränkung wird im Verlauf des folgenden Textes noch begründet werden, soll aber auch schon hier vorangestellt sein, um keine falschen Erwartungen zu wecken.

Gleiches gilt für Anforderungen an mögliche Ergebnisse. Eine Reduzierung der Problematik auf einen oder wenige Punkte wird nicht möglich sein und entspricht auch nicht der Zielsetzung der Arbeit.

Ihren Anfang nahm sie an der Frage, ob sich untersuchen ließe, wo Verkürzungsmöglichkeiten — insbesondere durch die Verwendung von Doppelakten — für die Dauer der Untersuchungshaft bestünden[1]. Da die Arbeit empirisch[2] angelegt werden sollte und insoweit keine Vorbilder zur Orientierung vorliegen[3], erweiterte sich die Fragestellung darauf, was empirisch (mit einer Aktenuntersuchung) überhaupt möglich ist[4]. Somit ist der folgende Text auch ein Bericht darüber, wie Zielvorstellungen entwickelt und Ergebnisse erreicht wurden.

Die Voraussetzungen für den empirischen Teil der Arbeit wurden dadurch geschaffen, daß dem Verf. der Zugang zu den untersuchten Akten ermöglicht wurde durch Inanspruchnahme einer langen Reihe von Personen, die von Prof. Samson über den (damaligen) Staatssekretär im schleswig-holsteinischen Justizministerium, Herrn Böning, den leitenden Oberstaatsanwalt der Staatsanwaltschaft Kiel, Herrn von Raab-Straube, den geschäftsleitenden Beamten der Staatsanwaltschaft, Herrn Baumann, seinen Stellvertreter, Herrn Neumayer, bis zu den aktenverwaltenden Geschäftsstellenverwaltern[5] reicht.

---

[1] Diese Fragestellung verdankt der Verf. Prof. *Samson*

[2] Sie ist damit räumlich-zeitlich begrenzt (AG/LG Kiel, 1973—1975); wie in jeder empirischen Arbeit sind damit unmittelbare Aussagen nur über diesen eingegrenzten Bereich möglich, wie in jeder empirischen Arbeit aber mit weitergehendem Anspruch, d. h., auch Aussagen treffen zu können, die auch außerhalb dieses eingegrenzten Bereichs zutreffen könnten.
Die in der Studie angesprochenen Probleme werden so durch die praktischen Aufgaben, die ihr Gegenstandsbereich bietet, nicht erschöpft (vgl. dazu auch *Zimmerman* The American Sociologist 1976, S. 6).

[3] *Steffen* 1976, *Sonntag* 1973, *Stein/Schumann/Winter* (1973 und Ms), und *Neumann* 1969 waren lediglich eingeschränkt verwendbar; *Mikinovic/Stangl* (1977, Ms) bei der theoretischen Konzeption dieser Arbeit.

[4] Die Fragestellung wurde später um den Aspekt der Zeit konzentriert, d. h. Berechnung von Zeiträumen, Abläufe innerhalb der Zeiträume und Orientierung der Handelnden an zeitlichen Aspekten.

[5] Von insg. 12 Geschäftsstellen, wegen Vertretungen und organisatorischer Veränderungen noch mehr Personen (vgl. zum „Material" auch Dritter Teil, S. 49 ff.).

Der jetzt folgende Text soll berichten, was an Ergebnissen verfügbar war. Gleichzeitig soll auch berichtet werden, wie die Ergebnisse verfügbar gemacht wurden[6].

Einleitungen dienen gewöhnlich dazu, den Leser anzuleiten, wie der Text zu lesen sei, Zusammenfassungen zu liefern und Verantwortungsbereiche abzustecken. Daher soll betont werden, daß hier *einige* Möglichkeiten, die Akten zu „lesen", gezeigt werden sollten[7].

Die Leser können weitere Möglichkeiten finden.

---

[6] Vgl. *Mehan/Wood* 1975, S. 227 und Kap. 3, S. 37 ff.

[7] Vgl. *Silverman* 1975, S. 85, lll.

Erster Teil

Juristische Vor-Überlegungen

a) Einführung in die Problematik

Innerhalb des Forschungsbereiches Untersuchungshaft lassen sich mindestens drei verschiedene Untersuchungsbereiche unterscheiden: die Anordnung der Untersuchunghaft und das Anordnungsverfahren[1], ihr Vollzug als Bestandteil des Strafvollzuges[2] sowie die Dauer der Untersuchungshaft[3].

Die Dauer der Untersuchungshaft ist schon immer Gegenstand von Kritik wie von gesetzgeberischen Bemühungen gewesen[4]. Der letzte gesetzgeberische Versuch prinzipieller Änderung war das Strafprozeßänderungsgesetz von 1964; die Diskussion über die Haftdauer hält an[5]. Die Klage, daß in Deutschland (zu viel und) zu lange verhaftet werde[6], taucht immer wieder auf.

Insbesondere wird festgestellt, daß die Reform ihr Ziel, die Dauer der Untersuchungshaft zu verkürzen, nicht erreicht habe[7]. Dazu gesellt sich noch das Sonder-

---

[1] Vgl. *J. Wolff* KrimJ 1975, S. 17, der hierin 2 Punkte und im Vollzug den dritten sieht. Siehe auch *Feest et al.* KrimJ 1976, S. 7—8; *LaFave* 1965.

[2] Siehe *Kaiser/Kerner/Schöch* 1977, S. 76—78.

[3] *Siehe Krümpelmann* KrimGgwfr H. 12, 1976, S. 44, der zwischen Regelung der Untersuchungshaft und Haftdauer unterscheiden will, mit ersterem aber die Anordnung meint.

[4] Historische Übersicht bei *Vöcking* 1977, S. 12—32: *Rosenthal* 1975, S. 5—28.
Zuletzt findet sich ein Hinweis im von *Diemer-Nicolaus* (NJW 1972, S. 1693) zitierten unveröffentlichten Bericht des Bundesjustizministeriums, daß die Haftdauer nach von dort eingeholten Länder-Berichten wieder zu große Zeiträume umfasse. Für das Ausland sei, außer auf die Landesberichte in *Jescheck/Krümpelmann* 1971, auf einen vom dänischen Justizministerium angeregten Ausschußbericht verwiesen, der sich ebenfalls mit der, dort sehr viel kürzeren, Dauer der Untersuchungshaft befaßt, vgl. *Betaenkning* Nr. 728, 1974, S. 15 f., 102 ff.

[5] Da der Rechtszustand vor der Reform sich beträchtlich von dem heutigen unterschied — und ebenfalls Gegenstand von Klagen war, vgl. *Sauer* NJW 1959, S. 1993—6; *Dahs* (sen.) NJW 1959, S. 505—11, — und die ältere Diskussion auch gut aufgearbeitet ist (vgl. die in FN 4 zuerst Genannten), soll hier darauf nicht mehr eingegangen werden.

[6] Bes. *Ritter* 1962, S. 168; *Baumann* JuS 1965, S. 173; *ders.*, in *Sonnemann* (Hrsg.) 1969, S. 151; *Sonntag* 1973, S. 293; *Dünnebier* in *Lüttger* (Hrsg.) 1975, S. 47; vgl. auch das Feuilleton von *Schwarberg* Stern Nr. 2, 1978, S. 12—17.
Neuestens *Kerner* Schröder-Gedächtnisschrift (1978), S. 562.

[7] *Sonntag* 1973, S. 293 und insb. *Krümpelmann* in KrimGgwfr H. 12, 1976, S. 50; *ders.* in *Jescheck/Krümpelmann* (Hrsg.) 1971, S. 90; *Jescheck* in *Lüttger* (Hrsg.) 1975, S. 23.

problem der überlangen Großverfahren, das in neuerer Zeit verstärkt behandelt wird und wo sich ebenfalls der Aspekt der Haftdauer zeigt[8]. Auch das wissenschaftliche Interesse an dem Thema der Untersuchungshaft hat sich in letzter Zeit wieder verstärkt[9].

b) Die allgemeine juristische Diskussion

Es wird gelegentlich zwischen dem Schutz vor ungerechtfertigter Untersuchungshaft und der Verkürzung gerechtfertigter Untersuchungshaft auf das notwendige Maß unterschieden[10]. Wenn man wie auch immer begründet festgestellt hat, daß das notwendige Maß überschritten ist, ist die Untersuchungshaft nicht mehr gerechtfertigt, so daß der Begriff der gerechtfertigten Untersuchungshaft sich nur auf ihre Anordnung beziehen kann[11].

Das Postulat, daß die Untersuchungshaft so kurz wie möglich zu sein hat, ist im Grundsatz überall als selbstverständlich anerkannt, so daß die Etablierung des Problems kaum weiterer Legitimation bedarf. Trotzdem sollen einige Hinweise nicht ausgelassen werden.

Solange sie dauert, ist die Untersuchungshaft ein Eingriff in die Freiheit der Person; damit ist außer Art. 104 GG auch Art. 2 Abs. 2 Satz 2 GG betroffen[12]. Da das Strafverfahrensrecht als „angewandtes Verfassungsrecht"[13] verstanden wird und so vom Rechtsstaatsprinzip beherrscht ist[14], und da die Regelung der §§121, 122 StPO als Konkretisierung von Art. 5 Abs. 3 Satz 2 MRK angesehen wird[15], sind somit elementare rechtsstaatlich-liberale Grundsätze angesprochen[16], die über die Untersuchungshaft weit hinausgehen und allgemein auch unter dem Stichwort des „due process" zusammengefaßt werden[17].

---

[8] *Verhandlungen des 50. DJT* 1974 (bes. *Grünwald* S. C 42 ff.) *Dahs* NJW 1974, S. 1538. Allerdings ist dieses Problem, gerade auch in Hinblick auf die Haftdauer, bereits in den NS-Prozessen der 60er Jahre aktuell gewesen und hat viele Haftentscheidungen hervorgerufen, insb. die erste grundlegende Entscheidung des BVerfG v. 3. 5. 1966 (BVerfGE 20, 41; u. a. in NJW 1966, 1259) zu Fragen der Haftdauer.

Dagegen war dies bislang zu den sog. Monstre-Prozessen der 70er Jahre (insbes. den „Terroristen-Prozessen") nicht der Fall.

[9] Vgl. *Sonntag* 1973; *Rosenthal* 1975; *Vöcking* 1977; (*Hiltl* 1977); *Richter* (i. Vorb.) und die bereits angeführte dänische Untersuchung (*Betaenkning* Nr. 728,1974; s. dazu *Gammeltoft-Hansen* ZStW 88 (1976), 515 ff.).

[10] *Krümpelmann* in Jescheck/Krümpelmann (Hrsg.) 1971, S. 959.

[11] Die Einräumung prozessualer Rechte dient nicht nur dem Schutze Unschuldiger, was in der genannten Unterscheidung anklingen mag; vgl. *Giehring* in *Hassemer/Lüderssen* (Hrsg.) 1978, S. 186 ff., 189 ff.

[12] BVerfGE 21, 184, 220, 223; s. a. *Kleinknecht* JZ 1974, 585; zur verfassungsrechtliche Problematik eingehend *Rosenthal* 1975, S. 40--59.

[13] BVerfGE 32, 373, 383; s. a. *Rupprecht* NJW 1973, 1633

[14] Vgl. nur *Kleinknecht* 33. Aufl. 1977, Einl., Anm. 18—22.

[15] Vgl. nur *Löwe/Rosenberg/Dünnebier* 23. Aufl., 10. Lief. 1977, Anm. 1 zu § 121 StPO.

[16] *Eb. Schmidt* 1965, S. 339; *Kern/Roxin* 14. Aufl. 1976, S. 11.

[17] Zur Dichotomie: effizienz-orientiertes „crime-control-model" vs. rechte-orientiertes „due-process-model" in der amerikanischen Diskussion und den Folgen für die Forschung s. *Cicourel* 1968, S. 41 und *Low* in *Baldwin/Bottomley* (eds.) 1978, S. 12—14.

Nach der amerikanischen Diskussion dient die konstitutionelle Garantie des Anspruchs auf schnelle Aburteilung[18] drei Zwecke: Sie erhöht die materielle Qualität des Strafprozesses, vermindert den Zustand der Ungewißheit — und ggf. die Haftdauer — für den Betroffenen und schützt ihn vor Behördenwillkür[19].

Ein weiterer Grund für die Beschäftigung mit dem Problem der Haftdauer liegt in der Auswirkung auf den Betroffenen, nicht nur in der Ungewißheit, sondern auch in den Wirkungen der Haft auf ihn selbst[20] wie auf seine Umwelt[21].

Im Zusammenhang mit Reformbestrebungen auf dem Strafvollzugssektor wird auch darauf hingewiesen, daß in der Untersuchungshaft noch keine Resozialisierungsbemühungen ansetzbar seien[22]. Schließlich wird auch noch der Gesichtspunkt der Effektivität der Strafrechtspflege erwähnt, da lange Verfahrensdauer die präventive Funktion des Strafens beeinflusse[23].

Die deutsche Diskussion kreist fast ausschließlich um die §§ 121 ff. StPO, wenn die grundsätzliche Ebene verlassen wird[24].

An neueren empirischen Untersuchungen liegen die Arbeiten von *Neumann* (noch zum alten Rechtszustand) und *Sonntag* (u. a. zu den Auswirkungen des StPÄG auf die Haftdauer) sowie die Daten bei Krümpelmann[25] und Vöcking[26] vor[27].

Letztere Untersuchung weist auf ein Spezialproblem hin, die Rechtsmittelhaft[28]. Das ist Untersuchungshaft zwischen erstinstanzlichem Urteil und letzter Entscheidung der Rechtsmittelinstanz(en).

Die englische Bezeichnung pre-trial detention ist genauer, weil damit alles ausgeschlossen wird, was nach erstinstanzlicher Verurteilung noch an Untersuchungshaft vorliegt, da häufig auch noch nach Rechtskraft (ob mit oder ohne Rechtsmittel vor deren Eintritt) die Überweisung von dem Untersuchungshaft- in den Strafhaftvollzug noch beträchtliche Zeit dauern

---

18 Als Ausfluß der konstitutionellen „due process" Garantie, ausschließlich im Sinne einer Orientierung an den Rechten der Betroffenen verstanden, nicht im effizienz-orientierten Sinn von „kurzem Prozeß" (Volksmund).

19 *Marc Steinberg* Journal of Criminal Law & Criminology 1975, S. 229.

20 *Sieverts* 1929, S. 27—51.

21 Siehe dazu *Hink* Kriminalistik 1967, 523.

22 *Krümpelmann* in *Jescheck/Krümpelmann* (Hrsg.) 1971, S. 959; *Kaiser/Kerner/Schöch* 1977, S. 76; *Binswanger/Brandenburger* SchwZStR 1975, 406; *Rotthaus* NJW 1973, 2269.
Die darin enthaltene Prämisse, man müsse die Zeit der Freiheitsentziehung (therapeutisch) durchplanen können, ist allerdings von Vorstellungen über den Vollzugsinhalt abhängig.

23 *Grünwald* Vhdlg. des 50. DJT, 1974, S. C 14 f.; auch, allgemein auf alle langdauernden Verfahren bezogen, zu den anderen genannten Punkten.

24 Siehe dazu den folgenden Abschnitt c).

25 In *Jescheck/Krümpelmann* (Hrsg.) 1971, S. 89 ff.; *ders.* ZStW 82 (1970), 1052.

26 *Vöcking* 1977, Zweiter Teil; einige Daten auch bei *Krümpelmann* KrimGgwfr H. 12, 1976, S. 51. Zu älteren Daten vgl. *Dünnebier* MschrKrim 1962, 102—109; *Franzmann* 1963; *Jescheck* GA 1962, 65; s. a. *Ritter* 1962 allg. zu Strafverfahren.

27 Siehe jetzt auch *Hiltl* 1977, S. 102—106.

28 Diese wird oft zu wenig von „eigentlicher Untersuchungshaft" unterschieden, wenn Daten berichtet werden.

kann[29]. Letzteres ist aber ein Problem der Vollzugs-Behörden. Insgesamt reicht der Anspruch auf schnelle Aburteilung nur bis zum erstinstanzlichen Urteil.

c) Die spezielle juristische Diskussion zur Dauer der Untersuchungshaft anhand der §§ 121 ff. StPO

Die Themenkreise der juristischen Diskussion können nach folgenden Gesichtspunkten geordnet werden[30]:

1. zum Charakter der Frist des § 121 StPO als Ordnungsvorschrift oder als „jus cogens"[31]
2. zum Begriff „dieselbe Tat"[32]
3. Auslandsrechtliches, insb. zum NatoTrStat[33]
4. allgemeine Fragen des Anwendungsbereichs der §§ 121 ff. StPO (insb. weitere Fragen der Fristberechnung)[34]
5. zur Geschäftsüberlastung als wichtigem Grund[35]
6. inhaltliche, bisher nicht angesprochene Gründe für und gegen Haftverlängerung gem. § 121 StPO[36]
7. Sonstiges (insb. zur MRK[37] und zu § 126a StPO[38]).

Bei 1. bis 4. geht es dabei sowohl um die Fragen, *ob* die §§ 121 ff. StPO überhaupt zur Anwendung kommen können, als auch darum, *wann* dies zu geschehen hat. Allein in 5. und 6. werden inhaltliche Fragen, also Haftverlängerungsgründe, angesprochen[39].

---

[29] All dies konnte im Verlauf der Erhebungen zu dieser Arbeit beobachtet werden.

[30] Dies entspricht den Kategorien der in Tabelle 1) beigefügten Rechtsprechungsübersicht. Die entspr. Literatur desselben Zeitraums ist weitgehend in die folgenden Anmerkungen eingearbeitet worden.

[31] Siehe *Vöcking* 1977, S. 87—113; *Mehling* NJW 1966, 142; *Eb. Schmidt* NJW 1968, 2209 (I, 3a, b).

[32] *Rosenthal* 1975, S. 78—150; *Vöcking* 1977, S. 145—195; s.a.: *Rebmann* NJW 1965, 1752; *Eb. Kaiser* NJW 1966, 435: *Franzheim* NJW 1967, 1597; *Kleinknecht* JZ 1968, 341; *Eb. Schmidt* NJW 1968, 2209 (I. 2).

[33] *Schwenk*, JZ 1976, 581.

[34] Einige Spezialprobleme bei:
Pusinelli NJW 1966, 76; *K.H. Meyer* JR 1969, 68; *Güldenpfennig* NJW 1972, 2008; *Luckhaupt* MDR 1974, 550; *Seebald* NJW 1975, 28; *Seetzen ZRP 1975, 29; Lewald* SchlHA 1975, 57; dazu die vielen Aufsätze der Einführungszeit, z.B. *Schorn* NJW 1965, 841; *Dünnebier* JZ 1966, 251; *Schorn* JR 1966, 452; *Philipp* DRiZ 1965, 83.

[35] *Rosenthal* 1975, S. 198—208; *Bartsch* NJW 1973, 1303; *Bondzio* NJW 1973, 1468.

[36] Hierzu ist keine Literaturdokumentation möglich.

[37] *Bächle* NJW 1965, 475; *Arndt* DRiZ 1966, 79; *Schultz* JR 1968, 441; *Mahler* NJW 1969, 353; *Bartsch* JuS 1970, 445; *Golsong*, in Grützner-Festschrift S. 68—75; *Guradze*, NJW 1968, 2161 — alles zu den zwei entschiedenen Fällen. Vgl. noch *Vogler* ZStW 89 (1977), S. 772—774; ausf. *Kramer* 1973.

[38] *H. J. Sack* NJW 1975, 2240.

[39] 7. ist notwendig eine Restkategorie.

Tabelle 1

Veröffentlichte Entscheidung zur Dauer der Untersuchungshaft

Erfassungskriterien:

Veröffentlichte Entscheidungen zur Untersuchungshaft aus dem Zeitraum 1965 (Inkrafttreten des StPÄG) bis 1977 aus den Zeitschriften etc.: NJW, JZ, JR, JuS, MDR, DRiZ, SchlHA, NdsRpfl, JMBlNRW und OLGSt.

Anhand der Register wurden über die Stichworte Haft/Untersuchungshaft alle Entscheidungen erfaßt, die sich nicht lediglich mit Fragen des Vollzugs der Untersuchungshaft befassen[1].

Alle Entscheidungen wurden dem Jahr der Veröffentlichung zugeordnet[2]. Da vielfach Mehrfach-Zitierungen vorkamen, mußte über die Aktenzeichen eine Mehrfach-Verwertung ausgeschlossen werden; ggf. wurde die zeitlich zuerst erschienene Veröffentlichung für diese Tabelle vorgesehen[3].

Kategorien (1. bis 7.): s. Text

Kategorie	Jahr der Veröffentlichung													Summe
	1965	66	67	68	69	70	71	72	73	74	75	76	77	
1.	4	1	2	–	1	–	–	–	1	–	1	1	–	11
2.	1	5	3	1	2	–	–	–	–	1	–	1	1	15
3.	–	2	–	–	–	–	–	–	1	2	–	3	–	8
4.	8	3	2	2	2	2	1	1	–	–	1	–	1	23
5.	2	–	1	2	1	2	–	–	3	1	3	1	–	16
6.	–	1	4	5	–	1	2	2	3	2	1	–	1	22
7.	1	3	1	–	–	–	1	2	–	–	1	1	1	11
Summe	16	15	13	10	6	5	4	5	8	6	7	7	4	106

Bemerkungen:

In 4. ging es in 11 Fällen um die Berechnung der Vorlagefrist. In 7. ging es in 5 Fällen um die Fristberechnung in Zusammenhang mit § 126a StPO; in 2 Fällen um die MRK.

Von den insgesamt 106 Entscheidungen entfallen auf das BVerfG 5 Entscheidungen, 2 auf BGHSt und eine auf BGHZ (der Rest also auf OLGe).

Nur 3 der angeführten Entscheidungen (dazu die 2 zur MRK) stehen nicht in Zusammenhang mit Haftprüfungen gem. §§ 121 ff. StPO.

[1] Bei OLGSt über die Abschnitte §§ 112 und 121 ff. StPO.
[2] Bei OLGSt dem Entscheidungsjahr.
[3] Die Übersicht ist auf veröffentlichte Entscheidungen beschränkt. Daher wurden einige unveröffentlichte, bei *Kleinknecht/Janischowsky* 1977 angeführte Entscheidungen *nicht* eingearbeitet, da die Übersicht nur den allgemein zugänglichen Kenntnisstand wiedergeben soll. — Im Text wurde ebenfalls nur die jeweils erste Veröffentlichung zitiert; eine Konkordanz wäre zu umständlich gewesen. Ebenso wurden Aufsätze und selbständig erschienene Werke nicht eingearbeitet. Eine eigene Tabelle dazu lohnte nicht.

Die Zahl der Veröffentlichungen zu den Themenkreisen 1., 2. und 4. ist über die Jahre hinweg rückläufig. Dabei handelte es sich wohl um Orientierungsprobleme nach der Gesetzesänderung[40], die in der Praxis inzwischen irgendeine Lösung erfahren haben. Die eher inhaltlichen Themenkreise 5. und 6., die auf Aufhebungs- oder Fortdauerbegründungen näher untersucht werden können, zeigen zwei deutliche

[40] *Eb. Schmidt* hat dazu das Wort von der „Rätselecke“ (der §§ 121 ff. StPO) geprägt (NJW 1968, 2219).

zeitliche Schwerpunkte: Um 1968, also einige Zeit nach der Änderung, als wohl die Übergangsprobleme weniger wichtig waren, und dann um 1973—75, als insbesondere das Überlastungsthema aktuell war (und schließlich durch das BVerfG weitgehend gelöst wurde[41]). Die Übersicht spiegelt aber nur die unerforschte Veröffentlichungspraxis und nicht etwa die Grundgesamtheit der ergangenen Entscheidungen. Trotzdem wird die juristische Diskussion weitgehend durch die veröffentlichten Entscheidungen bestimmt[42].

d) Zur Frage nach Kriterien

Fraglich ist, ob sich aus der juristischen Diskussion operationable Kriterien ergeben könnten, die zur empirischen Untersuchung zur Dauer der Untersuchungshaft als Anleitung herangezogen werden könnten.

Dabei kann es kaum darum gehen, anhand von Kriterien aus Entscheidungen eine nachträgliche „Rechtmäßigkeitskontrolle" jedes einzelnen Verfahrens vorzunehmen.

Zu untersuchen wäre aber, ob sich Kriterien zur Beurteilung, was als (vermeidbare) Verfahrensverzögerung anzusehen ist, oder sogar fixe Maßstäbe finden lassen könnten.

Die Diskussion um die §§ 121 ff. StPO allein kann dazu nicht die ausschließliche Grundlage bilden, da § 121 StPO seine eigenen Probleme hat, die sich nicht unmittelbar auf die Haftdauer beziehen, und weil sich von der Praxis her die Diskussion von einer der Ausnahmegründe, die zur Verlängerung führen, zu einer der Nichtverlängerungsgründe entwickelt hat[43]; eine nicht unbedingt zwingende Verlagerung der Thematik.

aa) Die Menschenrechtskonvention stellt nur allgemeine Grundsätze auf. Dem EuGH wird zudem vorgeworfen, daß er selbst keine Kriterien dafür angibt, wann die Anforderungen der Konvention (Aburteilung Verhafteter innerhalb angemessener Frist) verletzt seien[44], so daß von hier aus zwar Grundsätze, aber keine Kriterien zu gewinnen sind[45].

---

[41] BVerfGE 36, 324 (u. a. i. NJW 1974, 307). In der Übersicht ist die ebenfalls durch das BVerfG gelöste Sonderproblematik der §§ 112 Abs. 4/116 StPO, weil nicht direkt haftdauerbezogen, nicht berücksichtigt worden.

[42] Dazu muß für einige Rechtsprobleme auf die angegebene Literatur verwiesen werden.

[43] Siehe die Übersicht zur Praxis der OLGe, Dritter Teil, 5., b), (2), (a), S. 115.

[44] Der EuGH hat (nicht einmal) einige von der MRK-Kommission entwickelte Kriterien zur Beurteilung der „Angemessenheit" übernommen, sondern ging unter ausdrücklicher Ablehnung dieser Kriterien zur Einzelfallprüfung über; vgl. ausf. *Bartsch* JuS 1970, S. 448 f. (der dem Gerichtshof zudem vorwirft, er lege die MRK entgegen ihrem ausdrücklichen Auftrag — Art. 45 — nicht aus); vgl. auch *Vogler* ZStW 89 (1977), S. 772 f., woraus sich ergeben mag, daß der EuGH allgemein recht „großzügig" ist, sowie *Schwenk* ZStW 79 (1967), 721.

[45] Die Kriterien der MRK-Kommission (vgl. *Bartsch*, S. 448) sind sehr allgemein gehalten.

bb) Die Verhältnismäßigkeit wird in der Diskussion auf nationaler Ebene meist als oberster Grundsatz genannt[46]. Fraglich bleibt aber, ob dies überhaupt die Beschleunigung des Verfahrens sichert[47], da hierdurch nur eine oberste Grenze gezogen wird. Zudem folgt aus dem Grundsatz der Verhältnismäßigkeit eine Gesamtabwägung, die sicher nicht operationabel ist, und schließlich versagt dieser Grundsatz in den Extremfällen, wenn die Haft zwar noch verhältnismäßig sein mag, aber absolut zu lang ist[48], also unabhängig vom zugrundeliegenden Strafverfahren[49].

cc) Der allgemeine Beschleunigungsgrundsatz, der im ganzen Prozeßrecht gilt[50], ist nicht direkt normiert. Zudem ist sogar strittig, ob es einen Anspruch des Betroffenen auf Beschleunigung des Verfahrens gibt[51]. Sicher aber ist auch dieser Grundsatz für empirische Zwecke nicht operationalisierbar.

dd) Die Standardlösung der juristischen Diskussion führt über die §§ 121 ff. StPO[52]. Dort finden sich sowohl weitere Konkretisierungen allgemeiner Grundsätze als auch einige quantifizierte Angaben.

(1) Das Problem der Überlastung von Gericht und Staatsanwaltschaft ist ein Sonderkapitel; insbesondere geht es dabei um die Schwurgerichte alter Art[53]. Nachdem zeitweilig angenommen wurde, daß auch das, was der Staat zu vertreten hat (insb. mangelnde Ausstattung), als

---

[46] *Dünnebier* in *Lüttger* (Hrsg.) 1975, S. 35 f., der wie auch *Eb. Schmidt* (NJW 1968, 2209, ff.) bemängelt, daß der Grundsatz kaum konkretisiert ist. Vgl. ausf. *Seetzen* NJW 1973, 2001.

[47] Bezweifelt von *Güldenpfennig*, der die Beschleunigung von der MRK gefordert sieht (NJW 1972, 2008); s. dazu auch cc).

[48] *Dünnebier* S. 37; „absolut zu lang" muß aus anderen Grundsätzen hergeleitet werden; Dünnebier verweist auf Art. 6 Abs. 1 Satz 1 MRK.

Daran schließt sich der Streit an, ob überlange Strafverfahren zu einem Prozeßhindernis führen können, was auf dieser allgemeinen Ebene noch verneint wird, s. *Hanack* JR 1971, 705; BGH NJW 1972, 402 und OLG Koblenz NJW 1972, 405 sowie *Hillenkamp* JR 1975, 133 (bez. Verfahrensverzögerung); *Löwe/Rosenberg/Schäfer*, Einleitung Kap. 12, Rdnr. 93; vgl. auch *Vogler* ZStW 89 (1977), S. 780 f.; a. A. aber OLG Frankfurt, JZ 1971, 234.

Vgl. aber *Dünnebier*, der jedenfalls die Aufhebung der Untersuchungshaft fordert (bez. 5 Jahre Haft in NS-Verfahren, was zeigt, daß der Streit sicher nur Extremfälle erfaßt), sowie *Schwenk* ZStW 79 (1967), 721.

[49] Andere Rechtskreise sind weniger zurückhaltend; vgl. die in OLG Nürnberg NJW 1975, 2150 angegebene Entscheidung eines US-Militärrichters und die Reaktion dieses OLGs darauf.

[50] *Kleinknecht* 33. Aufl. Einl., Anm. 157, weist darauf hin, daß das Beschleunigungsgebot zwar noch aus der prozessualen Fürsorgepflicht abgeleitet werden könne, sich aber zum selbständigen Rechtsinstitut entwickelt habe, das in anderen Vorschriften (auch §§ 121 ff. StPO) näher konkretisiert werde.

[51] Siehe *Kohlmann* Maurach-Festschrift (1972) S. 501 ff., der anführt, daß die StPO nur ein allgemeines Beschleunigungsgebot aufweise (S. 502 f.) und einen *Anspruch* aus dem Übermaßverbot des GG begründen will (508; vgl. auch die Argumentation bei *Rosenthal* 1975, S. 40—57), der schließlich über § 23 EGGVG durchgesetzt werden könne (S. 514); vgl. auch *Löwe/Rosenberg/Schäfer* Einleitung, Kap. 12, Rdnr 93 und Dahs NJW 1974, 1543.

[52] Unter Berücksichtigung der allgemeineren Grundsätze (aa) - cc)).

[53] Vgl. OLG Düsseldorf NJW 1973, 2216; dagegen BVerfG NJW 1974, 307; s. a. OLG Koblenz MDR 1975, 59; *Vöcking* 1977, S. 139—141; *Kleinknecht* JZ 1974, 585.

wichtiger Grund herangezogen werden könne, hat sich, nach anfänglichem Zögern[54], die Meinung durchgesetzt, daß von seiten der Rechtspflege alles getan werden muß, damit das Verfahren in kürzestmöglicher Zeit abgeschlossen werden kann. So ist die Bedeutung des z. T. auch von justizpolitischen Erwägungen beeinflußten[55] Überlastungsthemas zurückgegangen. Kapazitätsmäßige Schwierigkeiten bei der Bearbeitung von Haftsachen können keinen Grund für die Haftfortdauer mehr abgeben[56].

(2) Es ist der allgemeine Satz aufgestellt worden, daß dringender Tatverdacht allein kein wichtiger Grund für Haftfortdauer gem. § 121 StPO sein kann[57]. Das Grundrecht des Art. 2 Abs. 2 Satz 2 GG konnte auch bei NS-Tätern verletzt werden[58]. Die Notwendigkeit der Haftfortdauer steht also *immer* zur Disposition. Diese Frage soll auch ständig, unabhängig von allen Anlässen dazu, geprüft werden[59].

(3) Aus dem Katalog des § 121 StPO sollen die Schwierigkeiten und der Umfang der Ermittlungen in der Regel „eine einwandfreie Begründung für die Haftverlängerung" liefern können[60], so daß sich ein wesentlicher Teil der Diskussion auf den anderen wichtigen Grund konzentriert[61].

Es muß aber in jedem Fall die gebotene beschleunigte Bearbeitung[62] von Haftsachen beachtet worden sein. Daraus folgt[63], daß keine vermeidbaren Verzögerungen aufgetreten sein dürfen.

Folgende Punkte wurden als vermeidbare Verzögerungen angesehen[64]:

Überlastung oder Nichtbearbeitung durch die Berichterstatter der Gerichte[65],

---

[54] OLG Hamburg, NJW 1965, 1777; bes. OLG Hamm NJW 1973, 720 — dagegen ausf. *Bartsch* NJW 1973, 1303 und *Bondzio* NJW 1973, 1468 f. — sowie OLG Düsseldorf NJW 1973, 2216.

[55] Vgl. BVerfGE 36, 324 — dissenting vote — und OLG Karlsruhe NJW 1975, 682.

[56] *Rosenthal* 1975, S. 208; *Vöcking* 1977, S. 139 f.; *Kleinknecht* JZ 1974, 584 („Justizgewährungsanspruch"); BVerfG NJW 1974, 309.

[57] OLG Düsseldorf, OLGSt zu § 121 StPO, S. 73 (1972).

[58] BVerfG NJW 1966, 1259.

[59] BGH bei Dallinger MDR 1971, 547.

[60] *Vöcking* 1977, S. 133: Kasuistik bei *Kleinknecht/Janischowsky* 1977, Rdnr 249—251. Vgl. auch *Stiebeler* Frankfurter Rundschau vom 13. 9. 76, der darauf hinweist, daß es viele Fälle gebe, in denen „unter Ausschöpfung aller Quellen der wichtige Grund gerade noch so eben bejaht" werde (diese Bemühungen wollte der OLG-Präsident gewürdigt wissen). Vgl. auch *Dünnebier* in *Lüttger* (Hrsg.) 1975, S. 38, daß manchmal noch eine Schwierigkeit „gefunden" werde, um die Haft weiter verlängern zu können.

[61] Die bereits angesprochene Überlastungsdiskussion wird zum Teil beim wichtigen Grund, zum Teil bei Schwierigkeiten der Ermittlungen geführt, je nachdem, wer überlastet sein soll.

[62] *Rosenthal* 1975, S. 165 m. w. N.

[63] z. T. a. A. *Kleinknecht/Janischowsky* 1977, Rdnr 260.

[64] Eine Zusammenfassung der Beschleunigungsmöglichkeiten, die in der Rechtsprechung in diesem Zusammenhang angesprochen worden sind, findet sich bei *Kleinknecht/Janischowsky* Rdnr 258—262.

[65] OLG Bremen NJW 1965, 2361; OLG Braunschweig NJW 1967, 1290; OLG Oldenburg NJW 1968, 808; OLF Frankfurt NJW 1968, 2117; OLG Karlsruhe NJW 1969, 1682; OLG München NJW 1970, 156; OLG Karlsruhe NJW 1970, 1201; OLG Hamm NJW 1972, 550; OLG Hamm, JMBlNRW 1975, 59; OLG Düsseldorf, JMBlNRW 1976, 154.

Nichtbearbeitung wegen Überlastung der Staatsanwaltschaft[66], insbes. Verzögerung der Anklageerhebung[67] dadurch. In diesen Fällen wurde meist auf den einfachen Tatbestand der Nichtbearbeitung über einen gewissen Zeitraum abgestellt. Weiter wurden zu lange Pausen durch Verzögerung des Eröffnungsbeschlusses bzw. bei der Anklagezustellung als vermeidbare Verzögerung angesehen[68].

Die angeführte Kasuistik läßt sich so zwar auf Versäumnisse bei der Anklageerhebung, bei der Ermittlung selbst und bei der Vorbereitung der Hauptverhandlung zusammenfassen, ist aber insoweit für empirische Zwecke nicht näher zu operationalisieren.

(4) In dieser Hinsicht sind quantifizierte Angaben, wie sie gelegentlich zu finden sind, interessanter. Halbwegs präzise Angaben sind zu finden für die Zeit zwischen Schlußgehörsangebot und Anklageerhebung: 8 Wochen seien zuviel[69], bzw. allgemein sei eine Verzögerung der Anklageerhebung um 3[70] bzw. 4 Monate[71] zuviel, bzw. noch allgemeiner 4 Monate Nichtbearbeitung der Haftsache ohne vertretbaren Grund[72]; für die Zeit zwischen Eröffnung und Hauptverhandlung wurde eine Zeit von 2[73] bzw. 3[74] Monaten als zu lange angesehen.

(5) Für die Zwecke der vorliegenden Arbeit ist mehreres zu beachten:

Die zuletzt angegebenen Quantifizierungen beschränken sich darauf, etwas als „zu lang" zu bezeichnen (als daß die Haft noch verlängert werden könnte), während vorher nur allgemein „Versäumnisse" bezeichnet worden waren[75]. Sowohl die Fristen als auch die anderen Kriterien sind so grob angelegt, daß sie kaum Maßstäbe für eine detailliertere Analyse abgeben können.

Weiter handelt es sich dabei um Einzelfall-Entscheidungen, bei denen selbst nach den veröffentlichten Entscheidungen zu vermuten ist, daß ihre Kriterien in der Re-

---

[66] OLG Stuttgart MDR 1977, 426.

[67] OLG Karlsruhe NJW 1976, 1009; OLG Köln MDR 1973, 515; OLG Düsseldorf OLGSt zu § 121 StPO S. 35 (1967); OLG Bremen MDR 1968, 863; OLG Frankfurt bei Kleinknecht/Janischowsky Rdnr 263, FN 93 (1973).

[68] OLG Hamm NJW 1968, 1203; OLG Hamburg MDR 1968, 603; OLG Koblenz MDR 1975, 332.
Weiter wurden zu lange Wartezeiten auf Gutachten angegeben in OLG Köln NJW 1973, 1009; OLG Hamburg bei Kleinknecht/Janischowsky Rdnr 259 FN 86 (1973); Wartezeiten auf Beiakten in OLG Koblenz MDR 1974, 60, und Säumnis amtlicher Stellen allgemein in OLG München bei Kleinknecht/Janischowsky Rdnr 259 FN 79 (1972).

[69] OLG Hamm NJW 1972, 550.

[70] OLG Karlsruhe NJW 1973, 1009.

[71] OLG Köln MDR 1973, 515.

[72] OLG Hamm JMBlNRW 1974, 47.

[73] OLG Hamm NJW 1968, 1203.

[74] OLG Hamburg bei Kleinknecht/Janischowsky, Rdnr 262, FN 93 (1973).

[75] Für eine Operationalisierung müßte man diese beiden Gesichtspunkte noch miteinander verbinden.

gel nicht durchgehalten werden[76], zumal es die Gerichte gelegentlich mehr auf die Publikation solcher Sätze abgesehen zu haben scheinen[76]. Die Übertragbarkeit vor allem der quantifizierten Sätze wird dann auch mit dem Argument des besonders gelagerten Einzelfalls abgelehnt[77], obwohl die prüfenden Oberlandesgerichte eine beträchtliche Vorgabe geben in dem, was noch hingenommen wird[78]. Außerdem wird noch bestritten, ob festgestellte vermeidbare Verfahrensverzögerungen zur Haftaufhebung nach sechs Monaten zwingen[79]. Das kann allerdings nach der juristischen Diskussion kaum noch zweifelhaft sein[80].

ee) Nach alledem können vorab aus der juristischen Diskussion keine Kriterien gewonnen werden, die bei der Untersuchung der Dauer der Untersuchungshaft als Anleitung herangezogen werden könnten.

Fraglich ist dann, ob man andere Kriterien heranziehen könnte, insbesondere solche, die Quantifizierungen ermöglichen.

Die Frist des § 121 StPO kann dazu gerade nicht herangezogen werden. Es ist bereits verschiedentlich darauf hingewiesen worden, daß diese Vorschrift zu spät greife[81], was zu der irrigen Vorstellung führe, daß jedenfalls sechs Monate „erlaubt" seien[82].

Die Rechtsvergleichung weist darauf hin, daß man zur Eingrenzung der Problematik feste Fristen heranziehen könnte, wie sie vor allem jetzt in den USA eingeführt sind[83]. Ein Teil der Problematik wurde bereits bei den Quantifizierungsversuchen der deutschen Rechtsprechung deutlich: Es wird sich über die Fristsetzungen kaum ein Konsens erzielen lassen. Weiter sträubt sich die Praxis gegen jede Frist mit dem Argument des besonders gelagerten Einzelfalls[84]. Zudem gibt es im Aus-

---

[76] Vgl. OLG Hamm NJW 1968, 1203, das nach der Aufstellung seiner Sätze die Haft doch nicht aufgehoben hat, sowie OLG Hamburg NJW 1973, 2040 oder die OLGe Hamm (JMBlNRW 1975, 59) und Düsseldorf (JMBlNRW 1976, 154), die nicht die Haft aufgehoben, sondern nur verschont haben.

[77] S. OLG Stuttgart bei Kleinknecht/Janischowsky, Rdnr 262, FN 94 (gegen OLG Hamburg, daselbst, FN 93) unter Zustimmung der Autoren.

[78] Vgl. die Formulierung in OLG Hamm JMBlNRW 1974, 47, „4 Monate Nichtbearbeitung ohne vertretbaren Grund", oder bei Kleinknecht/Janischowsky Rdnr 259 bzgl. OLG München (1972), das Säumnis amtlicher Stellen nur in gravierenden Fällen monieren will.

[79] Besonders kraß OLG Hamm, JMBlNRW 1971, 381, das von „Blutbad" und besonderem öffentlichen Interesse an der Haftfortdauer sprach: ähnlich OLG München, nach Kleinknecht/Janischowsky Rdnr 260 in FN 89; s. a. *Vöcking* 1977, S. 135 m. w. N.

[80] Siehe S. 22 oben zu (3) und (1).

[81] *Baumann* JuS 1965, 173; *Krümpelmann* KrimGgwfr H. 12, 1976, S. 52 und ders. ZStW 82 (1970), 1012.

[82] Vgl. z. B. *Rosenthal* 1975, S. 138; gegen diese Ansicht aber *Grünwald* 50. DJT 1974, S. C 43. Diese Ansicht ist in informellen Diskussionen sehr viel häufiger.

[83] Nach einer Übergangszeit nicht mehr als 90 Tage von Verhaftung bis Urteil, s. *Steinberg* Journal of Criminal Law & Criminology 1975, 229, 233; *Schwenk* JZ 1976, 583; ob diese Fristen ggf. über das Nato TrStat auch in der BRD zur Anwendung kommen können, ist noch offen.

[84] Vgl. drastisch *Cordier* NJW 1968, 1710; s. a. *Kleinknecht/Janischowsky* 1978, Rdnr 262.

land unter den Ländern mit besonders kurzer Untersuchungshaftdauer solche mit wie auch ohne feste Fristsetzungen[85].

Somit ergeben sich insgesamt keine Möglichkeiten, für die vorzunehmende empirische Untersuchung einen Kategorienkatalog aufzustellen, der Kriterien für vermeidbare Verfahrensverzögerungen wie für Soll-Zeiten für die Dauer der Untersuchungshaft insgesamt oder für einzelne Verfahrensschritte enthalten könnte.

Die Möglichkeit, eigene Soll-Zeiten für bestimmte Arbeitsschritte festzusetzen, besteht auch nicht, da dies eine genaue an betriebswirtschaftlichen Mustern orientierte Erfassung aller Arbeitsschritte — also Taylorismus — voraussetzen würde, was weder machbar noch wünschenswert ist. Statistische Richtwerte für größere Abschnitte würden dem Postulat, daß die Haft so kurz wie möglich zu sein hat, widersprechen.

Aus der vorläufigen Formulierung des Untersuchungsthemas bleibt allein das, was unter dem Stichwort Doppelakten verstanden wird und sowohl in der deutschen[86] wie in der internationalen[87] Diskussion ständig angesprochen wird: Dadurch, daß die Akten während der laufenden Bearbeitung oft versandt werden, so daß in der Zwischenzeit nicht weitergearbeitet werden kann, ergeben sich beträchtliche Verzögerungen, die möglicherweise bei der Verwendung von Doppelakten vermeidbar wären. Dieser Frage kann nachgegangen werden.

Von dem bislang Diskutierten wird zwar einiges wieder im Vierten Teil der Arbeit aufgenommen werden. Jetzt kam es aber nur darauf an, was vorab als Hilfe bei der empirischen Untersuchung herangezogen werden kann.

---

[85] Vgl. *Grebing* ZRV 1975, S. 182—186.

[86] OLG Karlsruhe NJW 1973, 380; OLG Köln NJW 1973, 1009 (1010); OLG Frankfurt NJW 1973, 780; vgl. RiStBV (n. F.) Nr. 12, Abs. 2; vgl. auch den Beschluß Nr. 7a des *50. DJT*, in Band II, S. K 272. Aus der Literatur: *Grebing* ZRV 1975, S. 186; *Seetzen* NJW 1973, S. 2002; *Baumann* in *Sonnemann* (Hrsg.) 1969, S. 155; *Ritter* 1962, S. 92; *Spiecker* MSchrKrim 1962, 102 (unter Verweis auf Anders *Bratholm*, pågripelse og varetektsfengsel, Oslo 1957).

[87] Siehe *Bratholm* (soeben); in Norwegen und Dänemark gilt die Führung von Doppelakten in Haftsachen als normal, vgl. *Gammeltoft-Hansen* ZStW 88 (1976), S. 543.

Zweiter Teil

Methodische Vor-Überlegungen und Voraussetzungen

1. Allgemeine Situation der Studie

Sowohl in bezug auf die Dauer der Untersuchungshaft[1] als auch in bezug auf die Dauer überlanger Strafverfahren[2] allgemein sind Forderungen nach näheren Untersuchungen erhoben worden[3].

Das trifft sich mit dem, was man schon als einen sich abzeichnenden Trend bezeichnen könnte, einer allgemeinen verstärkten Beschäftigung mit dem Strafverfahren[4].

Der Deutsche Juristentag hat sich 1974 mit der besonderen Problematik der strafrechtlichen Großverfahren befaßt[5], der sog. „Alternativkreis" will sich dem Verfahren zuwenden[6], und die Strafrechtslehre[7] wie die Kriminologie[8] scheinen sich auf demselben Wege zu befinden.

a) Zunächst gibt es die eher rechtssoziologische Tradition, die sich am besten mit ihrer Chiffre „Rechtstatsachenforschung"[9] kennzeichnen läßt; als Modell wird oft die Untersuchung von Peters herangezogen[10]. Expliziter ist die Zielsetzung, wenn

---

[1] *Dünnebier* in *Lüttger* (Hrsg) 1975, S. 38.

[2] *Dahs* NJW 1974, S. 1542.

[3] Freilich war eine etwas andere Richtung intendiert, als sie hier verfolgt werden wird.

[4] Vgl. *Roxin* KrimGgwfr H. 12, 1976, S. 9; s. a. *Kaiser (G.)* ebenda, S. 2 f.

[5] *Verhandlungen des 50. Deutschen Juristentages* 1974 (mehrere Teile); s. a. *Dahs* NJW 1974, 1538; vgl. auch das inzwischen ergangene 1. StrVRG.

[6] Vgl. die Bemerkung bei *R. Schmitt* ZStW 89 (1977), S. 639.

[7] Vgl. das Referat von *Schreiber* auf der Strafrechtslehrer-Tagung 1975, abgedruckt in ZStW 88 (1976), 117.

[8] Vgl. KrimGgwfr H. 12, 1976 (Tagung „Kriminologie und Strafverfahren"). Bes. aber *Sack* KrimJ 1977, S. 261—70. — Dort wird auch gleich betont, daß die „Merkmalssuche" nach Prädikaten von Personen und Sachverhalten ein inzwischen überlebter Grundzug von Kriminologie ist, der bei kriminologischem Vorgehen, bes. bez. der Untersuchung von Strukturen und Mechanismen staatlicher (Straf-)Gewalt, nicht mehr angewendet wird, s. S. 271, 259 f.

[9] Vgl. *Bender* 1972; s. a. den Titel bei *Schreiber* — „Verfahrensrecht und Verfahrenswirklichkeit" —, der diesen Grundzug ebenfalls gut kennzeichnet.

[10] Vgl. *Peters* 1970 ff.; sie dient einmal als Modell wegen ihrer Methode der Einzelfallanalyse — s. dazu *Dahs* NJW 1974, 1542; vgl. aber *Mikinovic/Stangl* (1977), S. 116 —, dann aber auch wegen des sehr großen Umfangs der „Datenbasis" — s. *Schreiber* ZStW 88 (1976) S. 120 —, was wohl weniger ein inhaltliches Argument — außer zur Abwehr anderer Untersuchungen, s. derselbe, aaO — als vielmehr schon ein Stück Status-Management zu sein scheint; s. hierzu *Falk/Steinert* in *Steinert* (Hrsg) 1973b, S. 23 und *Christie* 1976, S. 69 f.

gesagt wird, daß die Rechtstatsachenforschung dazu dienen soll, die Justizreform planen zu können[11], insbesondere als Vorbedingung bei der Schaffung von Gesetzen. Die allgemeinste Zielsetzung für Rechtstatsachenforschung ist indes so weit, daß auch die eher kriminologischen Versuche damit umfaßt werden, was sich in der Forderung ausdrückt nach einer Analyse des Justizapparates, die nicht nur auf die Lieferung von sozialen Daten beschränkt sein dürfe[12].

Speziell zum Bereich der Untersuchungshaft sind einige Arbeiten bereits verfügbar, insbesondere diejenigen von Krümpelmann[13], die weitgehend auf den früher verfügbaren Teilstatistiken[14] einiger Bundesländer und einigen internen Auszählungen[15] beruhen.

Daneben gibt es zwei Saarbrücker Untersuchungen, die die Praxis der Untersuchungshaft überhaupt erfassen sollten, wobei deren Dauer nur einen Aspekt unter anderen bildete[16]; die zweite dieser Untersuchungen sollte dem noch den Vergleich zur ersten anfügen, um zu prüfen, ob das StPÄG von 1964 Änderungen bewirkt hat[17]. Die gleiche Aufgabe, überhaupt erst einmal einige Daten hervorzubringen, hatte auch die dänische, vom dortigen Reichsadvokaten[18] angeregte Untersuchung. Bei alledem bildet die Dauer der Untersuchungshaft nur einen Aspekt unter vielen anderen, die eher dominieren.

b) Nach einem Satz von Steinert[19] unterscheidet die Kriminalsoziologie von der (klassischen) Kriminologie, daß sie nicht schon immer weiß, was „Kriminalität" ist. Das hat Folgen für die Vorgehensweise, da nur die Kriminalsoziologie, weil sie sich nicht mit den Endprodukten (welcher Stufe des Strafverfolgunsprozesses auch

---

[11] *Bender* 1972, S. 3—6.

[12] *Wassermann* in *Naucke/Trappe* (Hrsg) 1970, S. 128 f.

[13] *Krümpelmann* in *Jescheck/Krümpelmann* 1971, S. 89 ff.; *ders*. ZStW 82 (1970), 1052; *ders*. in KrimGgwfr H. 12, 1976, S. 44-55. *Richter* (i Vorb.) scheint der Anregung *Dünnebiers* (in *Lüttger* Hrsg 1975, S. 38) zu folgen, wenn er jedenfalls 2 OLG-Bezirke auf die Handhabung der Haftprüfung gem. §§ 121 ff. StPO untersuchen will (und so, anscheinend allgemeinen Gesetzmäßigkeiten folgend, mit den Extremfällen beginnt, wie auch der DJT mit den Großverfahren).

[14] Inzwischen wird, seit 1976, in den Zählkarten der Strafverfolgungsstatistik auch eine Rubrik Untersuchungshaft geführt, was, von allem anderen abgesehen, für die vorliegende Untersuchung zu spät war. Zur Problematik der Arbeit mit diesen Daten s. *Kerner* Schröder-Gedächtnisschrift (1978), S. 552 f. u. passim; vgl. auch Anm. e) zu Tab. 2, S. 55

[15] Insb. die Daten von *Vöcking* (1977, S. 218—220) aus unveröffentlichten nordrhein-westfälischen Statistiken zur Sechsmonatsprüfung.

[16] *Neumann* 1969, S. 94 ff.; *Sonntag* 1973. S. 7; s. jetzt auch *Hilt* 1977, dessen Ziel es hauptsächlich war, die praktische Verwirklichung des gesetzlichen Auftrags, die Haftverhängung bei Bagatellen einzuschränken, anhand der Haftpraxis einzelner Richter zu untersuchen (S. 1).

[17] *Sonntag* 1973, S. 8.

[18] Untersuchungen des Reichsadvokaten (etwa dem Generalstaatsanwalt, aber auf Landesebene, vergleichbar) zur Dauer der Untersuchungshaft, Anlage C zur *Betaenkning* Nr. 728, København 1974, S. 102—114; einige Zahlen daraus auch bei *Gammeltoft-Hansen* ZStW 88 (1976), 516.

[19] In *Steinert* (Hrsg), 1973, S. 9

immer) zufrieden geben will, untersuchen muß, wie Strafrecht im Detail funktioniert[20].

Die Untersuchung der einzelnen Abschnitte des Prozesses[21] der Strafverfolgung hat so in der Kriminalsoziologie ebenfalls einige Tradition. Sie wird unter durchaus verschiedenen Gesichtspunkten vorgenommen.

Die Prämisse ist dabei, daß die Produkte der verschiedenen Kriminalstatistiken auf ihr Zustandekommen hin untersucht werden sollen[22]. Insbesondere zur Tätigkeit der Polizei[23] ist dabei ein umfangreicher Komplex von Forschung entstanden, aber auch die weiteren Stadien des Prozesses sind behandelt worden. Vor allem ist das große Projekt zur Untersuchung der Tätigkeit der Staatsanwaltschaft zu nennen. Dessen besonderer Schwerpunkt war/ist es, zu ergründen, wie die Ausfilterungsprozesse vor sich gehen, nach welchen Kriterien dies geschieht und von wem sie vorgenommen werden[24]. Die kleinere Untersuchung von Stein/Schumann/Winter interessierte sich besonders für alternative Organisationsformen des Strafprozesses und dessen gesellschaftliche Funktion[25], wobei ein besonderer Abschnitt den Gründen für die lange Dauer von (allgemeinen) Strafprozessen gewidmet war[26]. Weitere Untersuchungen befassen sich mit der Verhängung von Untersuchungshaft[27], natürlich dem Hauptverfahren, d. h. meist der Hauptverhandlung[28] und den formalen Strukturen wie den Argumentationsmustern der Entscheidungen — hauptsächlich im Urteilstext — im Rechtsmittelverfahren[29]. Daneben sind für den vorliegenden Zusammenhang Untersuchungen zur Analyse der Kriminalisierungs-

---

[20] *Steinert* (FN19); vgl. auch *Sack* KrimJ 1977, S. 261.

[21] Zum Verständnis des Strafverfahrens als Interaktionsgeschehen s. *Giehring* in *Hassemer/Lüderssen* (Hrsg) 1978, 181 ff.

[22] Vgl. *Brusten* MSchrKrim 1974, S. 129 f.

[23] Zusammenfassung bei *Steffen* 1976, S. 33 ff.

[24] Siehe *Steffen* 1976, S. 86. Der Abschlußbericht der Freiburger Staatsanwaltschafts-Untersuchung war lange Zeit nur angekündigt (dann erschienen: *Blankenburg/Sessar/Steffen* 1978); vgl. sonst: *Sessar* ZStW 87 (1975), 1033, oder den Forschungsplan bei *Blankenburg* KrimJ 1973, 189, oder den Zwischenbericht *Blankenburg/Sessar/Steffen* KrimJ 1975, 36, oder die Vorankündigung bei *G. Kaiser* Annales Internationales de Criminologie 1976, 45, (usw.)
Zu einem anderen Projekt ähnlicher Zielsetzung s. *Gillig* KrimJ 1976, 205.

[25] *Stein/Schumann/Winter* in *Steinert* (Hrsg) 1973, 112—123, sowie das ausführlichere, unveröffentlichte Manuskript (Konstanz, o.J.), das dem Verf. freundlicherweise von Karl Schumann überlassen wurde: Ms S. 1.

[26] *Stein/Schumann/Winter* Ms. S. 14—21.

[27] *J. Wolff* KrimJ 1975, 17.

[28] Vgl. das *Jahrbuch für Rechtssoziologie und Rechtstheorie*, Bd. 4 (Zur Soziologie des Gerichtsverfahrens, 1976), das einen genauen Überblick über die schon unübersichtlich gewordenen Forschungsbereiche gibt, sowie den entspr. Abschnitt bei *Schreiber* ZStW 88 (1976), S. 117 ff.
—Siehe auch die Kritik *Gilligs* am ‚Juridizentrismus', der sich in der vorherrschenden Berücksichtigung nur des öffentlichen Teils der Strafverfahren zeige (KrimJ 1975, S. 206).

[29] Siehe *Mikinovic/Stangl* (1977, MS), S. 124, 127, 129.

prozesse anhand von Jugendgerichtsakten[30] und allgemein zu den organisatorischen Konsequenzen wachsender Kriminalitätsraten für die Organisation der Strafverfolgung[31] besonders hervorzuheben.

Die vielen Einzeluntersuchungen, von denen hier nur das angeführt wurde, was einen Zusammenhang mit der vorliegenden Untersuchung aufzeigen kann, sind nur selten übersichtlich zusammengefaßt[32], und ein geschlossener theoretischer Bezugsrahmen ist insoweit nicht vorhanden[33].

Gemeinsames Grundmuster der neueren kriminalsoziologien Forschung ist ihre Orientierung auf die devianzdefinierenden Prozesse und auf die soziale Interaktion der Verfahrensbeteiligten, bei einer Analyse dieser Prozesse von innen heraus, ob nun in der Organisation alltäglicher Aktivitäten oder in relativ formalisierten organisatorischen Umfeldern[34].

Ein entscheidender, wenn auch oft vernachlässigter[35] Grundzug liegt dabei in der Untersuchung, *wie* die sozialen Tatsachen in institutionellen wie alltäglichen Umgebungen hervorgebracht werden, d. h. wie die objektiven sozialen Fakten, die das Strafverfolgungssystem, besonders in seinen Statistiken, liefert, von den einzelnen Verfahrensbeteiligten produziert werden[36], wobei selbstverständlich und in gleichem Maße auch die Art, wie der Forscher (weitere) Beschreibungen produziert, problematisch ist[37].

Die solcher Art von Untersuchungen zugrundeliegenden Fragestellungen können jetzt etwas näher präzisiert werden. Demnach werden Vorgehensweisen gesetzlicher Institutionen zum Thema, insbesondere die Praktiken[38] der Gerichte beim Umgang mit Fällen[39]. Es wird gefragt, welche sozialen Prozesse sich in dem ausdrücken, was

---

[30] *Brusten* in *Blankenburg* (Hrsg) 1975, S. 199—218; *ders*. in *Otto/Schneider* (Hrsg.) 1972, Bd. II, S. 85—121; außerdem noch *Brusten/Springer*, KrimJ 1976, S. 280—291 (zur Sozialarbeit); vgl. auch *Clemenz/Habicht/Rudolph* Neue Praxis 1977, 152.

[31] *Schumann* 1977, S. 19.

[32] Siehe die Sammelbände: *Steinert* (Hrsg.) 1973; *Rubington/Weinberg* (eds) 1968.

[33] *Giehring* (in *Hassemer/Lüderssen* Hrsg., 1978, 181 ff.) hat versucht, die Forschung unter dem vor allem in der Polizei-Soziologie verwendeten Gesichtspunkt der Handlungskompetenz (s. dazu auch *Bohnsack* 1973) zusammenzufassen, in Hinblick auf die Möglichkeiten der Teilnahme an der Sachverhalts(re)konstruktion und Rechtskonkretisierung im Strafverfahren. — Dies stellt sicher schon eine sehr spezielle Anwendung dar; der folgende Abschnitt ist umfassender angelegt.

[34] Siehe *Kitsuse* in *Filstead* (ed.) 1970, S. 238.

[35] Vgl. *Rains* Social Problems 1975, S. 10.

[36] *Mehan/Wood* The American Sociologist 1976, S. 15; *Cicourel* 1976 (neues Vorwort zu ders. 1968), S. xi, der betont, wie sehr dies Voraussetzung für mögliche Aussagen in diesem Bereich ist; *Zimmerman/Wieder* in *Douglas* (ed.) 1971, S. 288 (zur Behandlung der Erscheinungen von Mustern geordneter sozialer Aktivitäten als produzierte Erscheinungen).

[37] Siehe *Cicourel* 1976, S. xvi; *Sacks* 1963, bes. S. 16; die damit verbundenen Probleme können in dieser Arbeit nur angedeutet werden.

[38] (terminus technicus).

[39] Siehe Emerson 1969, S. vii, 87; *Sudnow* (in *Rubington/Weinberg* eds, 1968) S. 174.

Abweichung/abweichendes Verhalten genannt wird[40]. Dabei geht es vielen schon um das ganz allgemeine Problem, wie die Unterlagen erzeugt und verwendet werden, auf deren Basis Aussagen über z. B. Abweichung/abweichendes Verhalten getroffen werden[41]. Der ganze Ansatz ist eng mit Studien über den Gebrauch von Regeln verwoben, die die grundsätzliche Unvollständigkeit von Regeln, auch und gerade in durchkodifizierten Situationen wie eben strafrechtlichen, zeigen sollen[42].

c) Sowohl aus dem kriminalsoziologischen wie dem rechtssoziologischen als auch aus dem juristischen[43] Kontext heraus ergibt sich so eine Fülle von möglichen Zielsetzungen für die vorliegende Untersuchung.

So könnten sich als mögliche Zielsetzungen in kriminalsoziologischem Kontext ergeben: Die Untersuchung des Regelgebrauchs im Verfahrensgang der Untersuchungshaft[44], der Frage, wie der Häftling zum „Objekt" des Strafverfahrens[45] wird[46], wie die Schuldfeststellung (und die jeweilige Feststellung der Haftvoraussetzungen) im Prozeß getroffen wird[47], wie sich die Tatsache der Haft auf die Strafzumessung auswirkt[48] und wie sich das Verhältnis der Interaktionen mit den Strafverfolgungsbehörden zu den von diesen abgefaßten Texten gestaltet[49].

Im rechtssoziologischen Zusammenhang wurde bereits die Vorbereitung einer Justizreform angesprochen, für die Rechtstatsachenforschung das Material liefere. Weiter werden die Strukturen von Entscheidungen (der Instanzen) untersucht —

---

[40] *McHugh* in *Douglas* (ed.) 1970, S. 60. Dazu müßten (nur) die Arten beobachtet werden, auf die eine Handlung rezipiert wird (S. 81); sich daraus ergebende Forschungsprogramme sehen erheblich anders aus (und sollen dies wohl auch), als diejenigen, die mehr auf unmittelbare praktische Verwertbarkeit angelegt sind.

[41] *Cicourel* 1968, S. 322 (u. ö.); Die Analyse der Herstellung von Realitäten (die darin als weitergehende Implikation enthalten ist) führt nicht dazu, selbst weitere (bessere?) Realitäten herstellen zu können, s. *Chua* Sociological Inquiry 1974, S. 252 f.

[42] *Mehan/Wood* 1975, S. 74—76, m. ausf. w. N. — Zu diesem Zweck muß (1) die Annahme aufgehoben werden, daß soziales Verhalten regelgeleitet ist, (2) beobachtet werden, daß die regelmäßigen Muster des sozialen Lebens von Laien wie Soziologen in genau denselben Begriffen beschrieben und erklärt werden, und (3) diese Muster müssen als produzierte Erscheinungen behandelt werden (*Zimmermann/Wieder* in *Douglas* (ed.) 1971, S. 288) — Dieses macht dem skizzierten Alltagsverständnis, das dadurch überschritten werden soll, beträchtliche Schwierigkeiten.

[43] S. o. im Ersten Teil.

[44] Ausführlich *Mikinovic/Stangl* (Ms., 1977, S. 5—69) zum Regelgebrauch im Strafverfahren; vgl. auch *Zimmermann/Wieder* in *Douglas* (ed.) 1971, S. 290—95 (s. dagegen aber auch *Hiltl* 1977, S. 1 u. 21 ff.).

[45] Und zu einem anderen Menschen, vgl. *Garfinkel* (1956) in *Lüderssen/Sack* (Hrsg.) Bd. III, 1976, S. 31 ff.

[46] Vgl. *Cicourel* 1968.

[47] Vgl. *Emerson* 1969; *LaFave* 1965.

[48] Vgl. *Mikinovic/Stangl* 1977 (Ms.)

[49] Vgl. *Cicourel* 1968/1976, S. xii; ihm geht es dabei primär um die Adäquanz der Datenbasis für Aussagen, s. S. xv und *ders.*, Versus 1975, 33 ff.

entweder unter rein entscheidungssoziologischem[50] oder unter kontrolltheoretischem Aspekt[51], d. h. in Hinblick auf Selektion[52].

Die juristische Diskussion ergab, daß zur Dauer der Untersuchungshaft außer einigen nur wenig detaillierten Daten bislang keine Informationen zur großen Menge der Fälle von Untersuchungshaft vorliegen[53], andererseits aber auch keine Kriterien vorhanden sind, nach denen man Verfahren danach durchsehen könnte, ob die Dauer der Haft insgesamt oder die Dauer einzelner Abschnitte als vertretbar anzusehen ist oder nicht[54].

Alle genannten Punkte lassen sich im Zusammenhang mit der Dauer der Untersuchungshaft behandeln, wobei der juristische Aspekt nur den Rahmen angibt, die rechtssoziologische Dikussion diesen erweitert, während die kriminalsoziologische Dimension eine Fülle von weiteren möglichen Zielsetzungen bietet.

Daraus muß eine Auswahl getroffen werden. Dafür bietet die Formulierung des Problems als *Dauer* von Untersuchungshaft eine Vorgabe, um die herum weitere Untersuchungsrichtungen organisiert werden könnten.

Unter Zurückstellung der heiklen Frage, was als *zu* lange Dauer anzusehen ist[55], drängen sich drei Fragenkomplexe auf, wenn man aus dem Begriff der Dauer den zeitlichen[56] Aspekt betont:

1. Wie lange dauert was (sowohl insgesamt als auch bestimmte Teil-Aspekte)[57]
2. Was dauert (d. h., wird in der Zeit gemacht)[58]
3. Welche Rolle spielt die Zeit im Verhalten der Handelnden[59,60]

Von dieser Präzisierung der Fragestellung aus kann aber erst versucht werden, einen Rahmen für die vorzunehmenden Analysen zu finden, wenn auch die Fragen der zu benutzenden Methoden angesprochen sind.

---

[50] Vgl. etwa *Lautmann* 1972 (S. 14 ff.).

[51] Vgl. etwa *Steffen* 1976, S. 40 ff.

[52] Auch hier zeichnet sich aber schon ein Trend ab, über die bloße Merkmalserhebung hinauszugehen und sich Interaktionssequenzen zuzuwenden (d. h. der Frage, worauf in welcher Weise reagiert wird); s. den Bericht bei *Frank* JZ 1977, S. 574 ff.

[53] S. o., Erster Teil, S. 17, sowie S. 27 f.

[54] S. o., Erster Teil, S. 24 f.

[55] Also einer normativen Frage, s. o., Erster Teil, d) S. 20.

[56] Also eine empirische Frage.
Diese bewußt starke Betonung der zeitlichen Dimension erfolgt auch, weil es relativ ungewöhnlich ist.
Vgl. aber *Sudnow* in *Sudnow (ed.) 1972, S. 261; McHugh* 1968, S. 135—37 (weitergehend, zum Unterschied zwischen sozialer und chronologischer Zeit).

[57] Also Zeit-Messung für bestimmte Aspekte.

[58] Also Beschreibung des (formalen) Inhalts zu 1.

[59] Also Orientierung an 1.

[60] Vgl. den dritten Teil der Arbeit (3. — 5.).

Da sowohl Fragestellungen als auch Verhaltensweisen noch erst zu entwickeln sind, weil dazu auf nichts bereits Verfügbares zurückgegriffen werden kann, liegt in jeglicher Hinsicht eine „Pilot-Studie" vor[61].

Daraus ergibt sich eine spezifische Begrenzung. Gewöhnlich wird — z. T. selbst für Pilot-Studien[62], die auch als explorative Vor-Studien für später vorzunehmende umfangreiche Hauptstudien verstanden werden[63] —, verlangt, daß Hypothesen aufzustellen seien, die dann mit den klassischen Mitteln empirischer Sozialforschung zu testen wären.

Immerhin wird dieses Erfordernis schon etwas eingeschränkt, wenn davon gesprochen wird, daß die Pilot-Studie dazu dienen soll, einen Hypothesenkatalog (nicht zu testen sondern) zu verbessern[64]. Andere verlangen von Pilot-Studien nur, daß Daten zu sammeln seien, da vorab, jedenfalls in neuen Arbeitsgebieten, keine Hypothesen gebildet werden könnten, die sich zudem, wenn überhaupt vorhanden, als reichlich untauglich erweisen würden[65]. Hypothesen ex post zu testen (die also erst im Verlauf der Untersuchung gebildet werden) erscheint unredlich[66] und jedenfalls bei Aktenuntersuchungen, die nur zur Festlegung allgemeiner Perspektiven und als Datenquelle dienen können[67], sogar ausgeschlossen[68].

Als allgemeines Untersuchungsziel ergibt sich so schon, daß es primär nur um die Datensammlung gehen kann, die an den zeitlichen Aspekten der Dauer von Untersuchungshaft orientiert ist.

Die Zusammenstellung von Daten ist selbst ein Problem, da dadurch die in den Daten repräsentierten Ergebnisse von Aktivitäten von den Aktivitäten selbst getrennt werden[69]. Dies ist ein allgemeines sozialwissenschaftliches Problem, das immer dann entsteht, wenn Daten gesammelt und in sehr formalisierter Form weiterverarbeitet werden (gegen anderes verfügbares Wissen geprüft werden, usw.).

Als Alternative wird vorgeschlagen, die Arbeit beim Zusammenstellen der Daten zum Untersuchungsgegenstand zu machen und dann die Realitätsarbeit des zu studierenden Phänomens[70] kennenzulernen und ggf. zu berichten[71]. Das ist aber noch nicht ausgearbeitet.

---

[61] *Bender/Wax* in *Bender* (Hrsg.) 1972, S. 19; *Lautmann* 1972, S. 25; für ‚Pilot'-Studien ist demnach etwas mehr „erlaubt".

[62] Siehe *Bender/Wax* S. 19 f.

[63] Vgl. *Friedrichs* 1973, S. 122 f, 156.

[64] *Bender/Wax* S. 19.

[65] Vgl. *Lautmann* 1972, S. 25; Dies entspricht auch eigenen Erfahrungen aus der Zeit der Vorbereitung der vorliegenden Studie.

[66] Zur Problematik von ex-post-facto-Experimenten s. *Mayntz/Holm/Hübner* 4. Aufl. 1974, S. 186 f. Experimente aber sind das Grundparadigma empirischer Sozialforschung (orientiert an naturwissenschaftlichen Vorbildern), s. ebd. S. 30.

[67] Siehe *Cicourel* 1970 (1964), S. 203

[68] Vgl. aber die davon zu unterscheidenden Berechnungen im Dritten Teil (3.) und Vierten Teil (2.).

[69] Siehe *Zimmerman/Pollner* in *Weingarten/Sack/Schenkein* (Hrsg.) 1976, S. 74.

[70] Das hier vorläufig als „das Erreichen eines bestimmten Zeitraums von Untersuchungshaft" formuliert werden könnte.

[71] Siehe hierzu und zum vorstehenden Abschnitt *Mehan/Wood* 1975, bes. S. 226 f.

Eine weitere Schwierigkeit für die vorliegende Untersuchung liegt darin, daß noch nicht einmal ein Begriffsrahmen vorausgesetzt werden kann, in dem die Daten zu sammeln wären[72]. Die Formulierung des Schwerpunktes der Untersuchung als Ergründung des zeitlichen Aspektes der Dauer von Untersuchungshaft[73] ist dafür nur ein erster Anhaltspunkt; der weitere Umfang des Begriffsrahmens muß erst im Verlauf der Untersuchung entwickelt werden[74]. Dabei soll auch versucht werden, den Untersuchungsgegenstand von innen heraus zu verstehen und weder einen fertigen Begriffsapparat noch einen fertigen methodischen Apparat auf ihn anzuwenden[75].

2. Methodisches

Probleme der verwendeten Methode(n) können mögliche Zielsetzungen der Untersuchung weiter eingrenzen.

a) Methodenwahl

Gewöhnlich wird verlangt, daß für den Untersuchungsgegenstand (vor dem Hintergrund der vorhandenen Arbeitshypothesen) die ihm angemessene Methode gewählt werden soll (oder auch mehrere)[1].

Von Wahl kann aber kaum noch die Rede sein, wenn man im Bereich der Strafrechtspflege arbeiten will und etwa an Verlaufs-/Entscheidungsanalysen interessiert ist: Die Schriftlichkeit des Verfahrens zwingt zur Aktenanalyse[2] — was auch von Vorteil sein kann, wenn man sich ihrer Grenzen bewußt ist[3] —, die dann im Bereich der Strafrechtspflege auch relativ häufig ist[4].

Ein Grund dafür soll auch in der verhältnismäßig leichten Zugänglichkeit des Materials liegen[5], was aber schon dann nicht mehr der Fall ist, wenn man die Grundgesamtheit selbst bestimmen und nicht mit sehr alten Akten arbeiten will[6].

---

[72] Vgl. *Lautmann* 1972, S. 25.

[73] S. o. die 3 Punkte, S. 31 (vgl. auch FN 70 hier).

[74] Bei der immer notwendigen Selektion des Materials notiert man im Zweifel „Problematisches", vgl. *Lautmann* 1972, S. 42.

[75] Beides würde den Zugang zu den durch Daten repräsentierten Aktivitäten vollends verstellen. Diese letzte Prämisse ist ein (schwacher) Ausweg aus dem Dilemma des eingeschobenen Absatzes.

[1] Vgl. nur etwa *Friedrichs* 1973, S. 161; *Mayntz/Holm/Hübner*, 4. Aufl. 1974, S. 25. (Gewiß ein Idealmodell.)

[2] Vgl. *Steffen* in *Müller* (Hrsg.) 1977, S. 92.

[3] Vgl. ebd.

[4] *Bauer/Berg/Kuhlen* 1976, S. 29. Allerdings wird im Bereich der Strafrechtspflege die Aktenuntersuchung gerade dort am häufigsten verwendet, wo es kaum sinnvoll ist: bei Effizienzuntersuchungen, bes. zum Strafvollzug, ebd., S. 89.

[5] *Bauer/Berg/Kuhlen* S. 108, die aber auch die finanzielle Dimension betonen (d. h. die Dichotomisierung in wenige Institute mit großem und viele ohne Etat), S. 106 f.

[6] Dazu kann auf eigene Erfahrungen verwiesen werden.

Da die Grundgesamtheit der vorliegenden Untersuchung auf die Verhaftungen eines bestimmten Jahres begrenzt ist[7], ist fraglich, ob dies als relevantes Universum[8] ausreicht; ebenso ist eine regionale Begrenzung enthalten[9]. Beide Fragen müssen aus Kapazitätsgründen rhetorisch bleiben; auch hier bestand kaum eine „Wahl“[10]. Somit sind insoweit schon drei „technische“ Vorgaben vorhanden.

b) Probleme der Methode

Jetzt ist zu behandeln, was mit der Untersuchung von Akten, in denen Untersuchungshaft vorkam, überhaupt (dazu) festgestellt werden kann — methodische Voraussetzungen und Begrenzungen.

Die Arbeit mit offiziellen Dokumenten, wie z. B. Strafakten, ist eine Form von Kommunikations/Inhaltsanalyse[11], d. h., Analyse von kommunikativen Akten post hoc[12].

aa) Unter Inhaltsanalyse wird gewöhnlich eine bestimmte Forschungstechnik/Arbeitsweise verstanden.

Teilweise ist schon fraglich, ob die Inhaltsanalyse überhaupt spezifische Probleme aufweise, sie vielmehr nur auf allgemeine Probleme verweise, insbesondere Probleme der Dateninterpretation, die auch dort anwendbar seien[13]. Die Interpretation von wissenschaftlichen Daten erfolgt in der Tat in einer Weise, die der Inhaltsanalyse durchaus ähnlich ist, wenn auch nicht immer in deren hochformalisierter Form[14]. So gesehen könnte man auch alle Probleme der Inhaltsanalyse bei jeglicher Verarbeitung sozialwissenschaftlicher Daten „wiederfinden“[15]. Der einzige Unterschied besteht dann darin, daß bei dem, was gemeinhin als Inhaltsanalyse begriffen wird, die zu verarbeitenden und zu reduzierenden Daten nicht vom Forscher (/-team) selbst erzeugt sind[16]. Da die Inhaltsanalyse sich aber weitgehend verselbständigt hat, wird hier der konventionellen Unterteilung gefolgt.

Die Inhaltsanalyse hat ihren Aufschwung (und einen Höhepunkt) in der Propagandaforschung des Zweiten Weltkrieges gehabt, und ist immer mit der Massenkommunikationsforschung (insb. Zeitungsforschung) eng verbunden gewesen[17].

Dabei wurde gelegentlich statistisch-quantifizierendes Vorgehen zum alleinigen Kriterium genommen, worin sich das positivistische Selbstverständnis ihrer Blüte-

---

[7] Dritter Teil, 1. S. 49 ff. zu den Einzelheiten.

[8] *Maynatz/Holm/Hübner* 4. Aufl. 1974, S. 155.

[9] S. FN 7).

[10] Vgl. *Ritsert* 1972, S. 59, 70, zur ‚Ein-Mann-Untersuchung‘.

[11] *Cicourel* 1970, S. 208.

[12] *Galtung* 1967 (4. Aufl. 1973), S. 67.

[13] *Galtung* 1973, S. 67; *Selltiz et al*. 1972, Bd. II, S. 129.

[14] *Worsley et al.*, 1970, S. 98.

[15] Siehe *Worsley et al.*, die dies demonstrieren.

[16] *Worsley et al.* S. 82.

[17] Zur Entwicklung s. *Ritsert* 1972, S. 14—16; vgl. auch *Selltiz et al.* 1972, Bd. II, S. 121 ff.

zeit zeigt, das sich durch die inzwischen entwickelten Computerprogramme zur Textauswertung noch verfestigen dürfte[18].

(1) Die Inhaltsanalyse (Content Analysis) wird als eine Forschungstechnik beschrieben, die sprachliches Material erfaßt, um daraus Rückschlüsse auf nichtsprachliche Phänomene zu ziehen[19].

Ihr erstes Problem ist das meist intuitive Sprachverständnis der Untersucher[20]. Deren Common-Sense-Sprachverständnis reicht nicht aus, um unterscheiden zu können zwischen dem, was man aufgrund des eigenen theoretischen Rahmens, und dem, was man als Mitglied des Kommunikationsbereichs, der untersucht wird, verstehen kann[21]. Das zweite Problem der Inhaltsanalyse ist der Rückschluß auf nichtsprachliche Phänomene[22], da die von vielen Inhaltsanalytikern angestrebten Rückschlüsse auf Absichten und Einstellungen — beim Sender — und Effekte — beim Empfänger des Textes — ohne zusätzliches Material nicht möglich sind[23].

(2) Aus letzterem hat sich der große interne Streit unter Inhaltsanalytikern entwickelt: der Streit um manifeste und latente Inhalte bzw. um quantitatives und qualitatives Vorgehen, da die (vorherrschende) Beschränkung auf manifeste Inhalte und quantitative Aussagen zu verläßlichen, aber oft trivialen Ergebnissen führen kann, während die andere Möglichkeit weniger verläßlich, aber dafür um so anregender sein kann[24]. Eine ähnliche Differenz besteht um kommunikations- und reflexionstheoretische Orientierung, wobei letztere dem inhaltlichen (gesellschaftlichen) Gehalt der Texte gegenüber der Untersuchung ihrer Wirkung und ihres Zustandekommens den Vorzug gibt (und sich so Formen der Textexegese nähert)[25].

(3) Die Rückschlußprobleme stellen sich aber hauptsächlich bei der Massenkommunikationsforschung mit der skizzierten Zielrichtung[26]. Wenn Aktenanalysen nicht — wie es oft bei Urteilsanalysen der Fall ist — versuchen, Absichten und Ein-

---

[18] Siehe *Ritsert* 1972, S. 18; vgl. auch *Worsley et al.* S. 98 zu einigen Anwendungsbeispielen.

[19] Verkürzung der weitgehend verwendeten klassischen Definition von *Berelson* (1951); s. *Mayntz/Holm/Hübner* 4. Aufl. 1974, S. 151; *Atteslander* 1971, S. 69 f.; *Selltiz et al.* 1972, Bd. II, S. 121.

[20] *Mayntz/Holm/Hübner* S. 152 f.

[21] *Cicourel* 1970, S. 220, Punkt 9.

[22] *Mayntz/Holm/Hübner* S. 153.

[23] *Galtung* 1973, S. 70 f.; s. a. *Gerth* in *Friedrich/Hennig* (Hrsg.) 1975, S. 533. Die Möglichkeit der Re-Interpretation bei zusätzlicher Information (s. *Cicourel* 1970, S. 219, Punkt 4.) bildet ein grundsätzliches Problem *aller* Beschreibungen (s. *Sacks* 1963, S. 10 ff. zum sog. „etcetera-Problem").

[24] Siehe *Galtung* S. 70 f. (meist wird die Einhaltung methodischer Standards vorgezogen; vgl. dazu auch *Christie* 1977 S. 65—71).
— Inzwischen wird aber auch diese Alternativenstellung in Frage gestellt, vgl. *Ritsert* 1972, S. 10; *Schneider et al.* 1977, S. 58 (Vgl. auch die strafrechtliche Diskussion um deskriptive (= manifeste) und normative (= latente) Tatbestandsmerkmale.)

[25] S. hierzu *Ritsert* 1972, S. 92 ff. Es ist wohl kein Zufall, daß qualitative Vorgehensweisen von eher literarisch orientierten Forschern (wie Kracauer) favorisiert wurden; ein Vorwurf an die Gegenseite war immer, daß sie die Möglichkeiten von Sprache unterschätze.

[26] Insbesondere in der Propagandaforschung, deren Ziel es war, etwa nachlassenden „Wehrwillen" des „Feindes" feststellen zu können etc., und bei Einstellungs- und Wirkungsmessungen anhand von Texten.

stellungen[27] der Verfasser von Aktenstücken zu erforschen, sondern den Schwerpunkt auf die Erhebung von (manifesten) Daten und die Erstellung von Verlaufsanalysen[28] legen, dann werden die Rückschlußprobleme nicht unmittelbar wirksam[29], die lange Zeit den Hauptgegenstand der methodologisch/theoretischen Auseinandersetzung bildeten. Die mit dem Verweis auf das Common-Sense-Sprachverständnis angedeuteten Probleme bleiben aber bestehen.

(4) Als Ausweg aus diesen wird meist rigorose Kategorienbildung empfohlen[30] und genaue Kodierung einzelner Textelemente[31] — verstanden als Ordnung von Textelementen unter Kategorien, möglichst mittels semantischer Techniken[32].

Wie Kategorienbildungen vor sich gehen und wie Kategorien verwendet und zugeordnet werden, ist aber noch weitgehend ungeklärt[33]. Soweit die vorliegende Arbeit versucht, mit eigenen Kategorien zu arbeiten, insbesondere bei den vielen Tabellierungen, wurde möglichst genau angegeben, *was* gezählt wurde[34], um nicht ständig auf Rückgriffe auf das Alltagsverständnis bestimmter Begriffe angewiesen sein zu müssen[35].

Bis zur semantischen Analyse wird aber eine Aktenuntersuchung nur selten vordringen können; leicht zu erfassen sind nur die formalen Kategorien, d. h. Wer sagt (Was) Wann zu Wem (Wie)[36]. Komplexe Kategorien, die über einzelne Aktenstücke hinausgehen, sind schon ungleich schwieriger zu bilden, je abstrakter die Inhalte werden[37]. Dann aber müssen Daten-Erhebung und -Aufbereitung deutlicher getrennt werden[38].

---

[27] Vgl. auch *Schneider et al.* 1977, S. 54, die darauf hinweisen, daß von Inhaltsanalytikern angenommen wird, daß in Texten enthaltene „Botschaften" auch verhaltensbestimmend wirden/sind.

[28] Verlaufsanalysen reichen schon in den „latenten" Bereich hinein, stützen sich aber auch auf „Manifestes".

[29] Deren kommunikationstheoretische Probleme nicht erforscht sind, s. *Molotch/Lester* American Sociological Review 1974, S. 104 zu den Problembereichen.

Vgl. aber auch sogleich (4) und cc), S. 41 ff.

[30] Vgl. auch *Schneider et al.* (1977), S. 53 ff., 58, wo betont wird, daß Kategorisierungsprobleme sich in der Massenkommunikationsforschung als Auswahlproblem darstellen.

[31] Ob nun „Manifestes" oder „Latentes".

[32] Siehe *Ritsert* 1972, S. 32; *Molotch/Lester* S. 104; unter Verweis auf die allgemeinen Anforderungen, wie sie von Holsti (1969) aufgestellt sind.

— Problematisch wird dann die Wahl der Ebenen, da sie einander oft sehr ähneln, s. *Galtung* 1973, S. 70.

[33] Siehe ausf. *Atkinson* 1978, S. 175 ff. und schon *Sacks* 1963, S. 8, FN 9.

[34] Vgl. die entsprechenden Tabellenköpfe; die Probleme der Übernahme fremder Kategorien (s. *Sacks* 1963) stellen sich hauptsächlich bei der Arbeit mit offiziellen Daten.

[35] Damit ist keine Problemlösung impliziert (zumal sich dies nicht auf die Erhebung, sondern nur auf die Aufbereitung der Daten bezieht; zu dieser bei ausgefeilter Kategorienbildung nicht sichtbaren Unterscheidung s. sogleich).

[36] Dies ist das weithin verwendete Lasswellsche Muster — die problematischen Stellen sind eingeklammert.

[37] Siehe *Treiber* in *Blankenburg* (Hrsg.) 1975, S. 221 f.

[38] D. h., es können nicht direkt die sich aus der codierten Erhebung ergebenden Werte ausgezählt werden, wie es das Idealmodell verlangen würde.

Die vorliegende Untersuchung ist zwar nach diesem Muster vorgegangen, es sind aber keine weitergehenden Kategorisierungen bei der Datenerhebung aufgestellt worden, schon weil bei der formulierten Zielsetzung dies nicht möglich erschien. Auch alle Versuche, auch nur halbstandardisierte Indikatoren zu entwickeln[39], wurden fallengelassen[40]. Es wurden lediglich für die Aufbereitung der Aufzeichnungen zu Tabellen in einer erneuten Durchsicht, nach Beendigung des Aufzeichnungsprozesses, verschiedene Kategorien ad hoc entwickelt, die jeweils an entsprechender Stelle begründet oder definiert worden sind; gleiches gilt für die nichttabellierten Ergebnisse[41].

(5) Da die Daten nichts über den Prozeß der darin verkörperten Tätigkeiten aussagen können[42] und durch Tabellierungen zu Häufigkeitsverteilungen und Dateninterpretationen der Abstand zu diesen Tätigkeiten immer größer wird[43], ergibt sich aus dem ersten Problem (Sprachverständnis) noch eine weitere Dimension. Jegliche verbale Äußerung ist der Interpretation durch irgendeine Leserschaft unterworfen[44]; dem Forscher fehlt der Zugang zu der Umgebung, in der die Materialien produziert wurden[45]; das Material kann aber von den Regeln, die für die beabsichtigte Leserschaft gelten, nicht getrennt verstanden werden[46]. D. h. auch, daß die Interessen von Dokument-Hersteller, beabsichtigtem Leser und Forscher divergent sind[47]. Damit werden die Hintergrundserwartungen der Beteiligten zum Problem. Forschungsgegenstand wird so auch, wie sie sich den Handlungsraum, in dem sie arbeiten, verfügbar machen[48]. Da zu alledem aber noch nicht viel vorliegt, auf das zurückgegriffen werden könnte, müssen diese Probleme vorerst im Raum stehenbleiben.

bb) Probleme der Aktenanalyse

Die Aktenanalyse im besonderen ist bislang relativ selten zum Gegenstand von methodischen Erörterungen gemacht worden[49]. Hier soll ebenfalls nur ein kurzer

---

[39] Vgl. *Treiber* in *Blankenburg* (Hrsg.) 1975, S. 224, der betont, daß Kategorien höherer Komplexität (die über das simple Schema hinausgehen und die Ebene einzelner Aktenstücke verlassen) weil sie die Kenntnis des Gesamtzusammenhanges voraussetzen, bereits eine Frage der Interpretation seien (S. 222)

[40] Auch auf den Einsatz von Codierern wurde daher verzichtet; da das Codieren eine Transformation von Rohmaterial darstellt, (s. *Katz/Sharrock* in *Weingarten/Sack/Schenkein* Hrsg. 1976, S. 244), sollte dies unter der Kontrolle des Forschers bleiben, was auch ein guter Kategorienkatalog nicht leisten kann.

[41] Dazu muß auf den Dritten Teil verwiesen werden.

[42] *Gerth* in *Friedrich/Hennig* (Hrsg.) 1975, S. 533.

[43] *Zimmerman/Pollner* in *Weingarten/Sack/Schenkein* Hrsg. 1976, S. 74.

[44] *Cicourel* 1970, S. 215.

[45] ebd. 203.

[46] ebd. 215.

[47] *Mikinovic/Stangl* 1977, S. 126.

[48] *Zimmerman/Pollner* S. 89.

[49] Vgl. aber *Blankenburg* (Hrsg.) 1975, bes. *ders.*, Kap. 4 und *Steffen* in *Müller* (Hrsg.) 1977 als Überblick (alles mit dem Freiburger Staatsanwaltschaftsprojekt verbunden), sowie einiges Weitere, sogleich Genannte. S. a. *Bauer/Berg/Kuhlen* 1976, die darauf hinweisen, daß Akten erst jetzt als Datenträger problematisiert werden (vgl. etwa *Neumann* 1969, *Sonntag* 1973, *Hiltl* 1977).

Überblick über einige spezifische Probleme gegeben werden, um weiter vorklären zu können, was sie überhaupt leisten kann.

(1) Besondere Probleme ergeben sich aus einigen speziellen Eigenschaften von Akten, die sich bei der Inhaltsanalyse sonst nicht stellen.

Die Organisation von Strafverfolgung basiert auf dem Prinzip der Aktenmäßigkeit (der Verwaltung), das mit Max Weber als Prinzip bürokratischer Herrschaft bezeichnet wird[50]. Es wird also schriftlich aufgezeichnet, was der Kontrolle durch die Vorgesetzten bzw. die höhere Instanz (Legitimationsaspekt) und der Kommunikation zwischen den einzelnen Beteiligten (Kommunikationsaspekt) dient[51].

Daraus ergeben sich einige Folgerungen:

Akten dienen der Vorbereitung, Begründung und Legitimierung von Entscheidungen, d.h. sie sind keine genaue Protokollierung von Entscheidungsabläufen[52]. Entscheidungsablauf und -vorgang sind stark routinisiert[53].

Gerichtsakten unterliegen einer regel-, nicht ziel-bestimmten Kontrolle, so daß die Einhaltung formaler Vorschriften besonders wichtig ist[54]. Sie dienen der Kommunikation zwischen den Beteiligten und sind so der zentrale Datenträger im Rechtswesen[55], und da sie der externen Einsicht unterliegen, sind vielfältige Umgehungsstrategien denkbar und üblich[56].

Insbesondere der Legitimationsaspekt führt dazu, daß oft gerade dort Lücken vorhanden sind, wo eine Entscheidung fraglich ist[57], sowie zu eigens zum Zweck der Legitimierung hergestellten Dokumenten, wie z. B. Aktenvermerke[58]. Für etwas andere Zusammenhänge als den vorliegenden (nämlich die häufige Kriminalitätsursachenforschung anhand von Strafakten) formuliert heißt das, daß Akten bedeutende Tatbestände selegieren, verzerren und verdichten[59]. Die Folge ist, daß Akten

---

[50] *Max Weber* 1956, S. 126; vgl. *Blankenburg* in *ders.*, Hrsg. 1975, S. 194; *Mikinovic/Stangl* 1977, S. 123.

[51] *Blankenburg* S. 192.

[52] Das Ergebnis von Vorkommnissen erscheint als bei seiner Aufzeichnung geschehen, s. *Zimmerman* in *Wheeler* (ed.) 1969, S. 344.

[53] Dieser und der vorige Punkt nach *Steffen* in *Müller* (Hrsg.) 1977, S. 90, die für ihr Projekt (s. *dies.* 1976) erheblich waren; vgl. auch *Gessner* in *Müller* (Hrsg.) 1977, S. 180; *Hesse* KZfSS 1978, S. 305.

[54] *Blankenburg* S. 195.

[55] *Steffen* S. 91; *Gessner* S. 179.

[56] *Luhmann* 1964, S. 304—314 (Kap. „Brauchbare Illegalität"); *Blankenburg* S. 195; *Steffen* S. 91.

[57] *Blankenburg*, *Steffen* ebd.

[58] *Blankenburg*, ibid.

[59] *Bauer/Berg/Kuhlen* 1976, S. 31; vgl. auch *Opp* 1974, S. 72 f.

eine Konstruktion von Wirklichkeit darstellen[60], orientiert an der Absicherung und Legitimierung von Entscheidungen.

Der Kommunikationsaspekt zeigt sich auch darin, daß viele halb- und ganz standardisierte Verfahren (meist Formulare)[61] für die Kommunikation zwischen den Beteiligten verwendet werden. Außerdem sind Vorgänge, die die Bewegung der Akten betreffen, in gesonderten Verfügungen (oder Teilen davon) enthalten, so daß die Akten das Verbindungsglied[62] zwischen den Beteiligten sind, die in ganz unterschiedlichen Kontexten und (außer dem Betroffenen) nie ausschließlich gerade an diesem Fall arbeiten.

Da die Akten eine Konstruktion von Wirklichkeit darstellen, ist genau darauf zu achten, von welcher Wirklichkeit. Inzwischen herrscht einige Übereinstimmung darüber, daß mit Strafakten das Geschehen „Kriminalität" nicht erfaßt werden kann[63], sondern allenfalls Verlaufsanalysen der Kriminalisierung[64] möglich sind, so daß grundsätzlich gesagt werden kann, daß Aktenanalysen zur Untersuchung der Objekte (sic!) von Akten nicht zu verwenden sind.

Möglich sind dagegen Aussagen über diejenigen, die die Akten produzieren[65]. Dabei sind aber wiederum die Realitätsebenen zu beachten, die sich aus den verschiedenen Zwecken von Akten ergeben. Die Arbeitsweise und die Intentionen und Einstellungen ihrer Verfasser sind kaum der Aktenanalyse zugänglich.

(2) Was kann man tun?

(a) Die Freiburger Staatsanwaltschaftsuntersuchung betonte stark den Entscheidungsaspekt. Aufgrund ihrer Aufgabenstellung, die Selektion im Strafverfahren — genauer die große Differenz zwischen Polizeilicher Kriminalstatistik und Verurteiltenstatistik — zu erforschen, lag der Schwerpunkt bei den Kriterien und Entscheidungsprozessen, die zur Ausfilterung führen. Dabei wurde gleich betont, daß die Akten nur Entscheidungskriterien liefern können, aber nicht die Entscheidungsprozesse selbst, in denen und durch die es zur Anwendung der Kriterien gekommen ist[66]. Es sind so nur die Input-Daten und die objektiven Folgen des Ver-

---

[60] *Steffen* S. 91; vgl. auch *Gerth* in *Friedrich/Hennig* (Hrsg.) 1975, S. 533; *Mikinovic/Stangl* 1977, S. 124.
— Die Begriffsverwendung geht auf *Berger/Luckmann* (1969) zurück und ist inzwischen in einem Teil der (Kriminal-)Soziologie Allgemeingut. Es ist damit keine (Abbildungs-) Verzerrungstheorie impliziert.

[61] Vgl. dazu jetzt auch *Hesse* KZfSS 1978, S. 306.

[62] *BLankenburg* S. 194.

[63] *Steffen*, S. 95—97: *Opp* 1974, S. 73 f.

[64] *Steffen* S. 97; für eine Verlaufsanalyse der Kriminalisierung enthalten Strafakten aber meist viel zu wenig Informationen, s. *Bauer/Berg/Kuhlen* 1976, S. 30.

[65] *Opp* 1974, S. 74.

[66] Ausführlich *Steffen* S. 92 f.

fahrens, insb. die Art seiner Erledigung, festzustellen, wobei das Verfahren selbst in der ‚Black-Box' bleibt[67].

Die Untersuchung der Dauer von Untersuchungshaft erfordert indes nicht unbedingt eine Orientierung auf die Entscheidungstätigkeit. Entscheidungen zur Haft beziehen sich auf deren Beginn und Ende. Der zeitliche Aspekt der Untersuchungshaft setzt den dadurch gesteckten Rahmen voraus[68].

Beginn und Ende der Haft sind Phänomene für sich. Sinnvolle Untersuchungen zum Haftbeginn sind nur möglich, wenn man Vergleiche mit Verfahren, in denen keine Haft begonnen wurde, anstellen kann[69].

Bei Haftbeendigungen ist die Möglichkeit der Verlaufsanalyse dagegen leichter eröffnet.

Ist so die Untersuchung der Haft*dauer* das zentrale Thema, so wird die Entscheidungsanalyse und -tätigkeit zum Nebenaspekt, schon, was Entscheidungen zur Haft angeht, und erst recht, was die Entscheidungen im zugrundeliegenden Strafverfahren angeht[70].

(b) Die Erhebung von Ablaufdaten kann auch unabhängig von der Rekonstruktion von Entscheidungsvorgängen erfolgen[71]. Die Erhebung von Merkmalen der Interaktion und Kommunikation zwischen den Beteiligten ist zudem von (verfeinerten) inhaltsanalytischen Auswertungen weitgehend unabhängig[72]. Die Aufstellung von Interaktions-Verlaufsanalysen führt zudem praktisch dazu, daß eine Kurzfassung der Akte entsteht, die dann weiter ausgewertet werden kann[73]. Diese Beschreibung möglicher Vorgehensweisen entspricht denn auch ziemlich der in der vorliegenden Untersuchung unternommenen.

(c) Weitere mögliche Punkte betreffen den Informationsfluß in den Akten (der besonders bei Jugendhilfesachen interessiert), Merkmale der Aktensprache, verschiedene Kontrollstile der Instanzen und die Auswirkung des laufenden Verfahrens auf den Betroffenen[74]. Dies sind aber alles Themen, die die inhaltliche Seite des Strafverfahrens betreffen. Da das Untersuchungsthema aber nicht Strafverfahren allgemein, sondern die (in dessen Rahmen ablaufende) Untersuchungshaft in ihrem zeitlichen Aspekt ist, können alle Punkte zurücktreten, die die inhaltliche Gestaltung der der Haft zugrundeliegenden Strafsache betreffen. Aus dem Aufgabenkatalog feststellbar sind allenfalls noch die formalen Kommunikationsmerkmale. Folglich verschiebt sich der Schwerpunkt der Untersuchung von den Aussagen der Instanzen-

---

[67] *Blankenburg* KrimJ 1973, S. 190; damit auch der Zusammenhang zwischen Kriterien und Ergebnissen.

[68] S. o., a), cc), — 3 Punkte (S. 31).

[69] Sonst nur Verlausanalysen und Untersuchungen von ergangenen Haftbefehlen.

[70] Wie sich sogleich ergibt, wurde praktisch dieser letzte Punkt gar nicht mehr verfolgt.

[71] Vgl. *Blankenburg* in *ders.* (Hrsg.) 1975, S. 193; *Gessner* in *Müller* (Hrsg.) 1977, S. 180.

[72] Vgl. *Brusten* in *Blankenburg* (Hrsg.) 1975, S. 200 f., 204.

[73] *Brusten* S. 210; vgl. *Stein/Schumann/Winter* (o. J., Ms.) S. 2; *Gessner* S. 186, der darauf hinweist, daß das Raster eines standardisierten Fragebogens viel zu grob wäre und war. Bei solcher Vorgehensweise verringern sich so auch die in der Massenkommunikationsforschung vorherrschenden Auswahlprobleme (s. *Schneider et al.* 1977, S. 58) — zumal, wenn schon eine Eingrenzung auf zeitliche Aspekte vorliegt.

[74] Alles nach *Brusten* S. 200 f.

vertreter und deren Definitionsleistungen[75] zur bloßen Erfassung von Ablaufdaten[76]. Dabei muß die Untersuchung zeigen, was allein damit (schon) anzufangen ist.

(d) Aus dem grundsätzlichen Problem der Kategorienbildung ergibt sich noch eine weitere Folge: Wenn man, wie gezeigt, versucht, den formalen Ablauf des Verfahrens[77] vollständig zu erfassen, so daß daraus fast schon eine Kurzfassung der Akte entsteht, sind schnell die Kapazitätsgrenzen eines einzelnen Forschers erreicht: Größere Untersuchungen, die sehr viele Akten verarbeiten wollen, müssen sich auf einfache, faßbare, in standardisierten Anweisungen vorschreibbare Informationserhebungen beschränken[78], während kleinere Untersuchungen mehr und komplexere Informationen[79] erfassen können, aber aus weniger Material[80].

Die vorliegende Untersuchung versucht, zwischen diesen beiden Polen etwa die Balance zu halten: Eine Ausgangsmenge von 110 (oft schwierig zu beschaffenden) Akten, die ausführlichst erhoben wurden, erreicht schon die Grenzen eines einzelnen Bearbeiters (bei der vorgenommenen Vorgehensweise und bei eingegrenzter Zeit). So wird versucht, beide Pole zu berücksichtigen.

cc) Das generelle Problem, das viele methodische Schwierigkeiten verursacht, besteht demnach darin, die tatsächlichen Akteninhalte in irgendeiner Form so wiederzugeben, daß die erwünschten Eigenschaften der Vollständigkeit, Glaubhaftigkeit, Klarheit usw. auch in der Wiedergabe enthalten sind, die dann der wissenschaftlichen Analyse unterworfen werden kann[81]. Die methodischen Schwierigkeiten dabei sind äußerst mannigfaltig, und nur diese sind bisher überblickartig behandelt worden.

Es sind leider nicht alle Schwierigkeiten beim Umgang mit Akten. Jetzt soll nur noch kurz das angesprochen werden, was mit „normalen, natürlichen Schwierigkeiten" bezeichnet werden kann, sowie das, was die „Soziale Konstruktion dokumentarischer Realität" genannt wurde[82].

---

[75] *Brusten* in *Blankenburg* (Hrsg.) 1975, S. 199 f.; auch ein solcher Schwerpunkt zeigt aber schnell Grenzen, s. *Bauer/Berg/Kuhlen* 1976, S. 33 f.

[76] Allerdings auch unter Berücksichtigung des sog. „non-frequency-approach". Das ist die Berücksichtigung dessen, was nicht oder nur selten vorkommt; vgl. dazu *Steffen* in *Müller* (Hrsg.) 1977, S. 105; *Treiber* in *Blankenburg* (Hrsg.) 1975, S. 226; *Mikinovic/Stangl* 1977, S. 128. Grundsätzlicher zur Strategie *Molotch/Lester* Insurgent Sociologist 1973, 1—11.

[77] Prozeßakten müssen aus formalen Gründen besonders viele formale Informationen enthalten; *Blankenburg* 197 f.

[78] Und verlagern so viele Kategorisierungsprobleme schon in das Stadium vor Erhebungsbeginn, s. *Worsley et al.* 1970, S. 89.

[79] Bis hin zu Einzelfall-Studien, etwa mit Ministerialakten, s. *Blankenburg* S. 197 und *Treiber* (FN 76).

[80] *Blankenburg* ibid; s. a. *Brusten* in *Otto/Schneider* 1973, Bd. II, S. 89.

[81] *Garfinkel* 1967, S. 190.

[82] Nicht behandelt werden zwei weitere wichtige Punkte: Wie Dokumente den Status von „offiziellen, authoritativen Darstellungen" erhalten (s. dazu *Zimmerman* in *Wheeler* (ed.) 1969, S. 320 f.) und das Verhältnis von Diskurs und Text, also von dem, was verhandelt, zu dem, was aufgezeichnet wurde (s. dazu *Cicourel* 1968/1976, S. xii ff., und zum Teil unten).

(1) Strafakten sind offizielle Dokumente und enthalten selbst wiederum eine Unzahl von offiziellen Dokumenten. Jedwede verbale (auch schriftliche) Äußerung setzt zu ihrer Interpretation voraus, daß der Forscher den ‚Jargon' der Aktenproduzenten kennen muß[83]. Jeder Forscher, ganz gleich, wie eng er mit seinem Gegenstand verbunden ist, hat eine Menge von Schwierigkeiten, wenn seine Zwecke, die er bei der Untersuchung von Akten verfolgt, verschieden sind von denen, unter deren Vorzeichen die Akteninhalte hergestellt wurden[84], und an die er immer dann erinnert wird, wenn er aus den Akten etwas wissen will, was sie nicht enthalten.

Trotz Beachtung der methodologischen Regeln: z. B. in der vorliegenden Arbeit konnte die Untersuchung der Arbeit von Kanzleien und Geschäftsstellen mangels ausreichender Daten nicht vorgenommen werden. Der Weg der Akten konnte an manchen Stellen nicht mehr genau rekonstruiert werden. Sog. „Schiebeverfügungen" sind nicht mit ausreichender Sicherheit erkennbar. Die Sozialdaten der Betroffenen fehlen oft (dies wird in vielen Untersuchungen beklagt). Der individuelle Verfasser einer Verfügung kann nicht immer identifiziert werden, so beim häufigen Wechsel des Sachbearbeiters. Dadurch fallen ganze Untersuchungsbereiche aus; es sind soeben nur fünf sehr unterschiedliche Beispiele gewählt worden.

Diese („normalen, natürlichen") Schwierigkeiten sind auch gegenüber Änderungen der Aufzeichnungsweise resistent[85]. Sie beruhen darauf, daß die Aufzeichnungen und das soziale System, das die Aufzeichnungen liefert, eng miteinander verbunden sind[86], weil die Aktenproduktion, die Ergebnisse und deren Gebrauch Bestandteil der täglichen (Routine-)Arbeit ihrer Produzenten ist. Diese achten darauf, daß die üblichen Wege der Aufzeichnung auch eingehalten werden, die sich dafür gebildet haben. Da die Akten auch lesbar sein müssen als Bericht über die Einhaltung vorhandener Erwartungen und Regeln[87], tritt bei Strafakten so der Legitimationsaspekt[88] in den Vordergrund.

Diese Lesbarkeit setzt gewöhnlich einiges an Kenntnissen voraus über diejenigen, die berichten, und über die, über die berichtet wird, über die Organisation und Arbeitsweise des Bereichs, aus dem berichtet wird, einschließlich der Weisen, wie die Dokumente zu lesen sind[89].

(2) Da soziale Phänomene — wie sie uns erscheinen — zum großen Teil ein Produkt der Berichts- und Darstellungsprozeduren formaler Organisationen sind und so von ihrer Herstellung getrennt werden[90], ist eine Theorie über die Konstruktion

---

[83] *Cicourel* 1970, S. 219.

[84] *Garfinkel* 1967, S. 191 (dieser Abschnitt des Buches bezieht sich auf Klinik-Akten).

[85] Was sich z. B. bei der Änderung der Polizeilichen Kriminalstatistik Anfang der 70er Jahre zeigte, die (auch abgesehen von prinzipiellen Erwägungen) für die Forschung kaum verwertbarer geworden ist.

[86] *Garfinkel* 1967, S. 192; vgl. *Molotch/Lester* American Sociological Review 1974, S. 111; *Zimmerman/Wieder* in *Douglas* (ed.) 1971, S. 290 f. zeigen, daß dies mit der Problematik der notwendigen Unvollständigkeit von (Codierungs-)Regeln eng verbunden ist.

[87] *Garfinkel* S. 192.

[88] S. o. bb) (1), S. 38 f.

[89] *Garfinkel* S. 206. Diese Kenntnisse können nur selten perfekt sein.

[90] *Dorothy Smith* Sociological Inquiry 1974, S. 257—259 (auf *Garfinkel* s. o. aufbauend).

von Dokumenten erforderlich[91]. Dabei kann zwischen der Organisation des Herstellens und der des Lesens von Dokumenten unterschieden werden[92], die zusammen erst das strukturieren, „was passiert ist". Soweit das betroffen ist, was bei Strafakten „passiert ist", ist dies vorliegende Problem insoweit nicht so interessant, wie es um die der Akte zugrundeliegende Strafsache geht[93], da diese Untersuchung sich mehr mit dem beschäftigt, was *im* Verfahren „passiert ist".

Aber auch dafür gilt die allgemeine Feststellung, daß offizielle Dokumente nicht leicht aus ihrem organisatorischen Kontext für (andere) Interpretationen zu lösen sind[94], weil sie gewöhnlich nur für bestimmte Leser geschrieben sind und so mit allgemeinen Vorgängen in der Organisation verbunden sind, zudem der Zugang auch begrenzt ist[95].

Die Darstellungen in Dokumenten erreichen normalerweise einen Punkt, der „document time" genannt wird. Das ist der Punkt, an dem ein Dokument in seine endgültige Form gebracht wird, so daß (fast) alles, was zu seiner Herstellung geführt hat, in dem Dokument nicht mehr enthalten ist[96]. Die Umstände, die zur Herstellung des Dokuments führten, fehlen also[97].

Die Methoden und technischen Prozesse bei der Herstellung von Dokumenten strukturieren dabei die berichteten Ereignisse. Insbesondere auch in der Weise, daß alle wichtigen Informationen als Prädikate des Objekts oder Berichts erscheinen[98] und daß das berichtete Ereignis als bei der Gelegenheit produziert oder konstituiert erscheint, zu der aufgezeichnet wurde, so daß die Darstellung (die berichtete Tätigkeit) an die Tätigkeit der Aufzeichnung geknüpft wird[99].

Jedenfalls sind die Aufzeichnungsprozeduren Teil der Routine-Praktiken der

---

[91] *Cicourel* 1968, S. 18.

[92] *Smith* S. 259 f.; s. a. *Zimmerman* The American Sociologist 1976, S. 7, FN 6 (der auch dies als Form Sozialer Interaktion auffaßt).

[93] Zum Verhältnis von Diskurs und Text bezüglich der in den Texten enthaltenen Aufzeichnungen s. *Cicourel* 1968/1976, S. xiii ff.

[94] *Smith* S. 260.

[95] *Smith* s. a. *Garfinkel* 1967, S. 192 ff.

[96] *Smith* S. 260.

[97] Dies war auch bei den untersuchten Strafsachen feststellbar, z. B. dadurch, wenn Urteilsentwürfe im Aktendeckel enthalten sind, oder unüblicherweise die Formulare, nach denen Beschlüsse geschrieben werden, oder wieder gestrichene Verfügungen doch noch in der Akte enthalten sind, usw. (Dies sind alles eher „Pannen", die den Beleg erst möglich machen.)

[98] Besonders deutlich bei Vernehmungen; es gilt aber auch für viele andere Tätigkeiten, so wenn Vermerke oder Verfügungen niedergelegt werden, die als Bericht über das, was gemacht wurde oder gemacht werden soll, erscheinen und dadurch gleichzeitig berichten, *daß* es geschehen ist.

[99] S. *Zimmerman* in *Wheeler* (ed.) 1969, S. 344.

Aufzeichnenden und zwingen so den Leser, die Sache so, wie sie gemäß den Relevanzstrukturen der aufzeichnenden Organisation abgefaßt ist, zu übernehmen[100].

(3) Diese kurze Diskussion kann zeigen, daß auch eine Aktenanalyse, die versucht, eine Kurzfassung der Akte zu schreiben, oder gar die Dokumente noch einmal zu schreiben[101], nur das reproduzieren kann, was (und wie) es die Aktenführenden aufgezeichnet haben. So sind die an die Untersuchung zu richtenden Fragestellungen recht begrenzt. Viel mehr als die für die Organisation der Strafrechtspflege relevanten Ablaufdaten[102] kann nicht reproduziert werden, jedenfalls so lange nicht, wie die Herstellung von Dokumenten nicht selbst erforscht ist. Oft kann (und konnte) nur konstatiert werden, daß bestimmte Punkte eines erstellbaren formalen Ablaufprogramms angelaufen worden sind.

Zu einer Theorie des Lesens offizieller Dokumente[103] fehlen selbst Ansätze[104]. Es kann daher nur ansatzweise versucht werden, die beurteilende Arbeit von Aktenbenutzern wie Forschern jedenfalls am Rande mit zum Thema zu machen[105] und sonst notgedrungen mit dem vorhandenen Alltagsverständnis zu operieren. Es wird angestrebt, keine externen Kriterien auf ein Wissenssystem anzuwenden[106], sondern beobachtbare Aktivitäten aus ihrem Kontext heraus zu studieren[107]. Dabei muß vorausgesetzt werden, daß auch unterschiedliche Behauptungen darüber, „was los war“ nur verständlich sind, wenn die zugrundeliegenden Konventionen des Wissenssystems akzeptiert sind[108]. Die volle Berücksichtigung[109] des Weges vom

---

[100] *Smith* S. 265; andere Interpretationen sind immer möglich, vgl. *Cicourel* 1970, S. 218; zu den diffizilen Fragen nach „Objektivität“ s. *Pollner* in *Weingarten/Sack/Schenkein* (Hrsg.) 1976, S. 295.

Es geht dabei nicht um eine Pathologie von Organisationen oder Aufzeichnungsprozeduren, sondern viel grundsätzlicher um Formen von Herrschaft, siehe *Smith* S. 267, 257 f. (ihr eigentliches Thema).

[101] *Cicourel* 1968, S. 18.

[102] Was auch meist als sinnvoll empfohlen wird, wenn auch nur als Vorstufe für „Besseres“, vgl. *Blankenburg* in *ders.* (Hrsg.) 1975, S. 204 (der für eine etwas andere Fragestellung auch das Aufstellen von Interaktionsnetzen empfiehlt); *Treiber* in *Blankenburg* (Hrsg.) 1975, S. 221 f.

[103] Durch ihre Benutzer wie durch Forscher.

[104] Zum „Lesen“ allgemein s. *Silverman* 1975, Kap. 5, zur jetzt erst einsetzenden Berücksichtigung der der Produktion von Texten zugrundeliegenden Informationsprozesse s. *Cicourel* Versus 1975, 34 ff.

[105] Wie es einem Trend neuerer Soziologie entspricht, vgl. *Chua* Sociological Inquiry 1974, S. 241; s. a. *Mehan/Wood* The American Sociologist 1976, S. 16. Vgl. auch *Churchill* Social Forces 1971, S. 187, die darauf hinweist, daß solche Vorgehensweise nur ein anderer Weg als der „gewöhnlicher“ Soziologie ist, wo dies zum Gegenstand und nicht zu Fehlerquellen der Interessen gemacht wird. So werden nicht (allzu) viele Zwischenschritte beim Erklären irgendwelcher Unterschiede oder Zusammenhänge zwischen Variablen gemacht (ebd. 190 f; vgl. auch *Mehan/Wood* 14 f.

[106] *Chua* S. 245.

[107] *Chua* S. 249.

[108] *Chua* S. 253.

[109] Einschließlich der „Irrwege“ im Verlauf der Untersuchung.

„Rohmaterial" zu darauf aufbauenden Schlüssen sollte es dem Leser ermöglichen, auf derselben Grundlage auch andere Schlüsse zu ziehen[110].

3. Rahmen der Arbeit

Diese etwas längere Diskussion über Ziele, Möglichkeiten und Grenzen von Aktenuntersuchungen kann erst jetzt in Zusammenhang mit den bislang angegebenen Zielsetzungen dahingehend zusammengefaßt werden, was in der Arbeit untersucht werden soll, d. h., in welchem Rahmen vorgegangen wird.

Es sind schon bisher ständig Zielsetzungen eingeflossen, die auch im Verlauf der Arbeit am empirischen Material weiter verfolgt, überprüft und auch neu entwickelt wurden, so daß die folgende Zusammenfassung nicht nur eine der vorangegangenen theoretischen Diskussion, sondern auch der Arbeit mit dem Material ist (also der Realitätsarbeit bei der Aufzeichnung und Herstellung der „Ergebnisse").

a) Möglichkeiten

Die erste Frage ist: Was kann man überhaupt in den Akten finden?

aa) Das ist zunächst das, was das juristische Verfahrensmodell in seinem Legitimationsaspekt verlangt, also Gegenstand von externer (durch Rechtsmittel) wie interner Kontrolle sein kann. Das betrifft den dokumentierten Nachweis der Einhaltung formaler Vorschriften, insbesondere die Ablaufdaten.

bb) Außerdem wird das zu finden sein, was sich aus dem Kommunikationsaspekt ergibt, also die Kontakte verschiedener Verfahrensbeteiligter untereinander, insbesondere alles, was die Bewegung der Akten angeht.

Kommunikationen, die sich auf die der Haftsache zugrundeliegende Strafsache beziehen, sollten (was ihren Inhalt angeht) nicht erfaßt werden, sondern nur ihr Vorkommen und ggf. Auswirkungen für den Verfahrensablauf.

cc) Die Realitätsarbeit der Verfahrensbeteiligten ist um so weniger der Aktenanalyse zugänglich, je weiter man sich von der Erhebung bloßer Ablaufdaten entfernt, obwohl diese selbst auch das Ergebnis von oft umfangreicher, manchmal auch wegen der Rigidität mancher Vorschriften oder Routinen fast automatisch ablaufender Realitätsarbeit sind.

Die Akten stellen gegenüber der Realitätsarbeit der Beteiligten eine eigene Realitätsebene dar, da sie wegen des Legitimations- und des Kommunikationsaspektes das Band bilden, das die unterschiedliche Arbeit der einzelnen Beteiligten steuert und bestimmt. Die sich hieraus ergebenden Begrenzungen müssen beachtet werden.

---

110 *Mehan/Wood* The American Sociologist 1976, S. 17 (oben); vgl. auch *Christie* 1977, S. 74 f.

b) Zielsetzung

Die Zielsetzung wurde bereits entwickelt: Der diese Arbeit beherrschende Aspekt ist derjenige der Zeit. Daraus ergibt sich daß es

— zu berechnen gilt, wie lange etwas dauert,

— anzugeben, was während einer bestimmten Dauer abläuft,

— zu analysieren, wie die Beteiligten selbst Zeitfaktoren in Rechnung stellen.

Vor dem Hintergrund der methodologischen Diskussion, insbesondere der Erörterung der bei Aktenanalysen vorhandenen Möglichkeiten, ist dies eine sehr einschneidende Begrenzung, die allerdings einige Nachteile anderer Untersuchungsrichtungen vermeiden soll.

Der aushandelbare, fragile Charaker dessen, was vor sich geht, darf nicht wegen der „soliden" Erscheinung von Kategorien und Zahlen unterschätzt werden[1]. Daher sollte keine Untersuchung bei der Betrachtung solcher „Endprodukte" stehenbleiben. Die grundlegende Tatsache, daß jegliche Arbeit in der Strafverfolgung für den/die Einsitzenden Zeit kostet, wird bei der gegenwärtigen Organisation in viele alltägliche Arbeitsvorgänge von vielen Stellen aufgelöst, die z. T. eine beträchtliche Eigendynamik entwickeln können. Wenn jeder Handelnde weiß, daß er immer auch die Haftzeit verlängert (und was hier wohl besonders wichtig ist, daß dies kein Vorteil für den Betroffenen ist) und das auch immer berücksichtigt, könnte einiges anders werden[2].

c) Untersuchungsschwerpunkte

aa) Aus der Erhebung der Ablaufdaten folgt die Möglichkeit der Berechnung des Zeitraums zwischen zwei Ablaufpunkten. Der Verbrauch von Zeit kann zwar aus mehreren Perspektiven gesehen werden, aus der Perspektive des Betroffenen wie aus der Perspektive der Verfahrenführenden; da die juristische Arbeit aber allein auf der Ebene des Verfahrens abläuft, muß die Analyse auf diese Ebene wechseln.

Exkurs: der Betroffene[3]

Der Betroffene muß, wenn er sich um die Tatsache der Haft oder um das Verfahren allgemein kümmern will, sich auf die Ebene derjenigen begeben, die die Akte und damit das Verfahren in der Hand haben. Seine Handlungskompetenz, die durch seine Rechte gesichert sein soll[4], ist dabei stark eingeschränkt. In bezug auf die Haft[5] hat er nur die Möglichkeit zu Haftprüfungsanträgen, also immer ein formelles Verfahren. Von einer Subjekt-Position bleibt

---

[1] Siehe *Cicourel* 1968, S. 91.

[2] Vgl. *Bittner* American Journal of Sociology 1976, S. 259

[3] Weibliche Betroffene sind so selten, daß hier auf sprachliche Komplikationen verzichtet werden dürfte.

[4] Siehe dazu *Giehring* in *Hassemer/Lüderssen* (Hrsg.) 1978, S. 181 ff.

[5] Auf deren Bestehen; zum Vollzug gibt es einige andere, formelle wie informelle Möglichkeiten.

nicht mehr viel, da a) er nicht direkt beteiligt ist, das Verfahren ihm geschieht; was geschieht, ist für ihn nur am Effekt ablesbar, dem Zeitverbrauch. b) Wenn er doch beteiligt ist, dann ist er nur indirekt beteiligt, weil er in Vernehmungen oder Schriftsätzen von Personen, die für ihn handeln, Verhandlungsgegenstand ist. c) Beteiligt er sich unmittelbar, dann gibt es erhebliche Schwierigkeiten mit dem geregelten Verfahrensgang (oder einen neuen: Haftprüfung).

Aus dem Auseinanderfallen von Haftzeit und Verfahrenszeit, das sich durch diesen Ebenenwechsel ergibt, folgt eine besondere Problematik, die besonders berücksichtigt werden muß (u. a. zu wechselnden Grundgesamtheiten führt). Außerdem wird die besondere Problematik der Rechtsmittelhaft, die in der Untersuchung nicht behandelt wird, erst auf dieser Ebene erkennbar, da dem Betroffenen gleich ist, warum noch Untersuchungshaft besteht.

Weiter kann auf der Ebene der Verfahren näher unterteilt werden nach den Arbeitsebenen der Aktenführenden. Das sind Staatsanwaltschaft (Ermittlungsverfahren) und Gericht (Zwischen- und Hauptverfahren). Innerhalb dieser Ebenen muß geprüft werden, ob noch weitere Unterteilungen möglich sind.

bb) Außer der Berechnung von Zeiträumen zwischen zwei Ablaufpunkten kann analysiert werden, welchen formalen Ablauf das Verfahren in solchen Zeiträumen hatte. Das führt zu den einzelnen Arbeitsschritten innerhalb gewisser Ablaufpunkte und gleichzeitig über die bloße Merkmalserhebung hinaus.

Das, *was* abläuft, wird freilich nur formal beschrieben; Transformationen von Inhalten werden nicht berücksichtigt, weil nur der formale Ablauf noch sicher beobachtbar ist und die Inhalte unter dem Zeit-Aspekt weniger wichtig sind.

Es liegen dabei nicht nur zeitliche, sondern auch sequenzhafte Abläufe von Ereignissen vor, d. h., jedes nachfolgende Ereignis setzt das Vorhandensein des Vorhergehenden voraus[6]. Dieses Merkmal bürokratischer Arbeitsweise[7] folgt schon aus der vorhandenen Verfügungstechnik[8], die es dem Bearbeiter ersparen soll, bei jedem Arbeitsschritt den Gesamtzusammenhang des Verfahrens rekapitulieren zu müssen.

cc) Zeitbezogenes Handeln

Der Verbrauch von Zeit erfordert praktische Tätigkeiten und kann als praktische Leistung[9] derjenigen angesehen werden, die Einfluß auf den zeitlichen Ablauf (des Verfahrens) haben.

Diese praktischen Leistungen stellen sich auf allen Analyse-Ebenen dar: im Erreichen bestimmter Ablaufpunkte des Verfahrens, im Durchlaufen von Sequenzen

[6] Zur Unterscheidung von zeitlichen und sequenzhaften Abfolgen s. *Sacks* in *Schenkein* (ed.) 1978, S. 258 f.

[7] Sequenzen sind ein viel universellerer Grundzug (s. *Sacks*), der auch in bürokratischer Arbeitsweise gefunden werden kann.

[8] (Jedem Referendar verfügbares Hintergrundwissen).

[9] (‚accomplishments', ‚doings'); s. dazu *Zimmerman/Pollner* in *Weingarten/Sack/Schenkein* (Hrsg.) S. 74 und *Garfinkel/Sacks* im selben Band S. 148; vgl. auch schon *Sacks* 1963 (S. 12 ff. und S. 8, FN 8).

und unmittelbar an einigen ihrer Tätigkeiten, an denen gezeigt werden kann, daß der zeitliche Aspekt des Verfahrens berücksichtigt worden ist.

Nur auf der letzten Ebene kann das praktische zeitbezogene Handeln der Verfahrensbeteiligten ausführlich beschrieben werden, das sich auch sonst ständig zeigt. Auf dieser letzten Ebene werden aber die Darstellungen, die die Beteiligten selbst von den formalen (zeitlichen) Strukturen ihrer Alltagshandlungen geben, beschrieben[10] — und nicht die formalen Strukturen selbst, die von den Beteiligten wie vom Untersucher produziert wurden[11].

Der gesamte Aspekt der praktischen Tätigkeit wird auf diejenigen beschränkt, in denen zeitliche Elemente eine Rolle spielten.

dd) Einschränkungen

Die Aktenanalyse versucht, Ereignisse und Vorgehensweise auf der Basis eines *einzelnen* Verfahrens zu rekonstruieren. Bis auf den Betroffenen arbeiten aber alle Beteiligten in vielen Verfahren gleichzeitig, so daß die Analyse selbst erst eine Realität(sebene) herstellt. Dabei besteht die Gefahr, daß dadurch die Realitätsebene der Beteiligten zerstört wird[12] zugunsten einer Darstellung der Akten-Realität der Haftzeit. Man kann aber versuchen, dies als Wiedergabe der Produktionstätigkeit in einem einzelnen Verfahren zu „sehen".

Weiter können nur die feststellbaren Strukturen des Verfahrens berichtet und analysiert werden. Es sind aber nur einige Elemente des Verfahrens bzw. seiner Abschnitte überhaupt isolierbar. Was isolierbar ist, ist nicht von den Bedürfnissen der Analyse, sondern vom vorhandenen Material abhängig.

---

[10] Siehe *Garfinkel/Sacks* S. 138 f.

[11] Zum Verhältnis von Strukturen und strukturierenden Tätigkeiten, die die äußerlichen und einschränkenden sozialen Fakten einer bestimmten Szene zusammenstellen s. *Mehan/Wood* The American Sociologist 1976, S. 15; zur ausschließlichen Bevorzugung des letzteren Aspekts *Zimmerman/Wieder* in *Weingarten/Sack/Schenkein* (Hrsg.) 1976, S. 124.

[12] Zur Zerstörung von Phänomenen durch Beschreibung s. auch *Mehan/Wood* 1975, S. 154; das Problem ist für diejenigen, die sich überhaupt damit befassen, noch nicht gelöst.

Dritter Teil

Ergebnisse

1. Materialbeschreibung

Die Gesamtzahl der untersuchten Akten beträgt 110.

a) Grundgesamtheit

Diese Ausgangsmenge wurde aus den Haftlisten von acht Geschäftsstellen der Staatsanwaltschaft beim Landgericht Kiel ermittelt; hilfsweise wurden die Register der drei Großen Strafkammern, die mit allgemeinen Strafsachen befaßt sind, herangezogen. Dadurch sind alle „Kieler" Haftsachen — in allgemeinen Strafsachen —, die mit einer Festnahme und Verhaftung innerhalb des Stichjahres 1973 *begonnen* wurden, erfaßt worden.

Die Einschränkungen sind folgende:

Aufgrund der Vorauswahl nach Geschäftsstellen der Staatsanwaltschaft[1] — die eine sachliche *und* regionale Unterteilung aufweisen —, die in Absprache mit dem Geschäftsleitenden Beamten[2] getroffen wurde, konnten so alle Verfahren erfaßt werden, die vor den Kieler Schöffengerichten, den Großen Strafkammern[3] und den Schwurgerichten anhängig gewesen waren (oder hätten anhängig werden können[4]).

Durch die Auswahl der Geschäftsstellen wurden *nicht* erfaßt: Verfahren gegen Jugendliche und Heranwachsende[5] (sowie Jugendschutzsachen[6]), Wirtschaftsstrafsachen, reine Militärstrafsachen[7] sowie Verfahren vor auswärtigen Gerichten des Landgerichtsbezirks.

---

[1] Staatsanwaltschaft (und nicht Haftrichter, s. dazu jetzt auch *Hiltl* 1977, S. 2, bei anderer Fragestellung), weil die Staatsanwaltschaft für die untersuchten Akten die aktenführende Behörde ist, also in jedem Fall kontaktiert werden muß; auch wurden deren Haftlisten als einziges taugliches Mittel angesehen, Haftsachen überhaupt erfassen zu können. Weitere Register speziell zu Haftsachen werden nicht geführt. Vgl. auch zur Vorgehensweise *Neumann* 1969, S. 11; *Sonntag* 1973, S. 9.

[2] Herr Baumann war dabei sehr hilfreich.

[3] Deren Register wurden hilfsweise herangezogen, weil die Geschäftsstelleneinteilung nicht berücksichtigt, daß, wie es ebenso beim Schwurgericht der Fall ist, auch auswärtige Sachen hier anhängig sein könnten. Durch deren Einbeziehung bei den Strafkammersachen erweiterte sich die Grundgesamtheit geringfügig.

[4] Bezieht sich nur auf Einstellungen.

[5] Zur Untersuchungshaft bei Jugendlichen und Heranwachsenden vgl. jetzt auch *Kreuzer* RdJB 1978, 337 ff. (339 z. Dauer)

[6] Aus den Registern etc. nicht unterscheidbar.

[7] Dies war dagegen aus der Haftliste der entspr. Abteilung isolierbar.

Schon durch diese grobe Kategorisierung sollten Verfahren aus dem Untersuchungsbereich ausgeschlossen werden, bei denen sich bereits aus der Kategorisierung Anhaltspunkte für möglicherweise isolierbare Besonderheiten des Verfahrens ergeben[8].

Aus den Haftlisten der (verbliebenen) Geschäftsstellen wurden zwei weitere Verfahrensarten ausgeschlossen: zunächst solche Verfahren, die nach der Eintragung in die Kieler Haftliste an eine auswärtige Staatsanwaltschaft oder ein auswärtiges Gericht abgegeben wurden[9]. Weiter auch alle Verfahren, die beim Einzelrichter anhängig waren/werden konnten.

Für letzteres gab es zwei Gründe: Zum einen wurden diesbezügliche Akten verwaltungstechnisch zu Beginn der Untersuchung noch von den Amtsgerichten geführt, sollten aber während des für die Erhebung vorgesehenen Zeitraums auf die Staatsanwaltschaft umgestellt werden[10].

Damit wären diese Akten zumindest für längere Zeit kaum zugänglich gewesen. Ein weiterer Grund für die Ausschließung der Einzelrichtersachen lag darin, daß die absolute Anzahl dieser Verfahren für mögliche sich darauf beziehende Aussagen auch nicht groß genug zu werden versprach[11]. Außerdem stand da sicher auch die Vorstellung vom „normalen“[12] Haftverfahren dahinter, da Einzelrichter-Sachen schon von den gesetzlichen Voraussetzungen her sehr einfach sein müssen[13], also Aussagen über die Dauer von Untersuchungshaft[14] kaum erreichbar schienen[15].

---

[8] Nämlich: für Jugendliche etc. § 72 Abs. 1 JGG. Für Militärstrafsachen schon Nr. 50 RiStBV sowie die vielen Verfahrensbesonderheiten, die bei Wirtschaftsstrafsachen, für die zudem ein größerer Distrikt gegeben ist, ebenfalls offensichtlich scheinen. Für auswärtige Sachen außer Entfernungsproblemen auch mögliche Besonderheiten der auswärtigen Gerichte.

[9] Auch dies war aus den Haftlisten isolierbar (sowohl Abgaben an auswärtige Staatsanwaltschaften als auch Abgaben an andere Gerichte des Kieler Landgerichtsbezirks (über die Aktenzeichen)).

[10] Was dann auch geschah; entscheidend sind aber die verfügbaren Möglichkeiten zum Zeitpunkt der Konzeption der Untersuchung.

[11] Beide Punkte sind Ergebnis von Vorüberlegungen vor Beginn der Erhebungen.

[12] Vgl. zu einem analogen Sachverhalt auch *Sudnow* in *Rubington/Weinberg* (eds.) 1968, 174 ff. (‚normal crimes‘).

[13] Deren Ausschluß ließe sich zwar auch theoretisch rechtfertigen (s. sogleich), beruhte aber eher auf dem praktischen Grund (s.o.). § 113 StPO schränkt die Voraussetzungen der Untersuchungshaft zwar nicht so weit ein, wie die Strafgewalt der Einzelrichter reicht, § 25 Nr. 3 GVG reicht weiter; die Rechtsfolgenerwartung ist aber bei der Abwägung der Verhältnismäßigkeit der Untersuchungshaft konstitutiver Bestandteil (s. Kleinknecht, 33. Aufl., Anm. 8 zu § 112 StPO), so daß *theoretisch* in diesem Bereich nicht viel zu erwarten war. — Zur Praxis vgl. jetzt *Hiltl* 1977.

[14] Siehe dazu jetzt *Hiltl* 1977, S. 52, der (1971) allein über 40 % Strafbefehlsverfahren mit Untersuchungshaft (was 1971 noch möglich war) in seiner Grundgesamtheit vorfand. Allerdings konnte er anscheinend nur ein Drittel aller Verfahren näher untersuchen (vgl. die Tabellen S. 106 und S. 104 bei *Hiltl*).

[15] Zum Umfang dieser Sachen sogleich.

Allerdings veränderten sich im Verlauf der Untersuchung solche Ansprüche.

Das Jahr 1973 wurde ebenfalls in Absprache bei Beginn der Erhebungen, Mitte 1976, gewählt, um einerseits möglichst „neue" Verfahren erhalten zu können, andererseits aber auch Ausfälle dadurch, daß Verfahren noch anhängig sind und so ggf. zur Analyse nicht zur Verfügung stehen[16], möglichst klein halten zu können[17].

b) Bestimmung

Die Auswertung der Haftlisten ergab so eine Ausgangsmenge von 194 Akten.

Davon wurden einige Akten nicht herangezogen, weil sich schon aus der Haftliste eine Nichtübereinstimmung mit der vorgesehenen Grundgesamtheit ergab, und einige weitere Akten konnten während des gesamten Erhebungszeitraums nicht erhalten werden.

(1) Nicht herangezogen wurden insgesamt 44 der Akten der Vorauswahl[18]. Die Gründe dafür waren

a) Verfahren vor dem Einzelrichter:	16 Akten
b) Abgabe an auswärtige Stellen:	20 Akten
c) sonstige Gründe[19]:	8 Akten.

(2) Nicht erhältlich waren 40 Akten.

Davon entfallen auf eine (die größte) Geschäftsstelle allein 16 Akten, auf die anderen Geschäftsstellen 1 bis 6. Nicht zu erhalten heißt, daß die Akten ständig im Geschäftsgang bzw. versandt waren oder von der Geschäftsstelle für unentbehrlich erklärt worden waren[20]. Es wurde von ca. September 1976 bis ca. Oktober 1977 versucht, die für die Untersuchung benötigten Akten von den einzelnen Geschäftsstellen zu erhalten[21]: i. d. R.wurde Geschäftsstelle für Geschäftsstelle durchgegangen[22] und dann ab ca. Juni 1977 noch einmal, um die bis dahin fehlenden Akten zu bekommen[23].

---

[16] Zum Umfang ebenfalls sogleich.

[17] Ein Standardproblem. Siehe *Neumann* 1969, S. 11; *Hiltl* 1977, S. 5; vgl. auch *Sonntag* 1973, S. 9 (bei *Steffen* 1976 aber nicht erwähnt).

[18] Zu deren Begründung s. soeben, Abschnitt a); hier wirken sich nur noch solche Ausschluß-Gründe aus, die nicht bereits durch die Geschäftsstellenauswahl abgedeckt werden.

[19] Zum Teil handelt es sich dabei um sofortigen Übergang in Strafhaft sowie um einige besonders gelagerte Einzelfälle.

[20] Zum Teil handelte es sich dabei um besonders umfangreiche, noch anhängige Strafverfahren. Problematisch wurde es immer dann, wenn die Verfahren noch nicht abgeschlossen waren; darunter werden aber auch Verfahren verstanden, in denen nur noch eine Bewährungsfrist läuft, nicht nur Verfahren ohne rechtskräftigen Abschluß; erstere wurden aber meist zugänglich gemacht.

[21] Den vielen beteiligten Geschäftsstellenverwaltern sei ebenfalls noch einmal für ihre meist außerordentliche Zuvorkommenheit und Hilfsbereitschaft gedankt.

[22] Dabei war insb. Herr Neumayer sehr hilfreich.

[23] Der Schlußpunkt der Suche wurde schlicht gesetzt.

c) Aussagen über die fehlenden Akten

Eine Akte der Gruppe „nicht zu erhalten“ hat immer die Möglichkeit, in die Gruppe „nicht herangezogen“ zu gelangen, so daß nicht einfach davon ausgegangen werden kann, daß die Grundgesamtheit 150 Akten umfaßt, aus der dann 40 (das wären 26,7 %) fehlen[24]. Die fehlenden Akten enthalten tendenziell — aus den Haftlisten allein läßt sich dies nicht immer sagen — mehr Verfahren mit mehreren Beschuldigten[25], möglicherweise also auch mit mehreren Inhaftierten, als die schließlich untersuchten 110 Akten. Außerdem sind dabei auch mehrere besonders umfangreiche Verfahren enthalten, so daß sich daraus möglicherweise auch längere Haftzeiten (im Vergleich zu den aus der untersuchten Ausgangsmenge hervorgehenden Mittelwerten) finden könnten. Das hieße dann u. a., daß sich die gefundenen Werte noch vergrößern dürften[26]. Aber auch nur annähernd sichere Aussagen darüber sind nicht möglich.

d) Vorgehensweise

Die erhaltenen Akten wurden sofort nach dem im methodischen Teil bereits skizzierten Schema „Was geschah wann durch wen“ in einen bewußt formal gehaltenen, also *nicht* standardisierten Bogen übertragen[27], in dem alles aufgezeichnet wurde, was im Verfahren geschah. Lediglich Dinge, die direkt den inhaltlichen Ablauf und Hergang der dem Verfahren zugrundeliegenden Strafsache betrafen (insb. Inhalte von Vernehmungen, Anklagen und Hauptverhandlungen) wurden weggelassen; zur Vereinfachung der Berechnung war dieser Bogen nach den in Frage kommenden Kalenderdaten aufgebaut.

Außerdem war noch ein etwas standardisierter Fragebogen[28] angelegt worden, der sich aber

---

[24] Diese „Verlustquote“ von etwas über 20 % (s. dazu sogleich im Text) ist noch relativ gering; *Sonntag* (1973, S. 10) hatte ca. 35 %, *Neumann* (1969, S. 15) fast 50 %, bei jeweils anderen Grundgesamtheiten. *Hiltl* (1977) lassen sich keine genauen Angaben entnehmen, was zum Teil in seiner wieder anderen Vorgehensweise begründet sein mag. *Steffen* 1976 sind dazu nur einige indirekte Angaben aus Tab. 2, S. 107 zu entnehmen.

[25] Dann häufen sich die Anlässe für die Versendung der Akten besonders.

[26] Problematisch erscheint, ob man argumentieren kann, dies würde durch die ebenfalls fehlenden Einzelrichtersachen „wieder ausgeglichen“, da die Repräsentativität der Grundgesamtheit sowieso begrenzt ist, weil sie auf einen nicht zufällig, sondern aus praktischen Erwägungen herausgegriffenen Bezirk begrenzt ist. Insoweit muß eine Pilot-Untersuchung immer um Nachsicht bitten; daß sich der Erkenntniswert von Untersuchungen mit deren Intensität, damit aber auch der absoluten Zahl der Untersuchungsgegenstände, verändert, wurde bereits im Zweiten Teil angesprochen (s. S. 41).

[27] Also in Anlehnung an das formale Lasswellsche Schema (s. o. Zweiter Teil, b) aa) (4), S. 36), ohne Code-Bogen etc.

[28] In Anlehnung an den Fragebogen in der Freiburger Staatsanwaltschaftsuntersuchung, wie er bei Steffen (1976, S. 331 ff.) abgedruckt ist; dessen Modifizierung war der erste Schritt der praktischen Vorüberlegungen zur Untersuchung; die Erweiterung auf einen umfassenderen Erhebungsbogen ergab sich während der weiteren Vorüberlegungen, auch aus dem Gefühl heraus, daß (bei der Modifizierung) noch gar nicht abzusehen war, was wichtig werden könnte.

während der Erhebungen als zunehmend wertloser erwies, zumal die meisten Angaben auch bei der umfassenderen Erhebungsweise anfielen[29].

Auf dieser Basis wurden die Tabellen erstellt, die sich in den folgenden Teilen 2. und 3. finden; dabei wurde von einigen Überlegungen dazu ausgegangen, was überhaupt tabelliert werden sollte. Diese Überlegungen mußten in Wechselwirkung mit dem erhobenen Material ständig modifiziert werden[30]; der folgende Text stellt insoweit nur ein Endprodukt dar.

Die Teile 4. — Sequenzen — und 5. — Strukturierungen — sind in den methodischen Vorüberlegungen bereits begründet worden[31]; ihre Ausgestaltung war ebenfalls vom verfügbaren Material abhängig und ist aus der Frage entstanden, was außer der Berechnung einzelner Abschnitte noch für Auswertungen unter dem zeitlichen Aspekt[32] vorgenommen werden könnten. Es ist also ebenfalls ein Endprodukt. Teil 6 — Datenprobleme — soll dann auf dieser Ebene die Fortsetzung andeuten[33].

2. Personal-Daten

Die erste auftauchende Frage bei der Untersuchung der Dauer von Untersuchungshaft, unter besonderer Berücksichtigung der Gewinnung von Anhaltspunkten zu deren Verkürzung, ist normalerweise: Wie lange befinden sich die Betroffenen[1] in Untersuchungshaft, und welche persönlichen Charakteristiken haben sie? Damit begibt man sich auf die Ebene der betroffenen Personen; deshalb wurde dieser Abschnitt „Personal-Daten" genannt.

a) Haftdauer pro Häftling

Dazu kann angegeben werden, wie lange die Untersuchungshaft jedes einzelnen Betroffenen von der Festnahme bis zum Ende der Untersuchungshaft (bzw. bis zum letzten Hauptverhandlungstag erster Instanz[2]) gedauert hat.

---

[29] Die meisten Daten dieses Bogens sind noch, seiner von den Urhebern folgenden Anlage entsprechend, in den Abschnitt 2 — Personaldaten — eingeflossen.

[30] Ausgehend von der Verfügbarkeit einzelner dazu benötigter Daten sowie aus der sich aus der Fragestellung ergebenden besonderen Betonung des Aktenweges.

[31] S. o., Zweiter Teil, insb. im „Rahmen" der Arbeit, 3 c) aa) — cc), S. 45 ff.

[32] Handeln in der und mit der Zeit wurde dabei, technisch, als Parameter genommen (s. zur Vorgehensweise *Schwartz* in *Weingarten/Sack/Schenkein* (Hrsg.) 1976, S. 362—64; dies Zitat kann aber nicht direkt als Beleg dienen, da Schwartz von sehr viel weitergehenden Voraussetzungen ausging; dies ist in jeder Hinsicht ein erster Versuch).

[33] Siehe auch den Zweiten Teil, „Rahmen" der Arbeit, S. 45 ff. (48).

[1] D. h., die von der Untersuchung überhaupt erfaßten Betroffenen; zu den Einzelheiten der sachlichen Beschränkung des „Untersuchungsguts" auf ‚normale' Strafverfahren — Schöffengerichts-, Strafkammer- und Schwurgerichts-Sachen, ohne Sonderzuweisungen — s.o. die Materialübersicht soeben 1.

[2] Zur theoretischen Begründung dieser Einschränkung, die Probleme der Rechtsmittelverfahren und der Strafvollstreckung ausschließt, s. Erster Teil, S. 17 f.

Tabelle 2

Gesamthaftdauer der betroffenen Häftlinge

Ausgangsmenge:	127 Fälle (In 14 der durch die 110 Akten repräsentierten Verfahren waren zwei, in einem weiteren vier Häftlinge betroffen)
von:	Festnahmetag
bis:	letzter Hafttag
berechnet:	Hafttage (abzüglich etwaiger Unterbrechungen) — zu den Berechnungsmodalitäten s. die Übersicht im Anhang, Nr. 0, S. 163

Hafttage	Häftlinge	dto. in ‚vollen' Verfahren (dazu s. Text)
bis 29	9	–
30– 59	12	6
60– 89	16	9
90–119	19	7
120–149	16	9
150–179	19	13
180–209	18	9
210–239	4	2
240–269	2	2
270–299	3	3
300 +	6	6
400 +	3	3
Summe	127	69
Hafttage	18 519	12 162
Durchschnitt	(145,8)	(176,3)
Median[1)]	133	161

[1] Der Median, derjenige Wert, der die nach der Größe geordnete Rangreihe halbiert, gibt das Mittel präziser an (als das dem Alltagsverständnis leichter eingängige arithmetische Mittel, also der Durchschnitt), wenn die Verteilung der Werte Extremwerte zeigt (s. *Clauss/Ebner* 1967, S. 72, 76) und ist dann geboten. Soweit überhaupt Durchschnittswerte angegeben werden, dann nur zur Information und deshalb eingeklammert.

Da ein, wie die Untersuchung zeigt, beträchtlicher Teil der Betroffenen sich nicht bis zur letzten Hauptverhandlung erster Instanz in Untersuchungshaft befunden hat, wird hier der Begriff der „vollen" Verfahren (also solcher, bei denen bis zur letzten Hauptverhandlung erster Instanz Untersuchungshaft vollzogen wurde) eingeführt. Solche Differenzierung wird oft genug, vor allem in den justizabhängigen Tabellen[3] nicht gemacht, und sie ist auch erst notwendig, wenn man die Einzelheiten der Haftzeit erörtern will. Um den Vergleich mit anderen Daten zu erleichtern[4], sind hier beide Varianten aufgeführt.

Auf die Gründe für die Differenz der beiden Spalten kann erst aufgrund weiterer Informationen eingegangen werden; diese Tabelle 2 dient also nur der ersten Übersicht.

[3] Z. b. bei *Krümpelmann* in *Jescheck/Krümpelmann* 1971, S. 89 ff., aber meist auch bei *Sonntag* 1973. Die Nichtberücksichtigung dieser Unterscheidung führt zur Vernächlässigung des Zusammenhangs von Haftdauer und Strafverfahren, s. a. *Kreuzer* RdJB 1978, S. 339.

[4] Siehe dazu die nach den eigenen Daten folgende Übersicht S. 55.

Umrechnung der Tabelle in Prozentwerte
(nur zu Vergleichszwecken)

Hafttage	Häftlinge in %	dto. in ‚vollen' Verfahren
bis 29	7	–
30– 89	22	22
90–179	43	42
180+	28	36
	100	100

Bemerkung:

Bei etwaigen Vergleichen[1] mit anderen Daten ist zu bedenken, daß die hier angegebenen Daten möglicherweise durch die gesetzte Untergrenze (keine Einzelrichter-Sachen) beeinflußt sind. Vergleiche mit der Spalte ‚volle' Verfahren sind meist nicht möglich, da entsprechende Daten nicht verfügbar sind.

[1] Vergleichsdaten zur Haftdauer waren nur auf Personen-Ebene verfügbar; die zum Teil sehr unterschiedliche Klassifizierung wurde etwas vereinheitlicht. a) *Neumann* 1969 Durchschnittliche Haftdauer Erwachsener: 122 Tage (S. 94) Verteilung: bis 2 Monate 27,1 %; 2—4 Monate 32,5 %; 4—6 Monate 23,1 %; über 6 Monate 17,3 % (S. 96) n = 468, Haftsachen aus 1960 (S. 11), Saarland. b) *Sonntag* 1973 Durchschnittliche Haftdauer Erwachsener: 133 Tage (S. 158) Verteilung: bis 2 Monate 19,9 %; 2—4 Monate 38,4 %; 4—6 Monate 22,7 %; über 6 Monate 19,0% n = 498; Haftsachen aus Mitte 1965 bis 1967 (S. 11), Saarland. c) Daten aus Bayern und Nordrhein-Westfalen bei *Krümpelmann* (in *Jescheck/Krümpelmann* 1971, S. 90; hier nur die Daten aus 1969; 1. Wert Bayern, 2. Wert Nordrhein-Westfalen) bis 3 Monate: 66,8 / 59,0 %; 3 bis 6 Monate 22,0 / 28,5 %; über 6 Monate 8,4 / 12,5 % n = 6810 / 8578. d) *Dünnebiers* (MschrKrim 1962, 103—9) Zahlen beziehen sich auf das Jahr 1959; für das Land Bremen lauten die Daten in der Reihenfolge aus eben c): 76,6 — 18,1 — 5,3 %. e) Die z. T. beträchtlichen Unterschiede können auch auf der Zählkarte beruhen, über die nichts zu erfahren ist. Die Zählkarte der Strafverfolgungsstatistik (Statistisches Landesamt Schleswig-Holstein, Nr. 31—60), die seit 1976 auch eine Rubrik Untersuchungshaft führt (dort die Nr. 9), erfaßt nur ob, und, wenn ja, wie lange Untersuchungshaft bestanden hat (sonst nur noch das Verhältis Haft/Strafausspruch und Haftgründe). Die Daten in c) und d) dürften auf ähnlicher Basis erhoben worden sein. f) An Vergleichszahlen aus dem Ausland, die nur zur Illustration herangezogen werden können, da Rechts- wie Strafverfolgungssysteme nicht vergleichbar sind, sollen hier nur dänische und schwedische Daten angeführt werden (zu anderen Ländern s. *Jescheck/Krümpelmann* 1971, Anhang, S. 997 f.). **Dänemark:** (*Betaenking* Nr. 728, 1974 S. 102) Durchschnittliche Haftdauer: 57 Tage; Verteilung bis 30 Tage: 49,2 %; bis 3 Monate: 30 %; 3—6 Monate: 13,4 %; über 6 Monate 7,4 %, n = 187; Haftsachen aus September 1970; Verteilung auch bei Gammeltoft-Hansen ZStW 88 (1976), S. 541. **Schweden:** (nach Sven *Larsson* Svensk Juristtidning 1977, 370—374). Zu beachten ist, daß die Untersuchungshaft in Dänemark länger dauert als in Schweden, was Larsson betont (S. 373). Verteilung in Schweden (S. 373) bis 28 Tage 80 % (davon bis 14 Tage 33 %); 29—42 Tage 12 %; 43—90 Tage 6 %; über 90 (bis 270) Tage 2 % n = ?; 1974 erschienene Untersuchung; Zeit von Festnahme bis Entlassung bzw. 1. Hauptverhandlungstag (bei der dänischen Untersuchung waren Rechtsmittel eingeschlossen).

b) Persönliche Charakteristika

Die bei Untersuchungen im strafrechtlich/kriminologischen Bereich üblicherweise erhobenen und leicht faßbaren Daten zur Person wie Geschlecht, Alter, Nationalität, Klassen/Schichtzugehörigkeit etc. zur Beschreibung der vorhandenen Untersuchungsobjekte und zur Prüfung von Unterschiedlichkeiten geben hier weder in ätiologischer noch in sonstiger Hinsicht viel Aufschluß.

aa) Die Altersverteilung entspricht etwa derjenigen, die auch in der polizeilichen Kriminalstatistik zu finden ist, d. h., 9 von 123 Betroffenen waren über 40 Jahre alt, bei insgesamt leichter Abnahme ab 30 Jahren[5]. Insgesamt befanden sich nur 9 Ausländer unter den Betroffenen, die sich zudem auf sehr unterschiedliche Nationalitäten verteilten, so daß die absolute Menge für jegliche Aussage viel zu klein ist[6].

[5] Siehe die ausführliche Tabelle im Anhang Nr. 1 (Geschlecht: Es gab nur insgesamt 2 weibliche Häftlinge), S. 164 f.

[6] Fälle von Abschiebehaft sind in den Haftlisten der Staatsanwaltschaft nicht enthalten; Übersetzungs-Probleme gab es nur in einem später angesprochenen Fall.

bb) Schichtindizes werden meist aus Angaben über Beruf, Schulbildung und ggf. Einkommen gebildet[7].

Das Hilfsmittel Einkommensangaben war in der vorliegenden Untersuchung besonders problematisch, da Angaben dazu auch bei Personen, die aufgrund ihrer Berufsangabe überhaupt über Einkommen verfügen konnten, kaum zu erlangen waren. Ein Grund mag sein, daß Einkommensangaben in Strafsachen in der Regel nur für die Geldstrafenbildung wichtig sind[8], was in Haftsachen (meist!) entfällt. Die Angaben zur Person mußten zudem aus dem polizeilichen Vernehmungsbogen, der unter anderem auch eine Rubrik für Einkommensangaben enthält, und zum Teil aus dem Hauptverhandlungsprotokoll rekonstruiert werden. Die Verfügbarkeit von Angaben zur Klassen/Schichtzugehörigkeit ist somit von der Bereitwilligkeit von Polizei/Gericht und Betroffenem abhängig, danach zu fragen wie zu antworten. Weil insbesondere die Einkommens-Angaben viel zu selten zu erlangen waren, wurde diese Kategorie schon im Verlauf der Erhebungen gestrichen. Angesichts dieser Lage, die mit den Erfahrungen beim Freiburger Staatsanwaltschaftsprojekt korrespondiert[9], verbleiben dann Beruf und Schulbildung als möglicher Schichtindikator. In fast der Hälfte aller Fälle fehlten aber Angaben zur Schulbildung (was wohl nicht nur daran lag, daß Jugendliche und Heranwachsende aus der Grundgesamtheit ausgeschlossen waren), und das herkömmliche Instrumentarium war bei den Berufsangaben ebenfalls nicht zureichend. Zum Beruf wurde daher mit einer eigenen Unterteilung operiert, die hauptsächlich nach Arbeiter (n = 52), Arbeitslose (n = 26) und Randgruppenangehörige (N = 42) differenziert[10]. Auf den üblichen Schichtskalen ist dies eine Unterteilung innerhalb der Unterschicht, in Klassenbegriffen nach ‚einfachem' und Lumpenproletariat. Da die Abgrenzungen äußerst fließend sind, wurde darauf verzichtet, mit ihnen weiter zu arbeiten[11]. Ähnliches gilt für die Angaben über Vorstrafen: 15 Personen waren nicht vorbestraft, bei 8 Personen fehlten Angaben, und die verbleibenden 104 Personen hatten Vorstrafen aufzuweisen[12].

Insgesamt zeigt sich so eine Homogenität bei den persönlichen Merkmalen der Betroffenen, die nach dem vorhandenen Wissensbestand kaum überraschen dürfte[13], allenfalls in dieser extremen Ausprägung[14].

[7] Die Literatur ist mannigfaltig und umfangreich; zu Schichtindizes vgl. *Moore/Kleining* KZfSS 1960, 91 und *Scheuch* KZfSS, Sonderheft 5, 1961, 103; *Steffen* 1976, S. 240 ff; *Sack* Kl.krim. Wörterb. 1974, S. 285.

[8] Vgl. nur *Dreher* 37. Aufl. § 46 StGB, Anm. 5 C; *Dreher/Tröndle* 38.A., § 46 StGB, Rdnr. 26.

[9] S. *Steffen* 1976, S. 237.

[10] Daneben noch 3 Angestellte und 4mal keine Angabe.

[11] Ausführliche Darstellung der Personal-Daten Anhang Nr. 1.

[12] Auf eine weitere Aufgliederung der Vorstrafen, die eine Gewichtung erfordern würde (nach Art, Anzahl usw.), wurde verzichtet.

[13] Vgl. *J. Wolff* KrimJ 1975, 25.

[14] Die auch unter Hinweis auf die vorweg ausgeschlossene Gruppe der Wirtschaftskriminalität (s. Materialübersicht S. 49 ff. oben) extrem bleibt, da auf diese lt. pers. Auskunft im zugrundegelegten Jahr 1973 „allenfalls 3—4" Haftfälle entfielen (bei zudem größerem Bezirk!)

Angesichts dieser Homogenität erscheint es kaum noch sinnvoll, innerhalb der Gruppe der von Untersuchungshaft Betroffenen nach persönlichen Merkmalen zu unterscheiden. In der durchaus möglichen Bemerkung, daß sich praktisch nur noch eine Schicht in Untersuchungshaft befindet, oder im Vergleich mit Personaldaten Betroffener auf verschiedenen Ebenen des Verfolgungsprozesses (etwa mit allen polizeilich ermittelten Tatverdächtigen oder mit Verurteilten) bestimmt schon die Auswahl der Vergleichsgruppe, was auffällig ist. Regelmäßigkeiten, Strukturen, die auf Benachteiligung von Unterschichtsangehörigen hindeuten, sind nicht mehr erkennbar. Vor allem aber dürfte das Thema der Untersuchungshaft (samt ihrer Dauer) ja wohl kaum abgeschlossen sein, wenn festgestellt wird, daß alle Schichten gleichmäßig betroffen sind[15]. Somit wird jetzt zu haftspezifischen Charakteristika übergegangen.

cc) Bezüglich anwaltlicher Vertretung ist keine Unterscheidung nach „vorhanden"/„nicht vorhanden" möglich wegen § 117 Abs. 4 StPO (so daß sich die 20 Betroffenen, die in ihrer Haftzeit ohne anwaltliche Vertretung waren, weniger als drei Monate in Untersuchungshaft befunden haben müssen). Daher wurde versucht, danach zu unterscheiden, von wem die Initiative zur Beauftragung von Anwälten ausging. Das war in weiteren 37 Fällen nicht der Betroffene[16].

Somit erübrigen sich Untersuchungen der Frage, ob die Untersuchungshaft bei Betroffenen ohne Anwalt kürzer oder länger als bei anderen dauert. Eine Differenzierung nach der Qualität der anwaltlichen Vertretung scheint nicht möglich zu sein. Ob Anwälte generell die Untersuchungshaft verlängern oder verkürzen (bzw. Entlassung erreichen können, was wiederum eine andere Ebene wäre), ist somit nicht zu untersuchen, da keine sinnvollen Vergleichsgruppen begründet werden können. Zudem ist es auch nicht möglich, anwaltliche Tätigkeiten zu bestimmen und auszuzählen, weil diese (außer bei Haftprüfungsanträgen) in der Aktenanalyse vor der Hauptverhandlung praktisch nicht zu finden sind[17].

Einzig die Pflichtverteidigerbestellung, die ggf. nach einer Haftdauer von drei Monaten erforderlich wird, könnte als Zeitfaktor in Betracht kommen, da das Verfahren nach § 117 Abs. 4, § 142 StPO und Nr. 54 Abs. 2 Satz 2 RiStBV einige Zeit für sich in Anspruch nehmen kann. Dieser Zeitraum konnte aber nicht mit der nötigen Sicherheit und Trennschärfe bestimmt werden, wenngleich sich dieser Zeitraum isoliert auf etwa 7—14 Tage erstrecken dürfte. Fraglich ist, ob man nicht aus Gründen der Gewährleistung effektiven Rechtsschutzes die für die Pflichtverteidigerbe-

---

[15] Vgl. *Blankenburgs* ähnliche Argumentation (gegen Sessar) zur die kriminologische Diskussion lange beherrschenden Frage der Schichtselektion in KrimGgwfr. H. 12, 1976, S. 83; vgl. auch *Bittner* American Journal of Sociology 1976, S. 256 f.

[16] 7 Betroffene hatten erst nach der Pflichtverteidigerbestellung einen ‚eigenen' Anwalt; s. Anhang Nr. 1, S. 165.

[17] Mögliche Gründe verweisen auf nicht unmittelbar mit der Haftdauer zusammenhängende Problemkreise; s. a. §§ 83, 84 BRAGO.

stellung erforderliche Zeit einsparen könnte, wenn man die anwaltliche Vertretung schon ab Verkündigung des Haftbefehls forderte[18].

dd) Die in den Akten enthaltenen Haftbefehle können sowohl auf die der Verhaftung anlaßgebenden Delikte als auch auf die dabei bestehenden Haftgründe hin untersucht werden.

Die Ergebnisse zu beiden Punkten[19] entsprechen den der Literatur und dem vorhandenen Wissensbestand entnehmbaren Erwartungen.

Bei den Delikten, für die die Haftbefehle ergangen sind, zeigt sich ein klares Übergewicht im Eigentums-/Vermögensbereich, da in 56 Fällen allein die §§ 242 ff StGB und in insgesamt 96 von 127 Fällen die Gruppen §§ 242 ff, 249 ff, 263/267 StGB angegeben sind.

Bei den Haftgründen zeigt sich ein deutliches Übergewicht der Fluchtgefahr, die in 86 Fällen allein und insgesamt in 111 (von 127) Fällen vertreten ist[20].

Angesichts der differenzierten Stellungnahmen der Literatur[21] könnte bemerkenswert die relative Häufigkeit sein, mit der eine „hohe zu erwartende Strafe" als Begründung für Fluchtgefahr angegeben wird[22].

Eine nähere Untersuchung der Haftbefehle setzt aber voraus, daß man anderen Fragen nachgeht, als sie der Kontext der vorliegenden Untersuchung erfordert. Insbesondere wäre dabei die Frage anzusprechen, wie eine Verhaftung vor sich geht:

1. mit welchen Begründungen genau, was schon fast semantische Analysen erfordert, und

2. in welchen Kontexten eine Verhaftung stattfindet, d.h., wie sie zustandekommt, ggf. wer sie betreibt, welche Argumentationen vorgetragen werden, usw.

Beides kann eine Aktenanalyse normalerweise nicht leisten, und für Fragen nach Gründen für die Haftdauer sind diese beiden Punkte weitgehend irrelevant, zumal sich gezeigt hat, daß sich die Haftbefehle im großen und ganzen kaum voneinander unterscheiden.

---

[18] Die im Gesetz implizit enthaltene Vermutung, daß erst nach längerer Haft Rechtsbeistand notwendig sei, bestätigt so reflexiv die Vorstellung von der Hauptverhandlung als „Herzstück" des Strafverfahrens.

[19] Siehe die ausf. Darstellung im Anhang, Nr. 2, 3, S. 165, 166.

[20] Zur geringen Bedeutung der Verdunkelungsgefahr s. Löwe/Rosenberg/Dünnebier, 23. Aufl., 10. Lief. 1977, Anm. 17 vor § 112 StGB.

[21] *Löwe/Rosenberg/Dünnebier*, § 112 StPO, Anm. 49; *Kern/Roxin*, 14. Aufl., S. 149; weitergehend *Kleinknecht*, § 112 StPO, Anm. 15 — vgl. aber den unveröffentlichten Bericht des BJM zur Üblichkeit dieser Vorgehensweise (zit. bei *Diemer/Nicolaus*, NJW 1972, S. 1693).

[22] Zu den Haftbefehlen wegen Tötungsdelikten vgl. BVerfGE 19, 342. Zu den Haftbefehlen wegen Vorbeugehaft (s. dazu *Kern/Roxin*, S. 150 f.; *Eb. Schmidt*, Lehrkommentar, Nachtrag, Vorbem. 5) vgl. § 112a Abs. 2 StPO, der die Kombination mit anderen Haftgründen ausschließt. Auch diese beiden Fälle zeigen eine differenzierte Realisierung von normativen Vorgaben durch die Praxis (zum letzteren Punkt s. aber *Kleinknecht*, Anm. 23 zu § 112a StPO, wo der Ausweg „hilfsweise Begründung" gezeigt wird).

ee) Die Verfahrensergebnisse sind in der folgenden Tabelle 3 nach der ermittelten Haftlänge angeordnet worden. Mögliche Argumentationen stoßen hier früh auf Schwierigkeiten, da Strafzumessungsprobleme angesprochen sind, was insbesondere für die Untersuchungsgruppen „Freiheitsstrafe ganz/fast durch Anrechnung von Untersuchungshaft getilgt" und „Geldstrafe" zutrifft. Weiter scheint die Häufung der Strafrestaussetzung im oberen Bereich bei ca. 150—209 Tagen Haftdauer besonders erklärungsbedürftig, während die höhere Anzahl von Haftfortdauer bei den besonders langen Haftzeiten leicht dem Hinweis auf die schwer zu fassende Deliktsschwere begegnen dürfte. Problematisch sind in diesem Bereich eher diejenigen Fälle, in denen keine Haftfortdauer beschlossen wurde.

Tabelle 3

Verfahrensergebnisse nach Haftdauer geordnet

Die einzelnen Kategorien bedeuten:

Haft	=	Verurteilung zu Freiheitsstrafe und Haftfortdauer
Aus.	=	Ausnahmen hierzu: Freiheitsstrafe ganz (oder fast) durch Anrechnung der Untersuchungshaft getilgt; die Werte in Klammern beziehen sich auf „fast"; die Spalte ist kumulativ angelegt; die Werte sind in „Haft" enthalten.
Rest.	=	Aussetzung des Strafrestes zur Bewährung bei Verurteilung zu Freiheitsstrafe.
Geld.	=	Verurteilung zu Geldstrafe; gem. § 51 Abs. 4 StGB wurde die Untersuchungshaft angerechnet (und so getilgt)
Frei.	=	Freispruch
Einst.	=	Einstellung des Verfahrens
Unt.	=	Unterbringung gem. §§ 63 ff. StGB.
k.A.	=	keine Angabe (zum Untersuchungszeitpunkt noch kein erstinstanzliches Urteil ergangen).

Haftdauer in Tagen	Verfahrensergebnis Haft	Aus.	Rest.	Geld.	Frei.	Einst.	Unt.	k. A.	alle
bis 29	5	–	2	–	1	1	–	–	9
30– 59	4	(1)	7	1	–	–	–	–	12
60– 89	6	(1)	8	–	–	1	–	1	16
90–119	11	(2)	6	2	–	–	–	–	19
120–149	10	1	4	–	1	1	–	–	16
150–179	4	1	13	–	1	1	–	–	19
180–209	12	1	4	–	1	–	–	1	18
210–239	4	–	–	–	–	–	–	–	4
240–269	1	–	1	–	–	–	–	–	2
270–299	3	–	–	–	–	–	–	–	3
300+	3	1/(1)	1	–	–	–	2	–	6
400+	3	1	–	–	–	–	–	–	3
Summe	66	5/(5)	46	3	4	4	2	2	127

Bemerkungen:

Von den 4 Einstellungen erfolgten drei durch das Gericht mit Rücksicht auf anderweitige Verurteilungen; die vierte, mit der längsten Haftzeit, durch die Staatsanwaltschaft — inhaltlich kam dies der Kategorie „Frei" nahe.

Daß die Tatsache, daß Untersuchungshaft bestanden hat, irgendeinen, wenn auch oft unbewußten Einfluß auf die Strafzumessung hat, dürfte unbestritten sein — es ist nur nicht erforscht[23].

ff) Im Zusammenhang mit den ‚vollen' Verfahren wurde bereits angesprochen, daß sich zum Zeitpunkt der letzten Hauptverhandlung erster Instanz nicht alle Verhafteten mehr in Untersuchungshaft befanden; sei es, daß sie entlassen wurden oder daß die Haft durch Strafvollstreckung in anderer Sache bis zu diesem Zeitpunkt unterbrochen wurde[24]. Die einzelnen Gründe für das Ende des Status Untersuchungshäftling[25] betreffen sehr unterschiedliche Problemkreise, die im Verlauf der Untersuchung an anderer Stelle wieder aufgenommen werden[26].

Unterbrechungen der Untersuchungshaft erfolgen auch ohne daß dadurch keine Haftsache mehr vorliegt. Dann handelt es sich allerdings meist um die Vollstreckung von Ersatzfreiheitssstrafen oder um Beugehaft für nicht bezahlte Bußgelder[27]. Gelegentlich ist aber auch die Vollstreckung einer Freiheitsstrafe i. a. S. bis zur Hauptverhandlung bereits beendet[28], so daß danach wieder Untersuchungshaft vorliegt. Solche Fälle verbleiben dann im Bereich dieser Untersuchung[29].

gg) Man kann jetzt die so gewonnenen Personal-Daten und die anderen gewonnenen Daten auf der Basis einzelner Betroffener unter den verschiedensten Gesichtspunkten zur Haftdauer in Beziehung setzen[30], ebenso auch zu den in den folgenden

[23] Vgl. jetzt dazu *Kerner* in: Schröder-Gedächtnisschrift 1978, der aber auch nur einige Hypothesen anbieten kann (S. 554); sonst gibt es dazu gar nichts.

[24] Zwar kann dann noch Überhaft bestehen (s. *Kleinknecht*, 33. Aufl., Anm. 11 vor § 112 StPO; s.a. § 122 Abs. 1, 1. Alt. StrVollzG); für die Handhabung des Verfahrens ist aber entscheidend, daß auch in solchen Fällen die Nrn. 52 ff. RiStBV ebenso wie die §§ 117 Abs. 4 u. 5 und 121 ff. StPO nicht mehr zur Anwendung kommen.

[25] Trotz Überhaft (s. Fn. 24) oder noch fortbestehendem Haftbefehl bei Verschonung:

Tabelle: Gründe für Haftbeendigungen (s. a. Anhang Nr. 4)

Haftdauer in Tagen	Gründe: Strafhaft	Verschonung	Aufhebung	OLG-Entlassung
bis 89	6	12	2	./.
90–179	14	8	2	–
180 +	1	1	–	9
Summe	21	21	4	9

Insgesamt 55 Häftlinge (von 127)

[26] Abschnitt 5b, ad (1), S. 111 ff.

[27] Insgesamt 18 Fälle, davon 14 mit einer Unterbrechungsdauer bis zu 30 Tagen; ausf. Tabelle im Anhang Nr. 4.

[28] Insgesamt 4 Fälle, alle mit einer Unterbrechungsdauer über 60 Tage, s. die ausf. Tabelle im Anhang Nr. 4.

[29] Dadurch werden gelegentlich erhebliche Berechnungsprobleme verursacht, sowohl für die Verfahrensbeteiligten wie auch für die Untersucher; s. a. Abschnitt 6., S. 139 ff.

[30] Vgl. die Aufstellung in der Untersuchung des dänischen ‚Rigsadvokaten' in *Betaenkning* Nr. 728 (1974) S. 104—111.

Abschnitten näher behandelten Einzelheiten der Verfahren. Die geäußerte Skepsis gegenüber dem Ertragswert solcher Vorgehensweise bei der Betrachtung der Haftdauer sollte zusammen mit der theoretisch begründeten Bevorzugung der Verfahrens-(gegenüber der Personal-)Ebene[31] aber ausreichend dafür sein, daß der Leser diese Vorgehensweise nicht vermissen werden wird.

3. Verfahrensdaten

a) Angaben für alle Verfahren

Von nun an wird die Bezugsebene gewechselt von der Betrachtung der einzelnen in Untersuchungshaft befindlichen Personen zur Betrachtung der einzelnen Verfahren, in denen Untersuchungshaft vorkommt. Auf dieser Ebene läuft die Arbeit der Beteiligten am Verfahren ab, und erst auf dieser Ebene kann die Untersuchung dessen, was geschehen ist, zunehmend verfeinert werden[1].

aa) Haftdauer im Verfahren — allgemeine Daten

Dazu können zunächst alle Verfahren ohne Rücksicht auf ihre innere Unterteilung betrachtet werden.

Haftdauer im Verfahren

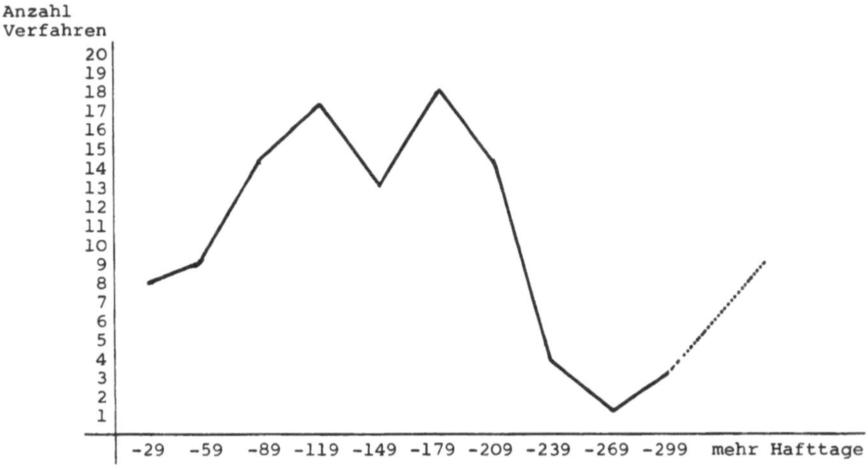

Bemerkung: zur Berechnung der Hafttage s. die folgende Tabelle

[31] S. oben, Zweiter Teil, c) insbes. cc), S. 46 ff. (47). Vgl. auch *Cicourel* 1968, S. 169, zur Bevorzugung der Untersuchung praktischer Aktivitäten gegenüber dem einfachen Bezug auf „Zusammenhänge".

[1] S. dazu ausführlich die Begründung in der theoretischen Darstellung des ‚Rahmens' der Arbeit, oben S. 46 f.

Tabelle 4

Haftdauer im Verfahren

Ausgangsmenge: 110 Verfahren (vgl. Materialübersicht, S. 49 ff.) *von:* Festnahmetag *bis:* Tag der letzten Hauptverhandlung erster Instanz bzw. letzter Hafttag *berechnet:* Hafttage (unter Abzug etwaiger Unterbrechungen)[1]

Haftdauer in Tagen	Anzahl Verfahren	davon nach Gerichtszweigen[2)] SchöffG	GrStrK	SchwurG
bis 29	8	5	3	–
30– 59	9	8	1	–
60– 89	14	14	–	–
90–119	17	14	2	1
120–149	13	10	2	1
150–179	18	13	5	–
180–209	14	10	4	–
210–239	4	2	2	–
240–269	1	–	1	–
270–299	3	1	1	1
300 +	6	–	4	2
400 +	3	–	1	2
Summe	110	77	26	7
Hafttage	16 446	9 063	4 986	2 397
Durchschn.	(149,51)	(117,7)	(191,8)	(343,0)
Median	135	111,5	178,5	339

Bemerkungen

[1] bei mehreren Häftlingen in einem Verfahren wurde die Haftzeit für den Längsteinsitzenden berechnet; zur Definition der Begriffe etc. s. die Berechnungsgrundsätze zu Beginn des Anhangs, Nr. 0, S. 163.

[2] Diese dem GVG folgende Einteilung ist problematisch, da nicht alle Fälle bis zur Hauptverhandlung gediehen sind (in drei Fällen fehlten entspr. Angaben). Außerdem sind nicht alle Verfahren bis zur Hauptverhandlung Haftsache geblieben, s. dazu sogleich. — Im Anhang, Nr. 6 ist die Unterteilung nach Gerichtszweigen noch weiter verfeinert worden, indem einerseits nur die Schwurgerichtsverfahren und andererseits innerhalb der Schöffengerichtsverfahren diejenigen nach §§ 212 ff. StPO herausgerechnet wurden.

(1) Haftdauer im Verfahren insgesamt

Die Graphik[2] zeigt einen Gipfel und Knick im Bereich um 180 Tage Haftdauer, d.h., an der Sechsmonatsgrenze des § 121 StPO. Inwieweit hier direkte Einflüsse dieser Haftprüfung zu sehen sind[3], ob die Sechsmonatsgrenze als gesetzliche Vermutung für die durchschnittlich zu benötigende Zeit zutrifft[4], oder ob sie als Orientierungshilfe für die Praxis dient[5], soll hier nicht entschieden werden. Diese erste Übersicht dient zunächst nur der Information über das, was anschließend immer weiter zerlegt wird.

[2] S. 61.

[3] In immerhin 7 der 14 Verfahren in der Gruppe Haftdauer 180—209 Tage wurde die Untersuchungshaft durch das OLG aufgehoben.

[4] Vgl. *Rosenthal* 1975, S. 138.

[5] Im Wege der Vorstellung „so lange habe man Zeit" — s. dazu die Diskussion um absolute Fristen.

(2) Haftdauer im Verfahren nach Gerichtszweigen

Als erste Unterteilung bietet sich diejenige nach den mit dem Verfahren befaßten Gerichtsarten an. Dabei ist zu bedenken, daß der Unterschied der Gerichtszweige ggf. erst im gerichtlichen Verfahrensabschnitt voll zum Tragen kommen kann. Die Tabelle[6] zeigt aber auch auf der globalen Ebene schon einige Unterschiede, da die Abgrenzung zwischen Strafkammer und Schöffengericht nach der Höhe der zu erwartenden Strafe vorgenommen wird, so daß hier die „Schwere des Vorwurfs" eine Rolle spielen könnte[7]. Es ist indes durchaus nicht gesagt, daß die ‚schwereren' Fälle auch länger dauern *müssen*; die Tabelle *kann* auch nur unterschiedliche Arbeitsstile widerspiegeln. Näheren Aufschluß könnte erst die isolierte Betrachtung der einzelnen Verfahrensabschnitte (insbesondere des gerichtlichen) ergeben.

Angesichts der geringen Zahl (17 Häftlinge in 15 Verfahren) erübrigt sich eine Unterscheidung danach, ob in einem Verfahren einer oder mehrere Häftlinge betroffen waren[8].

(3) ‚volle' Verfahren

Bereits auf der Ebene der einzelnen sich in Untersuchungshaft befindlichen Personen wurde angesprochen, daß sich nicht alle Häftlinge von der Verhaftung bis zur letzten Hauptverhandlung erster Instanz in Untersuchunghaft befinden, sei es, daß sie vorher entlassen oder daß sie in Strafhaft i. a. S. überwiesen wurden. Gleiches gilt auch auf der Ebene der einzelnen Verfahren. Daher sollen jetzt nur diejenigen Verfahren betrachtet werden, in denen praktisch ständig Untersuchungshaft vorlag, d. h., die die ganze Zeit auch als Haftsache geführt und behandelt wurden.

In Ermangelung besserer Begriffe werden sie hier ‚volle' Verfahren genannt, um klarzustellen, daß das gesamte Strafverfahren auch Haftsache gewesen ist.

Da die ‚vollen' Verfahren, wie gezeigt, nur etwas mehr als die Hälfte aller untersuchten Verfahren, in denen Untersuchungshaft stattfand, ausmachen, stellt sich die Frage, ob nicht nur diese die Ausgangsbasis der Untersuchung ausmachen sollten. Abgesehen davon, daß alle 110 Akten bereits analysiert worden sind, ist die Frage aber auch deshalb zu verneinen, weil sich auch aus den anderen Verfahren u. U. wertvolle Aufschlüsse über bestimmte Verfahrensabschnitte bieten können[9], jedenfalls aber für diese die Ausgangsbasis vergrößert werden kann.

Allerdings ergeben sich hieraus gelegentlich Probleme, weil die Ausgangsbasis, je nach dem, was betrachtet werden soll, ständig wechselt.

---

[6] Tabelle Nr. 4, S. 62.

[7] Gleiches gilt auch für die Verfahren vor dem Schwurgericht (im Untersuchungszeitraum noch alter Art) mit dessen Spezialzuweisung.

[8] Diese Frage ist allerdings behandelt und berechnet worden; Verfahren mit mehreren Häftlingen gab es nur im mittleren Bereich (120—209 Tagen Haftdauer), d. h., in den kürzeren und den besonders langen Verfahren ging es jeweils nur um einen Häftling. Die Mittelwerte verändern sich in der Grundgesamtheit unter Abzug der Verfahren mit mehreren Häftlingen kaum. Bei nur 15 Verfahren mit mehreren Häftlingen bleibt aber die Basis für Aussagen zu klein.

[9] Vor allem würden sonst diejenigen Verfahren ausgeschlossen, in denen die Untersuchungshaft vorzeitig beendet wurde, weil sie nicht mehr gerechtfertigt war (bes. die Haftbefehlsaufhebungen durch das OLG würden herausfallen) und sozusagen nur noch eine ‚Positiv-Auslese' übrigbleiben.

Tabelle 5

Haftdauer in ‚vollen' Verfahren

Haftdauer		Berechnung wie vorher
‚volle' Verfahren:	a)	Verfahren, in denen noch zum Zeitpunkt der letzten Hauptverhandlung erster Instanz sich mindestens ein Häftling in Untersuchungshaft befand, so daß alle Verfahren mit vorzeitiger Haftbeendigung ausgeschlossen sind.
	b)	Außerdem wurden diejenigen (drei) Verfahren ausgeschlossen, in denen der Haftbefehl erst nach Eingang der Anklage ergangen war.

Haftdauer in Tagen	Anzahl ‚volle' Verfahren
bis 29	–
30– 59	5
60– 89	9
90–119	7
120–149	7
150–179	12
180–209	7
210–239	2
240–269	1
270–299	3
300+	6
400+	3
Summe	62
Hafttage	11 074
Durchschnitt	(178,61)
Median	157

Bemerkungen:

Auch diese Tabelle gibt noch nicht die Verfahrensdauer selbst an, da nur die Haftzeit berechnet wurde, also etwaige Unterbrechungen unberücksichtigt geblieben sind. Eine Tabelle, die auch dies berücksichtigt, findet sich im Anhang unter Nr. 7 (dadurch verändern sich die Werte für 11 Verfahren).

Auch die ‚vollen' Verfahren kann man noch nach Gerichtszweigen unterteilen; die zugehörige Tabelle befindet sich ebenfalls im Anhang, Nr. 8.

Die Veränderungen zur Menge aller Verfahren, in denen Untersuchungshaft vorlag, sind z. T. sehr augenfällig. Die kurzen Haftzeiten — unter 30 Tage — sind verschwunden[10], während sich in den oberen Gruppen keine Veränderungen ergeben.

[10] Die 5 in der Gruppe bis zu 59 Tage verbleibenden sind ausschließlich Verfahren gem. §§ 212 ff. StPO, so daß „normale" Strafverfahren unter 60 Tagen Dauer gar nicht anzutreffen sind.

Graphische Darstellung der Problematik der ‚vollen' Verfahren

Der schraffierte Teil stellt diejenigen Verfahren mit Untersuchungshaft dar, die den Status als Haftsache (durch Verschonung, Haftbefehlsaufhebung oder Übergang in Strafhaft) vor der letzten Hauptverhandlung erster Instanz wieder verloren.

Punktiert sind diejenigen Bereiche, die von dieser Untersuchung nicht erfaßt werden.

Als Idealtyp erfaßt die Graphik keine realen Verteilungen.

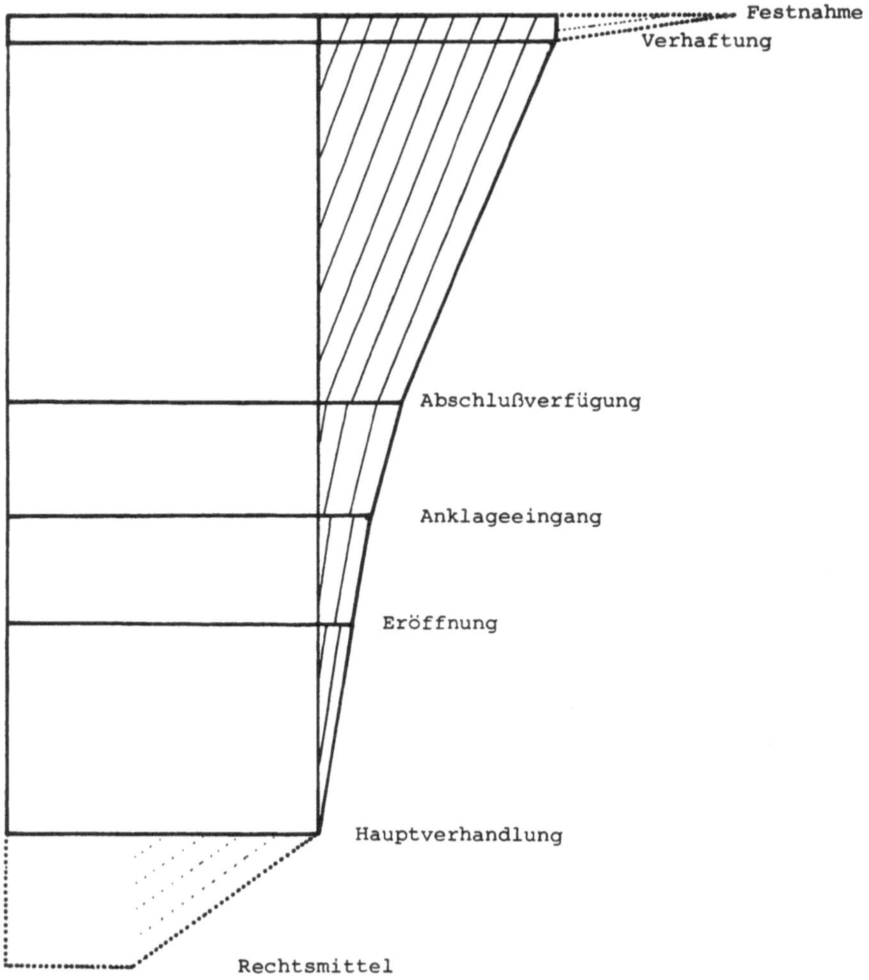

Die Unterteilung nach Gerichtstypen[11] fördert weitere beträchtliche Differenzen zutage. Nimmt man aus dieser Ausgangsmenge auch noch die Extremwerte heraus[12] — das wären auf dieser Ebene einerseits die kürzeren beschleunigten Verfahren gem. §§ 212 ff. StPO und andererseits die Schwurgerichtsverfahren —, so nähert man sich der Konstruktion eines durchschnittlichen Haftverfahrens, für das sich hier ein Medianwert von 161 Tagen[13] Dauer von der Festnahme bis zur letzten Hauptverhandlung erster Instanz ergibt. Bleibt man auf dieser Ebene und geht nicht weiter in die Details hinein, wäre dies etwa der Wert, von dem anzustellende Überlegungen auszugehen hätten. Diese Untersuchung soll indes noch nach mehreren Richtungen verfeinert werden.

(4) nicht ‚volle' Verfahren

Vorher soll aber noch kurz untersucht werden, was mit den nicht ‚vollen' Verfahren geschehen ist.

Alle Verfahren, deren ‚Status' als Haftsache aus irgendeinem Grund vor der letzten Hauptverhandlung erster Instanz beendet wurde, sind bis zu dieser verfolgt worden[14].

Die Zeiten *vor* der Festnahme sind weder in diese noch in irgendeine andere Tabelle zur Gesamtdauer der Verfahren eingegangen, da sie derart unterschiedlich sind, daß sie kaum einen Überblick verschaffen können[15].

Die Tabelle gibt also nur an, wie lange es von der Festnahme bis zum letzten Hauptverhandlungstag erster Instanz (an dem *keine* Untersuchungshaft mehr vorlag) dauerte.

Gesamtdauer nicht ‚volle' Verfahren[16]

Dauer in Tagen	Anzahl	Durchschnittl. Dauer	Median
...			
90—179	6		
180—365	24	350,76	282,5
länger	12		
k. A.	6		

[11] Dabei ergaben sich Medianwerte für die Schöffengerichtsverfahren von 131 Tagen, für die Strafkammerverfahren von 281 und für die Schwurgerichtsverfahren von 360 Tagen: s. ausführlich die Tabelle im Anhang Nr. 8.

[12] Da sich für Extremwerte leicht Erklärungen finden lassen.

[13] Dabei sind allerdings etwaige Haftunterbrechungen eingerechnet.

[14] Schon weil oft nicht gleich festgestellt werden konnte, ob noch Haft vorlag.

[15] S. hierzu b), aa), (5), S. 79.

[16] Die ausführliche Tabelle findet sich im Anhang, Nr. 9. Die hohe Verfahrensdauer wird übrigens kaum jemals von ggf. einzuleitenden Fahndungsmaßnahmen begleitet.

Brauchbare Vergleichsdaten zur Dauer von gewöhnlichen Strafverfahren fehlen bislang[17]; zudem ist zu bedenken, daß es sich bei den hier angegebenen Werten um solche aus Verfahren handelt, in denen immerhin irgendwann einmal Untersuchungshaft bestanden hat, so daß die für diese Zeit geltenden besonderen Beschleunigungsgrundsätze den Vergleich erschweren würden.

Die Unterschiede zur Dauer der ,vollen' Verfahren (in denen also die ganze Zeit über Untersuchungshaft bestanden hat), sind außerordentlich beträchtlich. Sie bestätigen noch einmal die bei Beginn der Untersuchung festgelegte Konzentration auf die Zeiten der Untersuchungshaft.

Der postulierte Unterschied zwischen Haftsachen und normalen Strafsachen zeigt sich insbesondere auch in der Aktenanalyse. Sobald die Eigenschaft als „Haftsache"[18] (eindeutig) aufgehoben ist, vergrößern sich die Abstände zwischen den einzelnen Aufzeichnungen (es sei denn, es ist schon terminiert worden), so daß nachgerade die Erleichterung der Aktenbearbeiter spürbar ist. Es wird ein ganz anderer Arbeitsstil erfahrbar, der sich bei Entlassungen, also eindeutig feststellbaren Statusveränderungen, schlagartig äußert. Die 180-Tage-Grenze erweist sich in diesem Bereich so eher als Untergrenze.

Für die nicht ,vollen' Verfahren kann ebenfalls angegeben werden, aus welchem Grund sie den Status als Haftsache verloren. Es geht hier allein darum, welche Gründe das *Verfahren* als Haftsache beendeten; als Ausgangsmenge gelten somit die Zeiten der Verfahren einschließlich etwaiger Unterbrechungen. Diese Daten unterscheiden sich daher von den unter 2.[19] angegeben.

Haftverfahrens-dauer in Tagen	Strafhaft	Verschon.	Entlass.	OLG	Ausn.[20]
bis 29	2	3	2	./.	1*
30– 59	1	2	–	./.	2
60– 89	2	2	–	./.	–
90–119	7	2	–	./.	1
120–149	2	3	1	./.	–
150–179	2	3	1	–	–
180 +	1	1	–	7	–
Summe	17	16(+*)	4	7	4

Bemerkung: * ist ebenfalls eine Verschonung.

[17] Außer in der kleinen Untersuchung von *Stein/Schumann/Winter* (1973 und o. J.), sowie bei *Ritter* (1962).

[18] Etwa noch bestehende Überhaft spielt dabei keine Rolle, s. dazu auch Abschnitt 5. b), (1), (c), S. 113.

[19] S. oben 2., b), S. 53. Weitere Aspekte der Haftbeendigung werden in Abschnitt 5., b), (1) behandelt (s. S. 111 ff.).

[20] Das sind diejenigen Verfahren, die erst in einem sehr späten Stadium zur Haftsache wurden und daher nicht als ,volle' Verfahren angesehen wurden.
In einem dieser 4 Verfahren erfolgte zudem noch eine Verschonung, die in der entspr. Spalte der Tabelle nicht mit angeführt ist.

Während die Übergänge in Strafhaft relativ spät zu greifen scheinen (s. die Häufung in der Gruppe über 90 Tage), ergibt die Tabelle keinerlei Regelmäßigkeiten für den Zeitpunkt von Haftverschonungen[21].

bb) Besonderheiten, die alle Verfahren betreffen können

Es sollen jetzt einige Besonderheiten behandelt werden, die alle Verfahrens(abschnitte) betreffen können und nicht nur die sonst getrennten staatsanwaltschaftlichen und gerichtlichen Verfahrensabschnitte allein. Dabei handelt es sich um die Komplexe Sachverständige, Haftprüfung und Akteneinsicht.

(1) Sachverständigenbeteiligung

Bei Sachverständigen handelt es sich hier ausnahmslos um medizinische Sachverständige, die mit der Erstellung psychiatrischer Gutachten beauftragt waren, was mit Aktenversendung und Beobachtung verbunden war.

Die wenigen kriminaltechnischen Untersuchungen griffen nicht in den Ablauf des Verfahrens ein und waren auch nicht mit Aktenversendung verbunden. Gleiches gilt für die häufigen Blutalkohol-Gutachten, die außerdem immer bereits kurz nach Festnahme erstellt waren.

In jedem Fall wurde die gesamte Zeit von der Beauftragung (mit Aktenversendung) bis zur Erstellung des Gutachtens (und Aktenrückgabe) berechnet[22], so daß alle Zwischenereignisse eingeschlossen sind und somit angegeben wird, welcher Zeitraum des Verfahrens von der Sachverständigenbeteiligung dominiert wurde.

Die geringen absoluten Zahlen[23] erlauben z. T. keine weiterreichenden Argumentationen. Die Frage, welche Stelle den Sachverständigen beauftragt hat, beeinflußt den Zeitverbrauch im Abschnitt dieses Verfahrensbeteiligten. In 4 Fällen war es die Staatsanwaltschaft, in 9 Fällen das Gericht, wobei die Beauftragung durch die Staatsanwaltschaft in 3 insgesamt sehr langen Verfahren stattfand[24]. Dies wie die Tatsache, daß in den kurzen Haftverfahren keine Sachverständigen beteiligt waren, geht in die hier unzugänglichen Einzelheiten der Beauftragungspraxis hinein. Da weitere Erörterungen der Sachverständigenproblematik sehr in die Einzelfallanalyse gehen würden, bleiben nur noch zwei Feststellungen:

Der Anteil der (berechneten) Sachverständigenzeit an der Gesamtdauer des Haftverfahrens schwankt von 6 bis 42%; eine Quote von 30% wäre in etwa der Wert, der zwischen kürzerer und längerer Sachverständigenbeteiligung unterscheiden kann (und nicht, wie vielleicht erwartet werden könnte, ein noch höherer). Inwie-

---

[21] Der Zeitpunkt für die OLG-Haftprüfung ist fast logisch zwingend.
Zur Praxis der Haftbeendigungen, die aus diesen Zahlen noch nicht hervorgehen kann, s. Abschnitt 5. (Wie in FN 19).

[22] Im Zweifel wurde mit den Aktenversendungsdaten gearbeitet.

[23] Insgesamt waren es nur 13 Gutachten; s. ausf. Anhang Nr. 10.

[24] Alle 3 waren Mord-Sachen.

weit § 161a Abs. 2 i. V. m. § 77 Abs. 2 StPO gemäß der Absicht dieser Vorschrift Änderungen gebracht hat, kann hier, wie die gesamte Problematik, nicht erörtert werden.

Weiter kann man die Verfahren mit Sachverständigenbeteiligung aus der Menge aller Haftverfahren herausnehmen, um deren Effekt zu neutralisieren (obwohl dies angesichts der relativen Dauer dieser Beteiligung nicht immer gerechtfertigt erscheinen mag)[25].

Die Veränderungen in der obersten Gruppe beruhen natürlich darauf, daß in anderen Gruppen (fast) keine Sachverständigenbeteiligung vorkommt, aber das ist eine Frage der Beauftragung. Interessanter ist daher die Veränderung des Medianwertes, und die ist nicht sehr groß.

Somit kann gesagt werden, daß die Sachverständigenbeteiligung einigen, wenn auch durchaus begrenzten, Erklärungswert für die Dauer der besonders langen Haftverfahren hat, aber kaum für die große Menge aller Verfahren. Selbst bei den besonders langen Haftverfahren ist der Anteil der Sachverständigenbeteiligung an der Gesamtdauer so begrenzt, daß auch hier noch genügend andere Gesichtspunkte herangezogen werden müssen.

(2) Haftprüfungen

Bei den besonders langen Verfahren fallen in die Zeit der Sachverständigenbeteiligung bereits meist Haftprüfungen, deren Bedeutung jetzt behandelt werden soll.

(a) Übersicht

Für alle Arten von Haftprüfungen wurde zunächst versucht, genau zu berechnen, wieviel Zeit dafür insgesamt aufgewendet wurde, ohne daß in dieser Zeit das Verfahren anderweitig vorangetrieben werden konnte[26].

---

[25] Verkürzte Wiedergabe der ausführlichen Tabelle Anhang Nr. 10.

Haftdauer in Tagen	Verfahren ohne Sachverst.	zum Vergleich alle Verfahren
bis 89	31	31
90—179	46	48
180 +	20	31
Summe	97	110
Median	126	135

[26] Die dadurch verursachten, z. T. recht komplizierten Berechnungsarten sind im Anhang Nr. 12 — Vorbemerkung zur Einzeldarstellung aller Haftprüfungen — näher erläutert. U. a. ist bei Haftprüfungen, die mit einer Entlassung endeten, schon der Entlassungstag und nicht erst wie sonst die nächste verfahrensbezogene Tätigkeit des Aktenführenden nach Beendigung des Haftprüfungsvorgangs als Endpunkt der Haftprüfung angenommen worden. Sich daraus ergebende Komplikationen brauchen aber erst an späterer Stelle berücksichtigt werden.

Tabelle 6

Zusammenfassende Übersicht über alle Haftprüfungen

Haftprüfungsarten: (Bestimmung und Berechnung s. Anhang Nr. 12)
1. Beschwerden gegen Haftbefehle
2. Haftprüfungen auf Antrag
3. mündliche Haftprüfungen
4. (sonstige) Haftbeschwerden
5. weitere Beschwerden sowie OLG-Haftprüfungen gem. §§ 121 ff. StPO.

absolute Dauer in Tagen	Haftprüfungsarten (Anzahl)					
	1)	2)	3)	4)	5)	alle
1–13	7	24	18	19	1	69
14–27	8	3	12	24	22	69
28 +	–	1	3	2	23	29
Summe	15	28	33	45	46	167
Median i. T.	14	7	13	15	27,5	18

Die absolute Dauer der Haftprüfungen[27] ist stark von den gesetzlichen Voraussetzungen — und praktischen Handlungsabläufen — der einzelnen Varianten abhängig. Die verschiedenen Adressaten von Haftprüfungen — ad 1) und 4) das LG, ad 5) das OLG, sonst der Haftrichter gem. § 126 StPO — weisen demgemäß deutlich unterschiedliche Werte für die Haftprüfungen auf, an denen sie beteiligt sind; darin spiegelt sich u. a. auch der unterschiedliche Aktenweg bei den einzelnen Vorgehensweisen, während die Differenz zwischen 2 und 3 in der Terminierung für die mündliche Haftprüfung begründet ist. Die Extremwerte, das sind in den Gruppen 1 bis 4 die hohen, in Gruppe 5 die niedrigen Werte[28], können ggf. alle mit individualisierten Begründungen versehen werden, stellen sich aber vor dem Gesamtwert eher als Ausnahmen dar. Die ‚normale' Haftprüfungsdauer bewegt sich in anderen Bereichen.

(b) Quoten

Es läßt sich der Anteil der soeben berechneten Haftprüfungszeiten an der gesamten Haftzeit berechnen, um ihn dann anschließend in Beziehung zur Gesamtdauer der Haft im Verfahren zu setzen[29].

---

[27] An dieser Stelle wird nur die zusammenfassende Übersicht gegeben; die ausführlichen Daten für alle einzelnen Haftprüfungen finden sich im Anhang Nr. 12, S. 174 ff.

[28] Die Dauer der OLG-Haftprüfungen ist schon verschiedentlich Gegenstand von Meinungsäußerungen und der Aufstellung von Erfahrungssätzen gewesen (s. den Tagungsbericht bei *Meyer* ZStW 82 (1970) S. 1132, sowie *Eb. Kaiser* NJW 1968, 779 — die Schätzungen bewegen sich bei eineinhalb bis zwei Monate); streitig ist aber, ob sie *nur* Zeit koste (*Spiecker* MschrKrim 1962, S. 191; s. a. *Krümpelmann* KrimGgwfr H. 12, 1976, bei und in FN 57; zum Meinungsstand außerdem *Löwe/Rosenberg/Dünnebier* (23. Aufl., 10. Lief.) vor § 112 StPO Anm. 23, 24): Hauptsächlich geht es darum, inwieweit der sog. Edukationseffekt der OLG-Haftprüfungen zugestanden wird; vgl. noch *Vöcking* 1977, S. 54.

[29] S. dazu die folgende Übersichtstabelle Nr. 7.

Hohe Quoten sind eher bei besonders kurzer Haftdauer zu finden. Das liegt daran, daß nach der Festnahme öfter sogleich Haftprüfungen begannen, die dann auch mit einer Entlassung endeten, ohne daß das Verfahren in dieser Zeit sonst wesentlich vorankam[30].

Es ist rechtlich fraglich, was als hohe Quote angesehen werden kann. Aufgrund der Übersichtstabelle kann die Grenze etwa bei 40% gezogen werden. Dadurch werden die empirischen Extremfälle ausgesondert, die nahezu bei allen Haftlängen gleichmäßig zu finden sind[31]. Bei den Verfahren von über 180 Tagen Haftdauer ist zu beachten, daß die OLG-Haftprüfungen[32] dann zwingend werden, und diese dauern, wie gesehen, recht lange, was sich also auch in höheren Quoten auswirken kann[33].

Tabelle 7

Verteilung der Anteile der Haftprüfungen nach Haftdauer

Haftdauer in Tagen	Anteile der Haftprüfungen an der gesamten Haftdauer in %										
	keine	bis 9,9	10– 19,9	20– 29,9	30– 39,9	40– 49,9	50– 59,9	60– 69,9	70– 79,9	80– 89,9	90– 100
bis 29	2	–	–	–	1	3	–	–	–	1	1
30– 59	5	–	1	1	1	–	–	1	–	–	–
60– 89	11	1	–	1	1	–	–	–	–	–	–
90–119	8	2	3	1	–	2	–	–	–	–	1
120–149	7	2	1	–	2	1	–	–	–	–	–
150–179	3	4	4	3	3	1	–	–	–	–	–
180–209	2	–	7	2	–	2	–	–	1	–	–
210–239	–	–	1	1	1	–	1	–	–	–	–
240–269	–	–	–	1	–	–	–	–	–	–	–
270–299	–	–	2	1	–	–	–	–	–	–	–
300 +	1	–	2	1	2	–	–	–	–	–	–
400 +	–	–	1	2	–	–	–	–	–	–	–
Summe	39*	9	22	14	11	9	1	1	1	1	2

Bemerkung:

* Von den 3 Verfahren über 180 Tage Haftdauer liegen 2 bei 180 bzw. 183 Tagen, so daß die sechs Monate des § 121 Abs. 1 StPO. noch nicht erreicht waren; das dritte Verfahren war zum Sechsmonatszeitpunkt schon eine Unterbringungssache, für die die §§ 121 ff. gem. § 126 a Abs. 2 Satz 1 StPO. nicht gelten (jedenfalls dann nicht, wenn nach sechs Monaten Unterbringung besteht).

[30] Die Problematik dieser Verfahren wird, aus den vorhin genannten Gründen, erst beim staatsanwaltlichen Verfahrensabschnitt näher behandelt, da diese Übersicht insoweit noch nicht differenziert.

[31] Allerdings nicht mehr bei den bes. langen Haftzeiten (etwa ab 240 Tagen, s. die Tabelle).

[32] Allerdings mit einigen Ausnahmen, s. die Bemerkung zur Tabelle.

[33] Für diese Übersichtstabelle wurde darauf verzichtet, auch noch getrennte Quoten für OLG- und andere Haftprüfungen anzugeben, da die Übersichtlichkeit leiden würde, außerdem die absolute Zahl der OLG-Haftprüfungen dafür nicht groß genug erscheint.

Immerhin ist zu beachten, daß recht große Haftlängen auch gänzlich ohne Haftprüfungen erreicht werden können[34]. Damit ist aber der Weg zur Behauptung einer linearen Beziehung von Haftprüfungen (Art und Anzahl) zur insgesamt erzielten Haftdauer im Verfahren versperrt, so daß insoweit differenziertere Betrachtungen erforderlich werden. Was bleibt, ist aber die Überlegung, wie man es erreichen kann, daß Haftprüfungen, *wenn* sie stattfinden, die Haftzeit nicht verlängern. Darauf wird an gegebener Stelle eingegangen werden.

(3) Akteneinsichten

Die Dauer von Akteneinsichten bewegt sich überwiegend im Bereich von 4 bis 21 Tagen; der Medianwert von 9 Tagen bleibt bei gleich welcher weiteren Unterteilung erstaunlich stabil; allein bei der Akteneinsicht für andere Behörden verändert sich dieser Wert[35]; es dauert dann eher länger.

Der größte Teil der Akteneinsichten entfällt, naturgemäß, auf die Anwälte der Betroffenen[36]; allerdings ist nicht selten zu beobachten, daß trotz vorhandenem Anwalt durch diesen keine Akteneinsicht[37] erfolgt. Das ist dann aber eher ein Problem dieser Anwälte, was auch darin begründet sein mag, daß die juristische Diskussion (und die Strafprozeßlehre) sich so lange auf die Hauptverhandlung konzentriert hat[38].

(4) Zusammenfassung

Grundsätzlich wird wohl gesagt werden können, daß bei der der Fragestellung dieser Arbeit zugrundeliegenden, oft empfohlenen Verwendung von Doppelakten die Akteneinsichten selbst keine Rolle mehr für die Dauer der Haft im Strafverfahren spielen dürfen. Ob diese Zeiten aber auch in jedem Fall einzusparen gewesen wären, ist zweifelhaft, wenn die Akteneinsicht parallel zu sonst schon im Ablauf befindlichen Handlungsverläufen gewährt worden ist. Das ist im gerichtlichen Verfahren dann der Fall, wenn schon terminiert worden ist; im staatsanwaltschaftlichen Verfahren u. U. dann, wenn die Schlußgehörsfrist schon lief; bei letzterem

---

[34] Jedenfalls bis zur Sechsmonatsgrenze (da dann Haftprüfungen zwingend werden; es sind i. Ü. die Verfahren nicht so selten, in denen ausschließlich diese, zwingenden, Haftprüfungen vorhanden sind).

[35] S. dazu die Tabelle Anhang Nr. 11; die Werte für Akteneinsichten für andere sind darin insoweit nicht enthalten; es kann zudem die Ansicht vertreten werden, daß andere als die Anwälte des/der Betroffenen auch beim gegenwärtigen Zustand mit ihrer Akteneinsicht jedenfalls so lange warten können, bis dies den Verfahrensgang nicht mehr aufhält; falls dies nicht der Fall sein sollte, ist ein Argument mehr für die Verwendung von Doppelakten gewonnen.

[36] S. auch die Bemerkungen zu anderen Einsichtnehmenden soeben, sowie die Bemerkungen unter der Tabelle zu den Anwälten.

[37] Im Ermittlungsverfahren oder sogar überhaupt nicht.

[38] S. zur Dominanz der Diskussion über dieses ‚Herzstück' auch *Sack* in *Lüderssen/Sack* (Hrsg.) 1977, S. 9; *Gillig* KrimJ 1976, 205.

zeigt allerdings die Detailuntersuchung, daß dann meist, soweit erkennbar, die einmal gesetzt gewesene Schlußgehörsfrist nicht mehr eingehalten wurde, wenn in die Zeit Akteneinsichten fielen.

Daraus folgt wiederum, daß für eine genaue Betrachtung dessen, was sich an Einsparungsmöglichkeiten ergeben kann, auf die Untersuchung der einzelnen Abschnitte[39] verwiesen werden muß, da die Problemlagen zu unterschiedlich sind.

Gleiches gilt auch für die Haftprüfungen, zumal dann besser deren Stellung im gesamten Verfahrensablauf behandelt werden kann[40].

Bei den für die Sachverständigenbeteiligung erforderlichen Zeiten ist mehreres zu bedenken: Zunächst ist die absolute Zahl für umfassendere Schlußfolgerungen zu gering, dann spielen in deren Gesamtzeiten auch oft noch die Haftprüfungen hinein, für die bereits andere Abhilfemöglichkeiten zur Verkürzung der Verfahren und deren Dauer bereits diskutiert werden, so daß sich etwaige Effekte davon auch auf die Dauer der Sachverständigenbeteiligung auswirken könnten[41], und schließlich ist seit dem Untersuchungszeitraum bereits eine gesetzliche Änderung eingetreten[42], die ebenfalls dazu beitragen sollte, daß sich die Verfahren aus diesem Grunde nicht immer mehr verlängern[43]. Über die Auswirkungen dieser Vorschrift, soweit sie überhaupt quantifizierbar sind, ist indes noch nichts bekannt.

b) Verfahrensunterteilung

Soll die Analyse um einen Schritt verfeinert werden, ist zunächst einmal gemäß der Grobstruktur des Strafverfahrens nach der jeweils aktenführenden Instanz zu unterscheiden, also nach Staatsanwaltschaft und Gericht mit den jeweils von ihnen geführten Verfahrensabschnitten.

aa) Staatsanwaltschaftlicher Verfahrensabschnitt

Als Bezugsebene dienen für diesen Abschnitt nur die in den Akten enthaltenen Verfahrensabschnitte, die von der Staatsanwaltschaft geführt worden waren[44].

---

[39] Die sich hieran gleich anschließen wird.

[40] Mitsamt der besonderen Problemlage der die Haftzeit beendenden Haftprüfungen (in Hinblick darauf, ob und wie auch dabei noch Ansatzpunkte für Einsparungsmöglichkeiten zu finden sind).

[41] Die dann nicht nur um die Haftprüfungszeiten verkürzt werden könnten, da dann ja ein Unterbrechen der konkreten Arbeit dafür entfiele. Dies müßte dann auch für anderes gelten.

[42] § 161 a Abs. 2 (nF) i. V. m. § 77 Abs. 2 (nF) StPO.

[43] Bisher bestand, vor allem beim OLG im Verfahren nach §§ 121 ff. StPO, eher die Tendenz zu sehr großer Nachsicht.

[44] Die Bezeichnung Ermittlungsverfahren dafür ist nicht ganz präzise, da u. U. dies nicht erst mit der Festnahme beginnt; in 10 aller 110 Verfahren waren der Festnahme bereits Ermittlungstätigkeiten vorangegangen (und in weiteren 4 Verfahren war bereits eine Anklage eingegangen; diese Verfahren tauchen daher in diesem Abschnitt überhaupt nicht mehr auf) — s. dazu auch in diesem Abschnitt unter (4).

(1) Dauer Ermittlungsverfahren mit Haft

In einem Teil[45] der Akten bestand von der Festnahme bis zum Ende des staatsanwaltschaftlichen Verfahrensabschnittes (durch den ersten Eingang der Anklage bei Gericht) durchweg Untersuchungshaft. Diese Verfahrensabschnitte kann man als Ermittlungsverfahren mit Haft bezeichnen.

Die Extremwerte der Tabelle zeigen auf, was anscheinend als nicht ‚normal' anzusehen ist. Interessanter sind dabei aber weniger die oberen[46] als die unteren Gruppen, aus denen zu schließen sein mag, daß (Haft-)Ermittlungsverfahren von kürzerer Dauer als 30 Tage[47] offensichtlich kaum möglich gewesen sind. Die Problematik wird durch den Medianwert von 91 Tagen noch deutlicher, um den herum die Werte ziemlich gleichmäßig streuen[48].

Tabelle 8

Dauer Ermittlungsverfahren mit Haft

von:	Festnahmetag
bis:	Eingang Anklage bei Gericht[1]
berechnet:	Abstände (der Tag des Eingangs der Anklage bei Gericht zählt also nicht mit).
Ausgangsmenge:	71 Verfahren in denen noch zum Zeitpunkt des Anklageeingangs sich jemand in Haft befand)[2]

Haftdauer Ermittlungsverfahren in Tagen	Anzahl
1– 29	6
30– 59	14
60– 89	15
90–119	12
120–149	6
150–179	10
180 +	8
Summe	71
Tage	7 793
Durchschnitt	(109,8)
Median	91

Bemerkungen:
Unter 14 Tage dauerte ein Verfahren; über 270 Tage dauerten 5 Verfahren.

[1] Nachtragsanklagen (2 Fälle) und Verweisungen der Gerichte untereinander (3 Fälle) wurden nicht berücksichtigt.

[2] In 37 Verfahren befand sich zum Zeitpunkt des Anklageeingangs niemand in Haft. 2 Verfahren wurden wegen langdauernder Unterbrechungen nicht berücksichtigt. Sonst wurden Unterbrechungen, da es um die Verfahrensdauer geht, nicht abgezogen.

---

[45] In 71 Verfahren; s. die Tabelle Nr. 8.

[46] Für die sich bei genauerer Untersuchung wieder Erklärungen für deren Dauer finden lassen, wenn auch noch nicht auf dieser ersten, umfassenden Ebene.

[47] Außer wiederum in besonders gelagerten Einzelfällen.

[48] Vergleichsdaten hierzu bei *Ritter* 1962, S. 168.
Sonntag (1973, S. 171 ff.) und *Neumann* (1969, S. 207) haben nur die Dauer der Haft *im* Ermittlungsverfahren berechnet, was eine ganz andere Bezugsebene darstellt und hier deshalb nicht zum Vergleich herangezogen werden darf (sondern allenfalls für den folgenden Abschnitt) (2)).

Tabelle 9

I. Dauer der Haft im Ermittlungsverfahren

von:	Festnahmetag
bis:	Anklageeingang (s. soeben) *bzw.* Haftende (Entlassung oder Übergang in Strafhaft).
Ausgangsmenge:	104 Verfahren[1]

Haft im Ermittlungsverfahren in Tagen	Anzahl
1– 29	13
30– 59	16
60– 89	18
90–119	20
120–149	12
150–179	13
180 +	12
Summe[2]	104

Bemerkungen:

[1] In 4 Verfahren befand sich im Ermittlungsverfahren niemand in Haft; 2 Verfahren wurden wegen langdauernder Unterbrechung nicht einbezogen (s. auch die vorhergehende Tabelle)

[2] Die Bildung von Durchschnittswerten etc. erscheint nicht sinnvoll, da es hier nicht um Ermittlungsverfahren mit Haft, sondern nur um Haft *im* Ermittlungsverfahren geht, über dieses also nichts ausgesagt wird.

II. Haftbeendigungen vor Eingang der Anklage

Haftdauer in Tagen	Haftbeendigungsgründe (Anzahl Verfahren)			
	Strafhaft	Verschonung	Entlassung	OLG-Entlassung
1– 29	2	3	2	
30– 59	1	1	–	
60– 89	1	2	–	
90–119	6	2	–	
120–149	2	3	1	
150–179	1	1	1	
180 +	1	1	–	2
Summe	14	13	4	2

Bemerkung:

2 OLG-Entlassungen erfolgten *unmittelbar* nach Eingang der Anklage; ebenso 2 Verschonungen und 2 Übergänge in Strafhaft.

(2) Haft im Ermittlungsverfahren

Für diese Tabelle konnten alle Ermittlungsverfahren als Ausgangsmenge genommen werden[49]. Zusätzlich wurden die Gründe angegeben, aus denen noch im Ermittlungsverfahren die Untersuchungshaft wieder beendet wird. Wie es dazu kommen kann, daß die Untersuchungshaft wieder beendet wird, ist im einzelnen Gegenstand des Abschnitts 5[50]. Unter quantitativem Aspekt ist hier schon anzumerken, daß Verschonungen relativ unabhängig von der bereits erlittenen Haftdauer zu erfolgen scheinen, während es beim Übergang in Strafhaft meist einige Zeit braucht, bis die Vollstreckung anderer Strafsachen anlaufen kann. Insgesamt aber dürfen diese Zahlen nur als erste Anhaltspunkte genommen werden, und unter dem quantitativen Aspekt geht es auch hauptsächlich darum zu zeigen, was mit den in der vorhergehenden Tabelle nicht enthaltenen Verfahren geschehen ist. Beide Tabellen zusammen ergeben erst die Ausgangsbasis für die weitere Aufschlüsselung des staatsanwaltschaftlichen Verfahrensabschnitts, je nachdem, welche die Zwecke der vorgenommenen Betrachtungsweise besser erfüllt.

(3) Verfahren bis zum Abschluß der Ermittlungen

Das noch relativ grobe Raster des staatsanwaltschaftlichen Verfahrensabschnitts kann jetzt nach isolierbaren und quantifizierbaren Verfahrensabschnitten weiter aufgeschlüsselt werden. Da über den Abschlußvermerk gem. § 169a StPO an den Abschluß der Ermittlungen einige besondere Regelungen geknüpft sind, durch diesen auch Ermittlungs- und Entschließungsteil getrennt werden sollen[51], kann als erstes festgestellt werden, wie lange die so vorgesehene Ermittlungszeit in Haftsachen dauerte.

Da 4 Verfahren über 210 Tage bis zur Abschlußverfügung dauerten, wofür sich wieder spezielle Gründe finden lassen mögen, sollten als Diskussionsgrundlage eher der Medianwert und die gesamte Verteilung herangezogen werden. Über die Art der Ermittlungen — ob mit der Festnahme praktisch alles aufgeklärt war, sie sich besonders schwierig gestalteten, sie mehr oder weniger umfangreich waren[52] — kann hier nichts gesagt werden, weil dazu sehr viel mehr Informationen nötig wären. Außerdem ist noch längst nicht gesagt, daß die so festgestellte Zeit auch zur Ermitt-

[49] Bis auf einige, in der Tabelle näher erläuterte Ausnahmen.

[50] S. weiter unten 5. b), (1), S. 111 ff.; in diesem Abschnitt werden keine quantitativen Aspekte mehr behandelt, sondern eher einige Strukturen der Verfahren auf ihr Zustandekommen hin untersucht.

[51] Siehe *Kleinknecht* 33. Auf., § 169 a StPO, Anm. 1, 2.

[52] All dies konnte wohl in der Untersuchung festgestellt werden; diese Punkte sind aber nicht weiter so präzisierbar, daß daraus eine Tabelle entstehen könnte. Es kann so nur der Eindruck festgehalten werden, daß daraus kaum direkte Beziehungen zur Haftdauer abzuleiten wären.

lung benötigt wurde[53]. Hier ist lediglich der Tatbestand festzuhalten, daß in Haftsachen der Medianwert für die von der StPO als Ermittlung angesehene Zeit bei ca. 70 Tagen liegt oder, präziser, daß in Haftsachen die Abschlußverfügung im Mittel nach ca. 70 Tagen erfolgt.

Sonst kann die Tabelle auf verschiedene Weise zusammengefaßt werden, etwa so, daß in immerhin über einem Drittel (n = 28) aller Fälle bis zur Abschlußverfügung mehr als 90 Tage vergingen oder auch, daß in immerhin ebenfalls über einem Drittel (n = 32)[54] der Fälle dies innerhalb 60 Tagen erledigt war.

Was dabei als „viel" anzusehen ist, ist also durchaus relativ und von den Bewertungskriterien abhängig[55]. Die Standards der betroffenen Berufsgruppe[56] können dabei aber sicherlich nicht allein herangezogen werden.

Tabelle 10

Dauer Ermittlungsverfahren bis zur Abschlußverfügung

von: Festnahmetag
bis: Abschlußverfügung[1]
Ausgangsmenge: 77 Verfahren[2]

Dauer	Anzahl
bis 13	2
14– 29	11
30– 59	19
60– 89	17
90–119	7
120–149	11
150–179	6
180–209	–
210–239	1
240–269	–
270–299	1
300 +	2
Summe	77
Tage	6 705
Median	70

Bemerkungen:

[1]Es wurden Abstände berechnet, d. h. ohne den Tag der Abschlußverfügung; da es um die Dauer von Verfahrensabschnitten geht, sind Unterbrechungen ggf. miteingerechnet.

[2]In 31 Verfahren befand sich zum Zeitpunkt der Abschlußverfügung niemand in Haft. 2 Verfahren wurden wegen langdauernder Unterbrechungen nicht berücksichtigt.

---

[53] S. dazu die folgenden [(4)—(10)] Versuche, die Haftzeit im Ermittlungsverfahren noch etwas weiter zu zerlegen, um so möglicherweise Punkte auszuschalten, die nicht zur Ermittlung gehören.

[54] Genauer gesagt 41,56 %.

[55] Der vorhergehende Absatz läßt natürlich schon einige Bewertungsmöglichkeiten anklingen.

[56] *Stein/Schumann/Winter* (in *Steinert,* Hrsg., (1973, S. 120) berichten, daß die von ihnen befragten Praktiker mit den in ihrer Untersuchung festgestellten Zeiten (126 Tage Ermittlungsverfahren in Verfahren bez. fahrlässiger Tötungen) durchaus zufrieden waren, dies also mit den internen Standards übereinstimmte.

(4) Anklagezeiten

Nach dem Abschluß der Ermittlungen ist, wenn man dem Modell folgt, nur noch die Anklage zu fertigen und abzusenden. Da die untersuchten Akten aber in den Jahren 1973 bis 1975 bearbeitet wurden, gibt es insofern Probleme, als in diesem Zeitraum noch § 169a Abs. 1 und 2 aF StPO in Kraft war, also die Vorschrift über das Schlußgehörsangebot. Dadurch gibt es etwas kompliziertere Tabellen.

Tabelle 11

Anklagezeiten

von: Abschluß
bis: Anklageeingang
Ausgangsmenge: 72 Verfahren
ergänzende Angaben: I. davon ohne Schlußgehörsangebot
II. davon mit Schlußgehörsangebot
a) ohne Zwischenereignisse[2]
b) mit Zwischenereignissen

Dauer	Anzahl	davon I.	davon II. a)	davon II. b)
0– 6	14	13	1	–
7–14	16	13	3	–
15–29	19	2	11	6
30–44	13	–	5	8
45–59	3	–	–	3
60–74	3	–	1	2
75–89	1	–	–	1
90 +	3	–	1	2
Summe	72	28[3]	22	22
Tage	2 016			
Durchschnitt	(28,0)			
Median	19			

Bemerkungen:

[1] Zu den 71 Verfahren, für die die Haftdauer für das gesamte Ermittlungsverfahren berechnet werden konnte (s. vorige Tabelle) kommte eines der beiden Verfahren mit längerer Unterbrechungszeit wieder hinzu.

[2] Insbesondere Haftprüfungen oder andere Ereignisse, die Verfügungen und Aktenbewegungen erforderten, wurden als Zwischenereignisse angesehen; die Untergruppe a) erfaßt somit nur solche Verfahrensabschnitte, in denen in dieser Zeit überhaupt nichts im Verfahren geschah. Die Abgrenzung ist m. E. manchmal zweifelhaft; daher auch keine Durchschnittswerte usw.

[3] Bei den 28 Verfahren ohne Schlußgehörsangebot befinden sich 10 Verfahren, in denen darauf verzichtet worden war (s. zur Handhabung des Schlußgehörs die Darstellung in Teil 5., b), (4) S. 120 ff.).

Zu berücksichtigen ist dabei auch, daß in den Fällen des § 169b Abs. 1 S. 2 aF StPO bei beabsichtigter Anklage vor der Großen Strafkammer oder vor dem Schwurgericht das Schlußgehörsangebot praktisch obligatorisch war, während es bei den beschleunigten Verfahren gem. § 212a aF StPO entfallen konnte.

Besonders problematisch ist daher die ‚Umrechnung' auf den jetzigen Rechtszustand. Die Untergruppe „kein Schlußgehörsangebot" bereitet dabei keine Schwierigkeiten. Diejenigen Zwischenereignisse, die nach der Abschlußverfügung *mit* Schlußgehörsangebot stattfanden, wären dann wohl in die Zeit vor der Abschlußverfügung gefallen, da es sich durchweg nicht um Ereignisse handelte, die auf das Schlußgehörsangebot Bezug nahmen[57]. Soweit es sich dabei um fristbedingte Haftprüfungen handelte, wären sie möglicherweise auch in den gerichtlichen Verfahrensabschnitt gefallen. Schließlich ist zudem fraglich, was durch das Entfallen des Schlußgehörsangebots selbst an Zeit eingespart wird, da die Untergruppe „Schlußgehörsangebot ohne Zwischenereignisse" doch eine erhebliche Bandbreite aufweist[58].

Auch in der zuletzt angesprochenen Untergruppe sind zudem diejenigen Zeiten enthalten, die zur Anklagefertigung selbst benötigt wurden, wie sie in der ersten Untergruppe, kein Schlußgehörsangebot, schon fast ‚rein' zutage treten.

Bei letzterer ergibt sich somit die sonst verschlossene[59] Möglichkeit, den technischen Weg für einen ganz bestimmten Verfahrensgang festzustellen[60].

(5) Anlaufzeiten und ‚Vorlauf'

Genauso wie zum Ende des staatsanwaltschaftlichen Verfahrensabschnitts lassen sich einige Angaben zu dessen Beginn machen.

Die Festnahme und Verhaftung selbst ist zum Teil mit dem Beginn des gesamten Ermittlungsverfahrens identisch, zum Teil ist sie aber auch nur ein Einschnitt in dessen Ablauf. Immer aber sind dabei, z. T. schon von den gesetzlichen Voraussetzungen her[61], besondere Verfahrensverläufe notwendig. Erst wenn dieser Abschnitt abgelaufen ist, arbeitet die Staatsanwaltschaft[62] an der Akte weiter.

(a) So wurde berechnet, wie lange es von der Festnahme an gerechnet dauert, bis der zuständige Staatsanwalt in der vorliegenden Akte selbst Tätigkeiten vornimmt. Dieser Zeitraum wurde als Anlaufzeit bezeichnet.

Anlaufzeit[63]

Zeit	Anzahl	
bis 3	13	
4– 6	43	
7–13	38	
14+	8	
Summe	102	(für 8 Verfahren k. A.)
Median	6 Tage	

[57] Es sei denn, es geht ein Schlußgehörsantrag ein; in dem einzigen beobachteten Fall dauerte es einen Tag, bis die Anklage abgesendet wurde.

[58] Wobei der einzige Fall in der Untergruppe 0—6 Tage nicht einmal so außergewöhnlich erscheint (bei kurzer Frist).

[59] Mangels verfügbarer Unterlagen.

[60] Noch weiter als in Tabelle 11 (zu I) aufgeschlüsselt: bis 3 Tage Dauer 4 Verfahren; Median für die Gruppe I (ohne Schlußgehörsangebot) 7 Tage.

[61] Insb. durch die Einschaltung des Haftrichters.

[62] Anders als die Polizei, deren Hauptätigkeit eher in diesem Zeitabschnitt liegt, wo sie offensichtlich mit Durchschriften und sonstigen eigenen Unterlagen arbeitet.

[63] S. i. E. die ausführliche Tabelle im Anhang, Nr. 14, S. 181.

Theoretisch ist dabei sogar ein Wert von einem oder gar null Tagen für die Anlaufzeit möglich, wenn Festnahme, Vorführung vor dem Haftrichter[64], Haftbefehlserlaß, Rückverfügung an die Staatsanwaltschaft und Eintreffen daselbst zusammenfallen und der Bearbeiter auch sogleich Tätigkeiten vornehmen kann.

Empirisch hat sich dafür indes aber eher ein Abstand von 3 Tagen als Mindestmaß herausgeschält[65], während nach oben hin kaum Grenzen zu bestehen scheinen. Es ist dabei aber auch zu bedenken, daß nicht selten die Polizei die Akten gleich nach der richterlichen Vorführung wieder mitnimmt, so daß für die Staatsanwaltschaft gar keine Möglichkeit zu bestehen scheint, den Fall zu bearbeiten. Hiermit ist also wieder ein isolierbares[66], wenn auch am gesamten Haftverfahren gemessen kleines Problem angesprochen.

(b) Da die Festnahme für die Untersuchungshaft den Ausgangspunkt bildet, kann es von Interesse sein zu erfahren, was in den Verfahren bereits vorher geschehen ist.

In 52 von 110 Verfahren ist vor der Festnahme überhaupt nichts geschehen, d. h., das Ermittlungsverfahren beginnt überhaupt erst mit diesem Tage. In weiteren 20 Verfahren war bisher nur die Anzeigenaufnahme bei der Polizei geschehen, ohne daß eine weitergehende Ermittlungstätigkeit festgestellt werden konnte[67], so daß zusammengefaßt gesagt werden kann, daß in 72 der 110 Verfahren der Festnahme noch überhaupt keine Ermittlungen vorangegangen waren.

Dabei lagen in 24 Verfahren bereits Ermittlungshandlungen der Polizei und in 10 Verfahren auch solche durch die Staatsanwaltschaft vor[68]. Es mag reizvoll erscheinen, der Frage nachzugehen, ob solche Ermittlungsverfahren eine kürzere Haftdauer aufzuweisen haben als die „frisch“ mit der Festnahme (genauer am Festnahmetag) begonnenen. Da es sich oft aber, besonders bei der polizeilichen Ermittlungszeit vor Festnahme, nur um Zeiträume von wenigen Tagen handelte, stellt sich das Problem der Unterteilung, für die sich weder theoretisch begründbare noch empirisch ermittelte Kategorien anbieten, um zu sinnvollen Aussagen gelangen zu können. Weiter ist die Unterteilung danach, ob es sich nur um polizeiliche oder schon staatsanwaltschaftliche Ermittlungen handelt, auch noch nach sehr formalen Kriterien bestimmt, mit denen nichts über das Ausmaß der bereits getroffenen Ermittlungen gesagt werden kann, zumal diese Unterscheidung nur die nicht ohne weiteres zugänglichen internen Abgaberegeln spiegeln dürfte[69].

---

[64] Hier gilt sowieso die Ein-Tages-Frist gem. Art. 104 Abs. 3 GG, § 115 Abs. 2 StPO.

[65] Es lag nur ein Wert darunter, s. die ausf. Tabelle.

[66] Wiederum nur, weil dafür Daten verfügbar gemacht werden können, was für andere u. U. wichtigere Beispiele nicht der Fall ist.

[67] S. dazu die ausführliche Tabelle im Anhang Nr. 15. Die Abgrenzung zur folgenden Gruppe, Ermittlungstätigkeit durch die Polizei, ist i. E. manchmal zweifelhaft.

[68] Diese Abgrenzung ist, da formal bestimmt, präzise. Weitere 4 Verfahren waren bereits bei Gericht anhängig und fallen so aus dem Ermittlungsverfahren vollständig heraus.

[69] S. dazu auch *Steffen* 1976, S. 267 ff. (bes. 268).

Hier zeigen sich im übrigen auch die Schwierigkeiten, den Beginn des gesamten Ermittlungsverfahrens zu bestimmen. Die erste Befassung der Strafverfolgungsbehörden mit der vorliegenden Sache ist, wie gezeigt, auf eine Vielzahl von möglichen Punkten verteilt, und die zum Verfahren Anlaß gebende Tat gehört noch nicht in den Ablauf der Behördentätigkeit hinein (zumal sie lange zurückliegen mag). Daher wurde darauf verzichtet, in einer Untersuchung, die sich mit der Untersuchungshaft beschäftigt, das, was sich vor der Festnahme schon an Verfahren ereignet hat, zur Analyse zu verwenden.

(6) Aktenaufenthaltszeit

(a) In einer Untersuchung, die sich mit der Dauer von allgemeinen Strafverfahren beschäftigte[70], wurde versucht, mit dem Begriff der Netto-Bearbeitungszeit zu operieren. Es wurde festgestellt, wie lange eine Akte bei einem bestimmten Sachbearbeiter lag, was als Brutto-Bearbeitungszeit[71] bezeichnet wurde, wovon dann Wartezeiten abgezogen wurden[72], was schließlich die Netto-Bearbeitungszeit ergab.

Dies ist nicht unproblematisch. Zunächst setzt dies voraus, daß man sehr genau differenzieren kann, wenn damit die Vorstellung verbunden sein soll, man könne bestimmen, wie lange effektiv an der Akte gearbeitet wurde. Zumeist ist nur feststellbar[73], daß ein Eingangsstempel vorhanden ist, der den Eingang bei der Behörde anzeigt, und daß der Bearbeiter eine Verfügung getroffen hat, nach der ggf. die Akten wieder woandershin versandt werden sollen. Dann kann die Akte beim Adressaten einen Eingangsstempel bekommen usw. Daraus ergibt sich, daß die Zeiten, in denen sich die Akte in verschiedenen Geschäftsgängen befindet — die zur Zeit des Bearbeiters nicht hinzugerechnet werden dürften — nicht feststellbar sind. Dies betrifft den Weg der Akte von der Kanzlei über die Geschäftsstelle bis auf den Tisch des Bearbeiters und ebenso wieder zurück und zum nächsten Bearbeiter (Adressaten). Da im Verlauf der Erhebungen zu dieser Untersuchung oftmals die entsprechenden Vermerke der Geschäftsstelle etc. nicht vorhanden waren, konnten nicht einmal diese Zwischenschritte angegeben werden, wie es der ursprünglichen Zielsetzung der Arbeit entsprochen hatte, um genauer differenzieren zu können.

Wartezeiten erscheinen zudem nicht hinreichend genau bestimmbar. Es ist allenfalls möglich, einen Katalog von Ereignissen aufzustellen, denen ereignislose Zeiträume als Wartezeiten zugerechnet werden können. Das ist aber von schlichtem Leerlauf überhaupt nicht zu trennen; weiter sind viele ‚Wartezeiten' oft überhaupt nicht erkennbar, es sei denn, es liegt eine entsprechende Verfügung vor[74]. Die Definition der Wartezeit setzt außerdem voraus, daß in dieser Zeit das Verfahren nicht

---

[70] *Stein/Schumann/Winter* in *Steinert* (Hrsg.) 1973, S. 112—123, und das ausf. Manuskript derselben (i. F. Ms).

[71] Dies entspricht aber entgegen der Definition, der gesamten Zeit der Befassung der entspr. Behörde (s. Ms S. 15).

[72] Definiert als Zeiträume, in denen der Bearbeiter nicht sofort entscheiden konnte, weil er auf andere Vorgänge (Aktenrücklauf, Registerauszüge, Gutachten etc.) warten mußte — Ms S. 2.

[73] Dies gilt nicht nur für die Staatsanwaltschaft.

[74] Wie etwa: „Wv 2 Wochen" o. ä., wofür sich dann, wie bei allen Fristen, die Probleme der Setzung und Einhaltung stellen.

vorangetrieben werden konnte, was, zumal in Haftsachen, komplexe Bewertungsvorgänge voraussetzt, die aus der Aktenanalyse heraus kaum zu leisten sind. Möglich ist indessen, Zeiten zu berechnen, in denen sich in der Akte überhaupt nichts ereignete[75].

Netto-Bearbeitungszeiten werden hier daher nicht berechnet. Es kann nur in Grenzen festgestellt werden, welche Behörde (insbesondere die aktenführende) die Akten wie lange hatte.

(b) Angaben über die *absolute* Dauer der so bestimmten Aktenaufenthaltszeit sind dabei nur für diejenigen Ermittlungsverfahren sinnvoll, in denen bis zu ihrem Ende Untersuchungshaft bestand.

Die Tabelle zeigt, daß die Aktenaufenthaltszeit im (Haft-)Ermittlungsverfahren sich in der Regel im Bereich von 15 — 89 Tagen bewegt; darüber und darunter liegende Zeiten sind eher als Ausnahmen anzusehen[76]. Darauf, daß diese Zeiten keinesfalls mit der effektiven Arbeitszeit der an der Bearbeitung beteiligten Staatsanwälte verwechselt werden dürfen, ist bereits verschiedentlich hingewiesen worden[77].

Diese Zeiten stellen somit nur den Rahmen des Zeitraums dar, den die Staatsanwaltschaft selbst zur Bearbeitung der Haftsache benötigte. Sie ermöglichen es, die Diskussion insoweit zu entzerren, als darin durch den Aktenaufenthalt an anderer Stelle enthaltene Verfahrensverzögerungen nicht mehr enthalten sind, und geben den Bereich an, in dem sich Überlegungen zur Beschleunigung der eigentlichen staatsanwaltschaftlichen Tätigkeit bewegen können. Für die quantitative Darstellung kann dieser Bereich, bis auf eine Ausnahme[78], nicht weiter zerlegt werden.

(c) Weiter kann der Anteil bestimmt werden, den die festgestellte Aktenaufenthaltszeit bei der Staatsanwaltschaft an der gesamten Haftzeit, die auf ihren Verfahrensabschnitt entfiel, hatte. Dabei können auch diejenigen Verfahren berücksichtigt werden, die nicht bis zum Ende des Ermittlungsverfahrens Haftsachen waren. Für die folgende Tabelle wurden die so berechneten Anteile nach der Haftdauer im Ermittlungsverfahren geordnet[79].

---

[75] S. dazu i. F. unter (10).

[76] S. Tabelle Nr. 16 im Anhang, S. 182.

[77] *Stein/Schumann/Winter* in *Steinert* (Hrsg., 1973), S. 119 f.; *Krüger* bei *Meyer* ZStW 82 (1970), S. 1132 f.

[78] Nämlich die Ruhezeiten, s. dazu sogleich unter (10).

[79] Da die Tabelle *alle* Ermittlungsverfahren berücksichtigt, sollen hier noch in zusammengefaßter Form die Werte für diejenigen Ermittlungsverfahren angegeben werden, die bis zu ihrem Ende Haftsachen geblieben sind:

Verfahrensdauer, Tage	Anteil bis 29,9 %	Anteil 30—59,9 %	Anteil über 60 %
bis 89	4	14	17
90-179	4	18	6
180 +	4	4	—
Summe	12	36	23

Interessanterweise gibt es dadurch kaum Veränderungen, was die Tendenz der Tabellen angeht.

Tabelle 12

Anteil der Aktenaufenthaltszeit bei der StA am gesamten Ermittlungsverfahren, soweit Haft bestand

zur Aktenaufenthaltszeit siehe Tab. 16 im Anhang.

Ermittlungs-verfahren Haftdauer in Tagen	Anteile in %									
	bis 9,9	10–19,9	20–29,9	30–39,9	40–49,9	50–59,9	60–69,9	70–79,9	80–89,9	90–100
bis 14	–	–	1	–	–	–	–	–	–	–
15– 29	1	2	2	1	–	1	2	1	1	1
30– 59	–	1	1	1	2	3	3	3	2	–
60– 89	–	1	–	4	2	4	3	1	1	2
90–119	1	1	3	2	5	5	2	1	–	–
120–149	–	–	2	1	3	2	4	–	–	–
150–179	–	–	1	3	5	2	–	1	1	–
180–209	–	–	–	1	1	–	1	–	–	–
210–239	–	1	1	–	–	1	–	–	–	–
240–269	–	–	–	1	–	–	–	–	–	–
270–299	–	1	–	1	–	–	–	–	–	–
300 +	–	–	2	1	–	–	–	–	–	–
Summe total: 104	2	7	13	16	18	18	15	7	5	3
II. total: 71	–	4	8	11	10	15	9	7	5	2

II. = entsprechende Werte nur für die (abgeschlossenen)Ermittlungsverfahren mit Haft.

Als Tendenz ist dabei abzulesen, daß mit der Gesamtdauer die Anteile etwas sinken[80]; insgesamt scheinen Quoten im Bereich um 50% ‚normal' zu sein. Außerhalb des Extrembereichs sind aber so gut wie alle Möglichkeiten vertreten.

Ihre Hauptbedeutung erhält diese Tabelle aber weniger dadurch, was sie an möglichen Zusammenhängen zwischen Dauer des Ermittlungsverfahrens und Aktenaufenthalt aussagen kann, sondern dadurch, daß sie, da sie ja angibt, wie lange die Akten überhaupt in der aktenführenden Behörde Staatsanwaltschaft vorhanden waren, gleichzeitig aufzeigt, wie groß maximal die Einsparungsmöglichkeiten sind, wenn die Akten überhaupt nicht mehr außer Haus gehen müßten[81]. Zu beachten ist aber, daß dies Maximalwerte sind, wobei einiges noch einer differenzierten Betrachtung unterzogen werden kann.

Da die Aktenaufenthaltszeit bei der Staatsanwaltschaft (im entsprechenden Verfahrensabschnitt) angibt, welche Zeiten und Zeitanteile auf die Staatsanwaltschaft

[80] Bei Verfahrenszeiten von über 180 Tagen spielen dabei natürlich auch die selbst relativ lang dauernden OLG-Haftprüfungen eine Rolle.

[81] Außerdem ist noch zu bedenken, daß z. B. bei den Haftprüfungen noch etwas mehr zu sparen wäre, weil in deren kompliziertem Verfahrensgang auch noch einige Tage enthalten sind, in denen die Staatsanwaltschaft als ‚Durchlaufstation' fungiert; s. dazu die Sequenzen unter 4., S. 101 ff.

entfallen, also auch, was nur mit innerorganisatorischen Maßnahmen weiter verkürzt werden kann, soll jetzt die übrige Haftzeit im staatsanwaltschaftlichen Verfahrensabschnitt genauer betrachtet werden.

(7) Polizei

Zum Bereich der Ermittlungstätigkeit zählt dabei fast nur noch[82] die Einschaltung der Polizei. Unter dem Stichwort „Rückverfügung an Polizei" spielte dies bei der großen Freiburger Staatsanwaltschaftsuntersuchung sowohl als Maßstab für die Qualität wie für die Richtung der (weiteren) Ermittlungen eine zentrale Rolle[83].

Im vorliegenden Zusammenhang könnte die nochmalige[84] Rücksendung der Akten an die Polizei[85] deshalb bedeutsam sein, weil dies qua Definition der weiteren Ermittlung dient, anders als die meisten sonstigen Aktenversendungen[86].
Dazu ist berechnet worden, wieviel Tage während der Haftzeit des Ermittlungsverfahrens die Akten bei der Polizei gewesen sind.

Diese Berechnung ist deshalb möglich, weil die Polizei Eingangsstempel und Ausgangsverfügungen benutzt, so daß damit festgestellt werden kann, wie lange sich die Akten dort im Hause befunden haben. Transportwege lassen sich mit dieser Präzision nicht berechnen. Weiter kommt es durchaus vor, daß die Akten mehrmals zur Polizei gegangen sind, weil sie zwischendurch von der Staatsanwaltschaft angefordert worden waren (meist, aber nicht nur, zu Haftprüfungen). Die sich daraus ergebende Möglichkeit, ähnlich wie bezüglich der Sachverständigen eine „Polizei-Gesamtzeit" — von der ersten Verfügung dorthin bis zum letzten Wiedereingang — zu berechnen, ist für die vorliegende Arbeit nicht sehr ergiebig, weil sich dies mit dem davon zu trennenden Kapitel Haftprüfungen zu sehr überschneidet.

Für die Analyse sind zwei verschiedene Aspekte verfügbar: Das Vorkommen von Rückverfügungen der Akten an die Polizei überhaupt und dann deren Dauer.

Geht man davon aus, daß Rückverfügungen der Akten zu Ermittlungszwecken geschehen, und setzt man voraus, daß die Staatsanwaltschaft grundsätzlich keine eigenen Ermittlungshandlungen vornimmt, sondern sich dazu der Hilfe der Polizei bedient[87], dann kann gesagt werden, daß in über einem Drittel aller Fälle (n = 36)

---

[82] Außerdem könnten hierunter noch richterliche Vernehmungen fallen. Diese waren aber so selten, daß eine gesonderte Berechnung nicht sinnvoll erschien.

[83] S. *Steffen* 1976, S. 270 ff.

[84] Fast ausnahmslos kam die Polizei bereits mit den (bis dahin ihren) Akten zum Haftrichter.

[85] Zur Vereinfachung sind unter diesem Begriff Kriminalpolizei und Sonder-Einrichtungen (Rauschgiftabteilung, Zollfahndung, Mobiles Einsatzkommando) zusammengefaßt.

[86] Bez. der Sachverständigengutachten ist dies schon zweifelhaft; das beträfe auch nur 4 lange Ermittlungsverfahren.

[87] Nach *Steffen* (1976, S. 294; ausf. S. 367 ff.) finden eigene Ermittlungen der Staatsanwaltschaft (in allen Verfahren) kaum statt. Das kann hier durchaus bestätigt werden (so fanden z. B. nur ganz selten Vernehmungen durch die Staatsanwaltschaft statt).

jedenfalls nach Ansicht der Bearbeiter keine mit Hilfe der Polizei zu lösenden Ermittlungsprobleme mehr bestanden haben[88].

Die Dauer der Rückverfügungen selbst verweist weitgehend auf polizeiinterne Vorgänge[89]. Problematisch erscheint, ob man diese Zeiträume jeweils dem Aktenaufenthalt der Akten bei der Staatsanwaltschaft zuschlagen soll, um für die Verfahren denjenigen Anteil an Zeit zu bestimmen, der nicht von Überlegungen zur Veränderung des Aktenbetriebs beeinflußt werden kann. Da im folgenden[90] auch die Aktenaufenthaltszeit bei der Staatsanwaltschaft noch auf einige Aspekte hin untersucht werden soll, wird hiervon Abstand genommen, um der besseren Isolierung solcher Aspekte willen.

(8) Haftprüfungen im staatsanwaltschaftlichen Verfahrensabschnitt

Die absolute Dauer von Haftprüfungen ist bereits im Abschnitt a) bb) (2)[91] behandelt worden. Daraus läßt sich berechnen, welcher Anteil vom gesamten Zeitraum des Ermittlungsverfahrens, soweit Untersuchungshaft bestand, auf den Zeitaufwand für Haftprüfungen entfällt. Damit kann angegeben werde, welche Einsparungsmöglichkeiten vorhanden sind, wenn die Organisation der Haftprüfungen so abläuft, daß dies auf den Fortgang des Verfahrens keinen Einfluß mehr hat. Bei der etwaigen Verwendung von Doppelakten zur Erreichung dieses Zieles taucht eine besondere Schwierigkeit auf:

Die Zeiten für die Haftprüfungen sind so berechnet worden, daß einerseits der gesamte Zeitaufwand für die Haftprüfungen angegeben werden sollte, andererseits aber, falls diese eine Entlassung zur Folge hatte, damit auch die Berechnung beendet wurde.

Bei den Haftprüfungen, die zur Entlassung führten, ist nun zu bedenken, daß, wenn sie in Doppelakten durchgeführt worden wären, sich die Haftzeit für den Betroffenen nicht verkürzt hätte, da die Entlassung dadurch nicht früher erfolgt wäre[92].

Die erste gegebene Tabelle gibt so an, wie groß der Anteil der Haftprüfungen an der Haftzeit im Ermittlungsverfahren insgesamt war, um dazu einen Überblick zu verschaffen, wäh-

---

[88] Der Gegenschluß ist unzulässig, da sich manche Rückverfügungen als überflüssig oder nicht als zur Ermittlung der betreffenden Sache dienlich angesehen werden können, s. *Steffen* ebd.

[89] Was davon der Aktenanalyse zugänglich war, wird in Abschnitt 5 (unten S. 159 ff.) behandelt, ohne diesen Bereich erschöpfen zu können. Daten s. im Anhang, Tabelle Nr. 17/18, die im Bereich bis zu 60 Tage eine große Bandbreite aufweisen.

[90] Unter (10).

[91] S. o., S. 69 ff.

[92] Bei fristgebundenen Haftprüfungen könnte diese Problematik dadurch eine (Teil-)Lösung erfahren, daß die fristgebundenen Haftprüfungen bei Ablauf der Frist schon stattfinden. Bezüglich der OLG-Haftprüfungen wäre dies eine Wiederaufnahme des ‚Jus cogens' Problems (s. auch S. 18): Anfänglich war nach der Einführung der §§ 121 ff. StPO von einigen Gerichten gefordert worden, daß ihnen die Akten zur Haftprüfung auch rechtzeitig vorgelegt werden (u. a. OLG Schleswig, NJW 1965, 1730); diese Ansicht hat sich aber nicht durchgesetzt (s. *Kleinknecht* 33, Aufl. § 121 StPO, Anm. 14). Soweit aber inzwischen Kenntnisse über den Verfahrensgang vorhanden sind, könnten diese auch berücksichtigt werden.

rend in der zweiten Tabelle diejenigen Haftprüfungen herausgerechnet sind, die zu einem entlassungsbedingten Ende des Haftermittlungsverfahrens führten.

Für die Betrachtung des Anteils der Haftprüfungen an der Haftzeit des Ermittlungsverfahrens ergeben sich so drei Aspekte: das Vorkommen von Haftprüfungen überhaupt, der Zeitanteil insgesamt sowie die Einsparungsmöglichkeiten.

Tabelle 13

I. Haftprüfungen im staatsanwaltschaftlichen Verfahrensabschnitt

von: 1. Reaktion auf Haftprüfung
bis: 1. verfahrensbezogene Tätigkeit StA danach bzw. Haftende.
Ausgangsmenge: 104 Verfahren[1]
Anteile an der Haftzeit im Ermittlungsverfahren[2]

Dauer Ermittlungsverfahren (Haft)	Anteile der Haftprüfungen in %				keine HP
	bis 19,9	20–39,9	40–59,9	60–100	(0 %)
bis 29 Tage	–	2	2	2	7
30– 59	1	1	1	–	13
60– 89	1	4	2	–	11
90–119	8	2	2	1	7
120–149	3	4	1	–	4
150–179	6	1	3	–	3
180 +	4	5	1	1	1
Summe	23	19	12	4	46

Bemerkungen:

[1] Ohne zwei Verfahren mit längerer Unterbrechung, und 4 Verfahren, die bei Haftbeginn schon im gerichtlichen Verfahrensabschnitt standen.

[2] Ggf. mit Unterbrechungen (s. 1). Daß ein Verfahren trotz Dauer über 180 Tage keine Haftprüfung hatte, liegt an einer kurzen Unterbechung (9 Tage). Die Gruppen 60—79,9 und 80—100 % konnten zusammengefaßt werden, da nur ein Verfahren in die Gruppe 60—79,9 % fällt.

II. Haftprüfungen ohne Entlassungshaftprüfungen

Dauer Haft	Anteile der entspr. Haftprüfungen				keine
	bis 19,9	20–39,9	40–59,9	60–100	
bis 29 Tage	–	1	–	–	12
30– 59	–	1	1	–	14
60– 89	1	3	2	–	12
90–119	8	3	1	1	7
120–149	3	5	–	–	4
150–179	7	–	3	–	3
180 +	4	6	1	–	1
Summe	23	19	8	1	53

Bemerkung:
Zur Veränderung waren 19 Verfahren zu berücksichtigen; davon reduzierten sich für 7 Verfahren die Werte auf 0; 6 Verfahren sanken um eine Gruppe, während bei 6 Verfahren zwar die Werte absanken, dies aber nicht in der Unterteilung der Gruppen zum Ausdruck kam. Dazu Ausgangsmenge etc. wie zu I.

Von 92 Ermittlungsverfahren mit einer Dauer von bis zu 180 Tagen[93] sind immerhin 45, also fast exakt die Hälfte, ohne jede Haftprüfung geblieben, die damit auch keinen direkten Einfluß auf die Verfahrensdauer gehabt haben können.

Bei den dann verbleibenden Verfahren sind Anteile von über 60% eher als Ausnahme zu betrachten, so daß der Einfluß nicht so hoch war wie gelegentlich vermutet wird. Sonst sind die Werte — und damit auch mögliche Einflüsse — breit gestreut; die hohen Werte verschwinden fast ganz, wenn man die weitere Tabelle betrachtet (Tab. 13, II). Daraus ergibt sich auch, daß es in den Ermittlungsverfahren mit kurzer Haftdauer fast immer ausschließlich um die Aufrechterhaltung der Haft ging, denn deren Werte sind in der zweiten Tabelle ebenfalls fast verschwunden. In der großen Mehrzahl aller Ermittlungsverfahren, in denen es überhaupt zu Haftprüfungen kam, liegt deren Zeitanteil sonst unter 40%.

Damit sind die Einsparungsmöglichkeiten angedeutet, die sich ergeben, wenn die Verfahren so gestaltet wären, daß die Haftprüfungen keinen Einfluß auf die Haftdauer mehr haben können[94].

(9) Akteneinsichten

Weitere Einsparungsmöglichkeiten ergeben sich, wenn Akteneinsichten unabhängig vom Verfahrensgang ablaufen können. Da für die Akteneinsichten nur die Zeiträume berechnet wurden, die die Einsichtnahme selbst gedauert hat (von der entsprechenden Verfügung bis zum Wiedereingang), ist die Herausnahme dieser Zeiten aus der gesamten Haftzeit im Ermittlungsverfahren unproblematisch.

Anteil der Akteneinsichtszeiten an Haft im Ermittlungsverfahren

Haftdauer im Ermittlungsverfahren in Tagen	Anteile in %				
	bis 10 %	bis 20 %	bis 30 %	darüber	keine AE
bis 29	–	1	–	–	12
30– 59	1	3	1	–	11
60– 89	2	3	–	2	11
90–119	2	2	–	4	12
120–149	3	3	2	1	3
150–179	7	3	2	–	1
180+	9	2	–	–	1
Summe	24	17	5	7	51

[93] Darüber sind (OLG-)Haftprüfungen (fast, s. Tabelle 7, Bemerkung) zwangsläufig.

[94] Möglicherweise sind die Effekte noch größer, da dann ja keine laufende Arbeit mehr unterbrochen werden müßte.

[95] Zur Berechnung der Akteneinsicht s. den Abschnitt a) bb) (3), oben S. 72; der Anteilsberechnung liegt die Haftzeit im Ermittlungsverfahren für insg. 104 Verfahren zugrunde. Zu den Ergebnissen ist zu bemerken, daß in der Gruppe 150—179 Tage 4 Verfahren, in der Gruppe 180 Tage und mehr 5 Verfahren Werte von bis zu 5 % aufweisen; in den anderen Gruppen liegen alle Werte über 5 %.

(10) Ruhezeiten

In diesem Abschnitt soll versucht werden, die Zeit des Aktenaufenthalts bei der Staatsanwaltschaft näher zu zerlegen. Die Bewertung der staatsanwaltschaftlichen Tätigkeit danach, ob sie sinnvoll, notwendig, vor allem ob sie mit der größtmöglichen Beschleunigung erfolgt ist, ist der Aktenanalyse kaum zugänglich[96]. Feststellbar ist aber, ob über einen größeren Zeitraum überhaupt nichts geschehen ist[97].

Als „Ruhezeiten" wurden diejenigen Zeiträume angesehen, in denen aus der Akte keine aktive Tätigkeit der Staatsanwaltschaft (während des Aktenaufenthalts dort) hervorging. Aktive Tätigkeit wurde so definiert, daß damit bloße Eingänge, interne Verweisungen (wie „dem zuständigen StA nach Rückkehr", „dem o. D.") und reine Zeitverfügungen (wie „Wv. 3 Wochen") davon nicht erfaßt werden. Um eine zeitliche Eingrenzung zu erreichen, wurde ein Abstand von mind. 14 Tagen, also zwei Wochen, gewählt[98]. Auf mögliche Begründungen von „Ruhezeiten" wurde nicht geachtet.

Weiter wurde vermerkt, ob über einen Zeitraum von mindestens 3 Wochen außer der Anforderung von Bei-Akten nichts geschehen ist. Vom äußeren Bild her ähneln diese Zeiträume stark den vorher genannten. Darüber hinaus ergibt sich aus der Einzelanalyse einiger aufhebender OLG-Beschlüsse, daß das prüfende OLG, wenn es auf solche Tatbestände stieß, mit der Haftverlängerung sehr zurückhaltend wurde[99].

Zur Ergänzung werden in der Tabelle auch „Ruhezeiten" bei anderen Stellen während ihres Aktenbesitzes angegeben (zumeist Polizei und Sachverständige).

Gegen die erste Kategorie mag eingewendet werden, daß damit nur offensichtliche Pausen erfaßt werden können, aber keine „an sich" überflüssigen Tätigkeiten.

Bezüglich der Bei-Akten-Anforderung mag man streiten, ob dies im *Ermittlungs*-Verfahren schon erforderlich ist[100]. Die Anforderungspraxis ist auch unterschiedlich gewesen. Hier werden auch nur solche Fälle erfaßt, in denen das Ermittlungsverfahren über längere Zeit ausschließlich aus Bei-Akten-Anforderung bestand.

Die Tabelle „Ruhezeiten" ist in mehrfacher Hinsicht wichtig. Zunächst kann sie zeigen, daß auch die Zeit des Aktenaufenthalts bei der Staatsanwaltschaft[101] noch etwas weiter für die Zwecke der Analyse zerlegt werden kann; nicht nur in Hinblick darauf, welche Tätigkeiten im einzelnen vorgenommen worden sind, sondern auch darauf, *ob* überhaupt Tätigkeiten vorgenommen worden sind[102].

---

[96] D. h. auch, daß sog. „Schiebeverfügungen" (s. dazu *Ritter* 1962, S. 94 f.) nicht sicher auszumachen sind, und daß Ermittlungs- und andere Tätigkeiten oft schwer zu trennen sind.

[97] Problematisch mag sein, ob etwas zu erwarten ist für diesen Zeitraum (vgl. *Sacks* in *Turner* (ed.) 1974, S. 228).

[98] Diese Begrenzung ist willkürlich.

[99] Da die entsprechenden Einzelfälle dazu zu detailliert erörtert werden müßten, kann hier nicht näher darauf eingegangen werden.

[100] Nr. 73 RiStBV und die einschlägigen Anleitungsbücher (s. *Kraß* 1977, S. 28, 53) empfehlen dies wohl generell, was aber kaum der besonderen Problematik von Haftsachen gerecht werden kann.

[101] Auch bei sonstigen Stellen (ins. Polizei und Sachverständige) konnten Ruhezeiten festgestellt werden; dagegen mag freilich eingewendet werden, daß an diesen Stellen andere Aufzeichnungsprozeduren vorherrschen.

[102] Siehe die Bemerkungen zum sog. ‚non-frequency-approach' Zweiter Teil, S. 54.

Tabelle 14

Ruhezeiten

Kategorien s. vorstehende Erläuterung (im Text)

In der Tabelle wird darauf verzichtet, den Anteil von so festgestellten Ruhezeiten an der Gesamtdauer des Ermittlungsverfahrens, soweit Haft bestand, zu berechnen.

Die Spalten sind kumulativ angelegt.

Haftdauer im Ermittlungs-verfahren	Anz. Verf. insgesamt	Ruhezeiten bei StA 14 Tg. o. T.	Ruhezeiten bei StA Bei-Akten	bei Sonst. (14 T.)
bis 29 T.	13	–	–	–
30– 59	16	2	–	2
60– 89	18	10	2	2
90–119	20	7	2	6
120–149	12	5	4	2
150–179	13	5	4	4
180 +	12	3	2	7
Summe	104	32	14	24

Bemerkungen:

Ruhezeiten bei Sonstigen umfassen aktivitätslose Zeiträume bei Polizei und Sachverständigen (letzteres in 3 Fällen) und Gericht.

In je einem Verfahren der Gruppe über 180 Tage gab es bei der StA Ruhezeiten beider Varianten *und* Ruhezeiten bei StA wie bei sonstigen Stellen (dto 1 Fall in der Gruppe 150—179).

Zu beachten bleibt, daß hiermit nur ‚Ruhezeiten' im Ermittlungsverfahren angegeben sind; im gerichtlichen Verfahrensabschnitt stellt sich die gleiche Problemlage nur im Zeitraum vor der Terminierung (s. d. S. 130).

Weiter ist zu beachten, daß die Feststellung von ‚Ruhezeiten' der gezeigten Art ohne jede Wertung erfolgt, sowohl qualitativ wie quantitativ.

Für immerhin fast die Hälfte aller Verfahren[103] konnten so Ergebnisse erzielt werden. Da die Erfassungsgrenze bei 14 bzw. 21 Tagen gezogen wurde, können die gezählten (Nicht-)Ereignisse oft einen größeren Teil der Haftzeiten ausmachen als manche, in den vorhergegangenen Kapiteln behandelte, besser isolierbare Ereignisse. Zudem ist noch zu bedenken, daß wegen der von der Definition her gezogenen Untergrenze solche (Nicht-)Ereignisse bei kürzerer Haftdauer im Ermittlungsverfahren kaum[104] vorkommen können.

Zieht man „Ruhezeiten bei sonstigen Stellen" hinzu, so ergibt sich, daß jedenfalls *eine* ‚Ruhezeit' in Verfahren von über 60 Tagen Haftdauer fast die Regel ist[105].

[103] 46 von 104 Verfahren (ohne Ruhezeiten bei sonstigen Stellen).

[104] Siehe allerdings 2 Fälle von Ruhezeit in der Gruppe 30—59 Tage; in einem dieser Fälle war bei einer Haftdauer im Ermittlungsverfahren von 49 Tagen eine Ruhezeit von über 21 Tage festzustellen.

[105] Auf eine Gewichtung der ‚Ruhezeiten' durch Berechnung des Verhältnisses zur gesamten Haftdauer im Verfahrensabschnitt wurde verzichtet, weil wegen praktischer Probleme (die ‚Ruhezeiten' müßten wieder nach ihrem Ort getrennt werden) und wegen der relativen Unbestimmtheit der Kategorie eine solche Tabelle exakter aussehen würde als sie sein kann.

Weiter kündigt die Tabelle auch schon den Übergang von der Darstellung quantitativ erfaßbarer Verfahrensweisen zu einer intensiveren Beschäftigung mit der *Herstellung* der so dargestellten Strukturen der Verfahren an — also im konkreten Fall der Frage, wie die Aktenaufenthaltszeiten zustandekommen[106] —, die erst nach der Darstellung der quantitativen Ergebnisse insgesamt erfolgt.

bb) Gerichtlicher Verfahrensabschnitt

Als gerichtlicher Verfahrensabschnitt werden hier das Zwischenverfahren (bis zum Eröffnungsbeschluß gem. § 203 StPO) und das Hauptverfahren (gemäß der Zielsetzung der Untersuchung nicht bis zum rechtskräftigen Abschluß, sondern nur bis zur letzten Hauptverhandlung erster Instanz) zusammengefaßt. Damit wird der Zeitraum erfaßt, in dem das Gericht mit der Sache befaßt und so auch die aktenführende Behörde ist.

Der folgende Abschnitt kann nicht so weit unterteilt werden wie der vorangegangene. Das ist zum Teil in der anderen Struktur dieses Abschnittes begründet, in dem nach der Eröffnung des Verfahrens nur noch die Hauptverhandlung zu erfolgen hat, eine ständig voranschreitende Tätigkeit wie die Ermittlungen also ausfällt.

Zudem ist die zeitliche Struktur eine andere. Während das Ermittlungsverfahren zeitlich unbegrenzt und unbestimmt ist, liegt im gerichtlichen Verfahrensabschnitt nach der Terminsbestimmung der weitere zeitliche Ablauf des Verfahrens fest[107]. Das ergibt u. a. auch Folgen für die Suche nach Verkürzungsmöglichkeiten.

(1) Dauer nach Gerichtsarten

Auch im gerichtlichen Verfahrensabschnitt sind nicht alle Verfahren von dessen Beginn (Anklageeingang) bis zur letzten Hauptverhandlung Haftsache geblieben. 5 Haftsachen wurden durch OLG-Entlassung beendet[108], 3 durch Verschonung und 3 durch Übergang in Strafhaft[109]. Diese 11 Verfahren bleiben in der verfahrensbezogenen Darstellung unberücksichtigt.

Insgesamt sind so für die Untersuchung 62 Verfahren, die im gesamten gerichtlichen Verfahrensabschnitt Haftsache waren, verblieben. Die Unterscheidung nach Gerichtsarten versucht, diese sogleich weiter zu differenzieren. Fraglich bleibt dabei natürlich, ob dies zur Erklärung der deutlichen Unterschiede ausreichen kann. Der Medianwert von 48 Tagen für die Schöffengerichtsverfahren ist dabei sicherlich aussagekräftiger als die sehr viel höheren, aber auf einer geringeren Basis beruhenden Werte für die anderen Gerichtsarten, die nur als erste Näherungswerte zu betrachten sind.

---

[106] In diesem Fall nur im staatsanwaltschaftlichen Verfahrensabschnitt. Bei den Gerichten ist die Vorstellung von Ruhezeiten wegen der anders gelagerten Struktur dieses Verfahrensabschnittes problematischer; vgl. dazu unten, bb), (6), S. 95.

[107] Es sei denn, der vorgesehene Termin konnte nicht stattfinden, oder es wurden weitere Hauptverhandlungen erforderlich (letzteres betrifft 5 Fälle); darauf wird noch eingegangen.

[108] 2 davon unmittelbar nach Anklage-Eingang.

[109] Die Differenz ergibt sich daraus, daß 73 Verfahren zum Zeitpunkt des Anklage-Eingangs (schon) Haftsache waren; s. a. Tab. 8.

Tabelle 15

Dauer des gerichtlichen Verfahrensabschnittes

von:	(ggf. erster) Eingang Anklage bei Gericht
bis:	letzter Hauptverhandlungstag erster Instanz
Ausgangsmenge:	62 Verfahren[1]
berechnet:	gesamte Haftdauer (einschl. etwaiger Unterbrechungen und ggf. einschließlich des Entlassungstages)
Gerichtsarten:	bei Verweisungen die letzte Art (3 Fälle)

Gesamtdauer in Tagen	Anzahl insgesamt	davon: SchöffenG	GrStrafkammer	SchwurG
bis 14	3	3	–	–
15– 29	11	11	–	–
30– 59	18	16	1	1
60– 89	16	10	5	1
90–119	4	1	3	–
120–149	3	3	–	–
150–179	1	1	–	–
180–209	2	1	–	1
210–239	1	–	–	1
240–269	–	–	–	–
270–299	1	–	1	–
300 +	2	–	1	1
Summe	62	46	11	5
Tage	4864	2594	1377	893
Durchschnitt	(78,45)	(56,39)	(125,18)	(178,6)
Median	61	48	87	197

Bemerkungen:

[1] 4 Verfahren sind erst nach Beginn des gerichtlichen Verfahrensabschnittes zur Haftsache geworden (und so nicht berücksichtigt). 33 Verfahren wurden im staatsanwaltschaftlichen und 11 Verfahren im gerichtlichen Verfahrensabschnitt als Haftsache beendet.

Varianten:
Bei den Schöffengerichtsverfahren sind 5 Verfahren gem. §§ 212 ff. StPO und eines, das ganz kurzfristig mit einem anderen bereits anhängigen verbunden wurde, enthalten. Da diese 6 Verfahren (mit 110 Tagen) alle in die Gruppe bis 29 Tage fallen (Durchschnitt 18, 33 Tage) bleiben nach ihrem Abzug für die „normalen" Schöffengerichtsverfahren (n = 40) 2484 Tage, Median 51,5.

Einen besonderen Problemkreis für die Betrachtung bilden die Schwurgerichtsverfahren, da es sich dabei im Untersuchungszeitraum noch um Schwurgerichte im überkommenen Sinne handelte, bei denen Schwierigkeiten mit deren Tagungsperioden auftauchen konnten[110]. Kaum zu erklären ist aber die Frage, wieviel Zeit durch die Abschaffung der Schwurgerichte und deren Umwandlung in eine besondere Strafkammer künftig entfallen wird. Ungefähr müßte die Dauer der Schwurgerichtsverfahren nach neuem Recht der der Strafkammerverfahren entsprechen[111].

[110] Dies war in 3 von fünf Fällen auch der Fall; wenn dies entfiel, gab es auch kaum einen Unterschied zu den Strafkammer-Verfahren (s. die Tabelle).

[111] Falls erst in diesem Verfahrensabschnitt die bei Tötungsdelikten anscheinend üblichen Sachverständigengutachten bestellt werden, bestimmen diese oft den Zeitverlauf, so daß die Unterschiede nicht so groß zu den langen Strafkammerverfahren werden; sonst bleibt alles von der Handhabung von Eröffnung und Terminierung abhängig.

(2) Anlaufzeit

Als Anlaufzeit könnte man den Eingang der Anklage bis zur Verfügung der Anklagezustellung gem. § 201 StPO ansehen. Da sich die Werte aber bis auf ganz wenige Ausnahmen im Bereich von 0 (d. h. am Tage des Eingangs) bis 3 Tagen bewegten, wird von einer näheren Darstellung abgesehen.

Vergleiche zur Anlaufzeit der Staatsanwaltschaft (die erheblich länger ist) sind aber nicht möglich, weil einerseits für diese die Anlaufzeit ab Festnahme berechnet wurde, die nicht mit dem Akteneingang verbunden ist[112], und andererseits die Anklagezustellung auch fast automatisch verläuft[113], so daß zu diesem Zeitpunkt noch nicht überlegt werden muß, was zu tun ist.

(3) Dauer bis Eröffnungsbeschluß

Der Eröffnungsbeschluß stellt vom Gesetz her die Zäsur im gerichtlichen Verfahrensabschnitt dar. Für dessen zeitlichen Ablauf ist wie gesagt die Terminbestim-

Tabelle 16

Dauer Zwischenverfahren

von: Eingang Anklage bei Gericht
bis: Eröffnungsbeschluß[1]

Dauer	Anzahl
bis 14 T.	20
15–29	26
30–59	12
60–89	2
90 +	2
Summe	62
Tage	1760
Median	20

Bemerkungen:

1. Bei mehreren Eröffnungsbeschlüssen (2 Fälle) wurde der letzte berechnet; bei Nachtragsanklagen (ebenfalls 2 Fälle) aber der erste.

2. Ausgangsmenge: 6 Verfahren sind in dieser Tabelle nicht enthalten (5 Verfahren gem. §§ 212 StPO, die keinen Eröffnungsbeschluß aufweisen können, und ein Verfahren, das nach einem Eröffnungsbeschluß i. a. S. ganz kurzfristig mit jenem verbunden wurde). Dafür sind aber 6 Verfahren enthalten, die erst nach dem Eröffnungsbeschluß als Haftsache beendet wurden, so daß die Übereinstimmung mit der sonstigen Ausgangsmenge 62 Zufall ist.

3. Zieht man die beiden besonders langen Verfahren heraus (da deren Dauer auf Besonderheiten im Verfahrensablauf beruhte), so senkt sich der Median für die verbleibenden 60 Verfahren auf 19 (der Durchschnitt von 28,39 auf 23,88).

---

[112] Wenngleich die StPO davon ausgeht, daß die Staatsanwaltschaft grundsätzlich vor Erlaß des Haftbefehls zu hören ist (§ 125 StPO; *Löwe/Rosenberg/Dünnebier*, § 114 StPO Rdnr. 33), was aber meist ohne Akten, durch kurze telefonische Benachrichtigung durch die verhaftende Polizei erfolgt.

[113] Dies ist auch dadurch bedingt, daß die Anklagezustellung ohne sachliche Prüfung erfolgen darf (s. *Gerhard Schäfer* 1976, S. 248; vgl. aber auch *Kleinknecht*, Anm. 1 zu § 201 StPO).

mung wichtiger. Diese fällt zwar meistens mit dem Eröffnungsbeschluß zusammen; beide Punkte sollen aber getrennt behandelt werden.

Da die Anlaufzeiten sich zumeist bei 1—3 Tagen bewegten, und da für die gem. § 201 StPO zu setzende Erklärungsfrist in der Praxis meist ein Zeitraum von 7 Tagen (einer Woche) gewählt wird[114], sind Abstände unter 9 Tagen so kaum möglich. Erklärungsbedürftig wird dann aber alles, was darüber liegt. Es wird allerdings kaum möglich sein, dafür feste Fristen angeben zu können. Falls man dies aber, unter Hintansetzung aller Bedenken doch tun will und etwa sich darauf einigen können sollte, daß eine Frist von 14 Tagen bis zum Eröffnungsbeschluß als Richtschnur anzusetzen ist, dann kann festgestellt werden, daß zwei Drittel aller Fälle darüber liegen würden.

(4) Terminsbestimmung

In 50 Verfahren fielen Eröffnungsbeschluß und Terminsbestimmung zusammen[115]; in 15 Verfahren mit Untersuchungshaft bis zur Terminsbestimmung war dies nicht der Fall. Dabei lag der Abstand dieser beiden Daten in 9 Verfahren über 30 Tagen, so daß nur in diesen Fällen von einer wesentlichen Divergenz gesprochen werden kann[116]. Davon wiederum fielen bei den 5 größten Abständen in diese Zeit die Erstellungen von Gutachten, was zur Erklärung herangezogen werden könnte. Festzuhalten bleibt aber, daß im größten Teil der Fälle keine verfahrensverzögernden Momente bei der Terminsbestimmung gefunden werden können.

(5) Terminierungspraxis

Für die Betrachtung der Terminierungspraxis ist es zunächst nur erforderlich, diejenigen Fälle zu betrachten, in denen zum Zeitpunkt der Terminierung sich noch jemand in Haft befindet, ohne Rücksicht auf den späteren tatsächlichen Verlauf, weil hiermit ausgesagt werden kann, wie die Gerichte die Terminierung vornehmen, wenn sie davon ausgehen, daß es sich um eine Haftsache handelt[117].

Die Durchschnittswerte für die Erst-Terminierung[118] ergeben dabei eine deutliche Rangfolge der einzelnen Gerichtsarten. Die Schöffengerichte terminieren in beschleunigten Verfahren auf 14 Tage, in sonstigen Verfahren auf 23 Tage, während die Strafkammer auf 44 Tage, jeweils Medianwerte, terminieren.

---

[114] S. den Hinweis bei *Löwe/Rosenberg/Meyer-Goßner* § 201 StPO, Rdnr. 17.

[115] Siehe die Tabelle im Anhang, Nr. 20; die Grundgesamtheit beträgt hier 65 Verfahren, da einerseits 6 Verfahren (gem.§§ 212 ff StPO bzw. mit Eröffnung i.a.S.) aus der Ausgangsmenge von 62 Verfahren ausgeschieden wurden, andererseits noch (9) Verfahren in die Berechnung einbezogen werden konnten, die erst danach als Haftsache beendet wurden.

[116] In 3 Verfahren lagen die Abstände unter 7 Tagen, in weiteren 3 unter 30 Tagen, so daß hier keine größeren Verzögerungen aufgetreten sind, s. Tab. Anhang Nr. 20, S. 185.

[117] Zur tatsächlichen Zeit von letzter Terminierung bis zur Hauptverhandlung s. Tab. Anhang Nr. 22.

[118] Die ausführliche Tabelle (Anhang Nr. 21) ist noch nach Erst- und weiterer Terminierung differenziert, s.d.

Die Schwurgerichte fallen aus der Rangfolge mit ihrem Medianwert von 24 Tagen völlig aus der Reihenfolge heraus; bei ihnen sind aber die oft großen Zeiträume vor der Terminierung zu beachten[119].

Problematisch ist dabei, ob diese unterschiedliche Praxis zu begründen ist. Dafür bieten sich Hinweise auf die unterschiedlichen gesetzlichen Voraussetzungen und auf die unterschiedlichen Arbeitsweisen der einzelnen Gerichtsarten an. Bei den Schwurgerichten indes führten die Probleme mit der Terminbestimmung dazu, daß sich nicht die Terminierungszeiten verlängerten, sondern gar nicht erst terminiert wurde, wenn der Überblick über die Möglichkeiten zur Hauptverhandlung fehlte[120], und sich so nicht die Terminierungszeiten, sondern die Zeiträume davor ausdehnten. Bei den beschleunigten Verfahren andererseits soll zwar gem. § 212a Abs. 1 StPO die Hauptverhandlung sofort oder mit kürzester Frist anberaumt werden[121], aber in der Diskussion um die Gerichtsüberlastung als Haftverlängerungsgrund gem. § 121 StPO klingt bereits an, daß *alle* Haftsachen so kurzfristig wie möglich terminiert werden sollen[122]. Bezeichnenderweise fehlt aber eine dem § 212a Abs. 1 StPO entsprechende Formulierung, in der StPO wie in den RiStBV (Nrn. 115 ff., 116), wie, jedenfalls in dieser pointierten Form, auch im Schrifttum.

Für den Fortgang der Verfahren ist es dann von Interesse, ob an der bei der ersten Bestimmung vorgesehenen Terminierung auch festgehalten werden konnte. Das war in 10 Verfahren nicht der Fall. In 6 Verfahren reichten die vorgesehenen Termine nicht aus, so daß eine neue Hauptverhandlung anberaumt werden mußte (also nicht nur die Hauptverhandlung an weiteren Tagen fortgesetzt werden mußte). In 4 Verfahren wurde ein bestimmter Hauptverhandlungstermin abgesetzt und ein neuer Termin bestimmt.

Erst nach der ggf. letzten Terminverfügung steht der weitere zeitliche Ablauf des Verfahrens fest. Dieser Zeitraum wird dann in seiner Dauer allein von der Terminierungspraxis beeinflußt[123].

Mögliche Veränderungen der Organisationsstruktur, vor allem durch die Einführung von Doppel-Akten, können sich daher nur vor dem Zeitpunkt der letzten Terminsbestimmung auswirken[124]. Dabei sind dann insbesondere wieder Haftprüfungen und Akteneinsichten angesprochen.

---

[119] Für alle Termininierungen ergab sich ein Medianwert von 29 Tagen. Nur für die Erst-Terminierungen von 27 Tagen, s. Tab. Anhang Nr. 21.

[120] So entspr. Bemerkungen der die Geschäfte führenden GrStrK.

[121] Der Einfachheit der Sache steht hier gegenüber, daß der Eröffnungsbeschluß, der die Sache vorklären könnte, fehlt.

[122] S. oben, Erster Teil.

[123] Die Gründe für die Abweichungen vom vorgesehenen Termin sind sowohl, was die Gründe für die Anberaumung einer neuen Hauptverhandlung, als auch, was die Gründe für sonstige Terminsverschiebungen angeht, äußerst unterschiedlich. Diese näher anzuführen würde zu sehr in die Einzelfallanalyse gehen. Terminsverschiebungen sind übrigens nicht mit den vorher angeführten Abweichungen von Eröffnungsbeschluß und Terminsbestimmung identisch (s. die Schwurgerichtsverfahren). Tabelle Nr. 22 im Anhang versucht, den durch die *letzte* Terminsbestimmung festgelegten Anteil der Gesamtzeit des gerichtlichen Verfahrensabschnittes näher zu bestimmen: der Schwerpunkt der Werte liegt bei 50 % (nur bei großer Dauer niedriger).

[124] Falls die vorgesehenen Hauptverhandlungstage nicht ausreichten (s. die 6 Fälle soeben im Text), liegt sowohl die Zeit vor dem vorgesehenen, wie dann die Zeit nach der danach erfolg-

(6) Akteneinsichten und Haftprüfungen vor der letzten Terminsbestimmung sowie Aktenaufenthaltszeiten im gerichtlichen Verfahrensabschnitt.

Die Aktenaufenthaltszeiten lassen sich für diesen Abschnitt ebenso wie beim staatsanwaltschaftlichen Verfahrensabschnitt berechnen[125].

In 26 der 62 Verfahren liegt diese bei 100 %, d. h., die Akten sind in diesem Verfahrensabschnitt überhaupt nicht mehr aus dem Hause gegangen (dazu liegen noch in 5 Verfahren die Werte über 90 %). Das bedeutet also, daß die Möglichkeiten, durch die Veränderung der Aktenwege hier Verfahrensverkürzungen erreichen zu können, doch relativ begrenzt erscheinen.

Wollte man jetzt die Zeiten für Haftprüfungen und für Akteneinsichten berechnen, um Verkürzungseffekte angeben zu können, so dürfte man dies nur für noch nicht durch Terminsbestimmungen festgelegte Zeiträume tun; bei Haftprüfungen müßte man außerdem noch solche ausnehmen, die zur Entlassung führten[126]. Damit aber wird (ganz abgesehen von eher technischen Berechnungsproblemen) die Ausgangsbasis für mögliche Berechnungen recht schmal, und die gezeigten Aktenaufenthaltszeiten mögen zeigen, daß die Probleme der Dauer des gerichtlichen Verfahrensabschnittes doch eher woanders liegen[127], wenn auch nicht zu verkennen ist, daß sich im nicht zeitlich festgelegten Bereich Einsparungsmöglichkeiten zeigen können. Solche Effekte sind nur nicht mehr mit der nötigen Präzision angebbar, weil dafür die Unterteilung des Verfahrens in einzelne Abschnitte zu weit gegangen ist.

cc) Zusammenfassung

Der quantitative Teil wird jetzt mit der Zusammenfassung einiger der bisher berichteten Daten angeschlossen.

(1) Die Trennung der beiden Verfahrens-Abschnitte beruhte auf inhaltlichen Erwägungen, weil auf den beiden Ebenen sich unterschiedliche Problemlagen darstellen lassen.

Zur umfassenden Betrachtung sind nur diejenigen (62) Verfahren verfügbar, in denen von der Festnahme bis zur letzten Hauptverhandlung Untersuchungshaft bestanden hat.

Zunächst wurde dabei das Verhältnis der beiden Verfahrensabschnitte zueinander berechnet, um abschätzen zu können, welches Gewicht die einzelnen Problemlagen jeweils in bezug zum gesamten Haftverfahren haben.

Ansätze für das Erkennen von Regelhaftigkeiten haben dabei nur eine schmale Basis im mittleren Bereich der Tabelle. Bei ca. 120 — 180 Tagen Gesamtdauer des

ten Terminsbestimmung fest. So weit läßt sich für Berechnungszwecke nur kaum noch differenzieren, daher sogleich der „Umweg" über die Aktenaufenthaltszeiten.

[125] S. o., aa) (6), S. 81 f.; Tabelle: Anhang Nr. 18, S. 183.

[126] S. o., aa) (8), S. 85 ff.

[127] Ruhezeiten für den gerichtlichen Verfahrensabschnitt sind nicht berechnet worden. Die gesamte Zeit nach der fixierenden Terminierung *ist* eine Ruhezeit. Für den Zeitraum davor scheint die zusammenfassende Berechnung der Eröffnungszeit besser zu sein.

Tabelle 17

Verhältnisse von gerichtlichem zu staatsanwaltschaftlichem Verfahrensabschnitt

staatsanwaltschaftlicher Verfahrensabschnitt:

Von: Festnahmetag
bis: Eingang Anklage bei Gericht
berechnet: Abstände (d. h., ohne den Tag des Eingangs)
gerichtlicher Verfahrensabschnitt:
von: (ggf. erster) Eingang Anklage bei Gericht)
bis: letzter Hauptverhandlungstag erster Instanz
Ausgangsmenge: 62 „volle" Verfahren mit allen Unterbrechungszeiten

Verfahrensdauer in Tagen	Anteil des gerichtlichen am gesamten Verfahren in %								
	bis 19,9	20–29,9	30–39,9	40–49,9	50–59,9	60–69,9	70–79,9	80–100	(Anzahl)
bis 59	–	2	–	1	1	1	–	–	5
60– 89	1	2	1	2	2	–	1	–	9
90–119	1	1	1	–	–	1	1	–	5
120–149	–	–	3	2	1	–	–	–	6
150–179	–	1	3	3	3	–	–	–	10
180–209	3	3	1	2	–	1	–	–	10
210–239	–	1	–	–	1	1	–	1	4
240–269	–	–	1	–	–	–	–	–	1
270–299	–	–	1	–	1	–	1	–	3
300 +	2	2	1	–	–	–	–	1	6
400 +	–	–	1	1	1	–	–	–	3
Summe	7	12	13	11	10	4	3	2	62

Bemerkungen:
Die Zeile bis 29 Tage und die Spalten bis 9,9 sowie 90—100 % konnten entfallen, da sämtliche Zellen nicht besetzt sind.

Haftverfahrens liegt der Anteil des gerichtlichen Verfahrensabschnittes um 50 (eher 30 — 60) %; sonst sind so ziemlich alle Kombinationen denkbar und vorgekommen, so daß nicht gesagt werden kann, daß die Dauer des Ermittlungsverfahrens die gesamte Haftdauer beeinflusse[128].

(2) Für dieselbe Grundgesamtheit wurden außerdem noch innerhalb der einzelnen Gruppen Durchschnittswerte berechnet für die Dauer der beiden Verfahrensabschnitte wie für die Aktenaufenthaltszeit in diesen Abschnitten[129].

Es läßt sich hier keine so feine Unterteilung der einzelnen Verfahrensabschnitte wie in der genannten dänischen Untersuchung durchhalten[130].

Der staatsanwaltschaftliche Verfahrensabschnitt bietet zwar vom Gesetz her die Zäsur der Abschlußverfügung, der gerichtliche die des Eröffnungsbeschlusses.

---

[128] Vgl. etwa *Sonntag* 1973, S. 182.

[129] Vgl. die Untersuchung von H. *Gammeltoft-Hansen* für den dänischen Rigsadvokaten (*Betaenkning* Nr. 728, 1974, S. 112, Skema L).

[130] S. FN 129 f.

Tabelle 18

Aufgliederung der „vollen“ Verfahren

Unterteilung:

(Anz.) I. Anzahl der „vollen“ Verfahren in jeder Gruppe (Verfahren mit Haft von Festnahme bis Hauptverhandlung, Unterbrechungen eingerechnet)

(Dauer) II. deren durchschnittliche Dauer pro Gruppe

(StA) III. durchschnittliche Dauer des staatsanwaltschaftlichen Verfahrensabschnittes dieser Verfahren pro Gruppe

(Akt.) IV. durchschnittliche Aktenaufenthaltszeit bei der Staatsanwaltschaft in diesen Verfahren

(Gericht) V. durchschnittliche Dauer des gerichtlichen Verfahrensabschnitts dieser Verfahren pro Gruppe

(Akt.) VI. durchschnittliche Aktenaufenthaltszeit bei Gericht in diesen Verfahren

Verfahrensdauer in Tagen	I. Anz.	II. Dauer	III. StA	IV. Akt.	V. Gericht	VI. Akt.
30– 59	5	45,6	25,4	12,6	20,2	16,6
60– 89	9	75,9	43,1	23,9	32,8	31,1
90–119	5	107,4	61,4	40,2	46,0	46,0
120–149	6	134,5	80,5	44,3	54,0	53,5
150–179	10	161,3	92,9	45,5	68,4	54,4
180–209	10	188,4	129,8	56,7	58,6	37,1
210–239	4	222,3	92,3	43,0	130,0	61,5
240–269	1	(244)	(147)	(92)	(97)	(51)
270–299	3	276,6	124,3	54,0	152,3	58,7
300 +	6	351,5	239,5	68,3	112,0	47,2
400 +	3	657,4	353,7	92,5	303,7	141,3
Summe (Anz.)	62	62	62	60*	62	62
Tage	–	11 783	6919	2733	4864	3009
Durchschnitt	–	190,1	111,6	45,6	78,5	48,5

Bemerkung:

*** in Sp. IV sind 2 Verfahren wegen längerer Unterbrechungen nicht einbezogen worden (sonst aber wohl)**

Der Eröffnungsbeschluß aber teilt noch nicht immer das Verfahren, da erst die u. U. später erfolgende Terminbestimmung den weiteren zeitlichen Ablauf des Abschlusses festlegt. Die Abschlußverfügung steht schließlich von der Konzeption her schon am Ende des Ermittlungsverfahrens, und weil im Untersuchungszeitraum noch das Schlußgehör vom Gesetz her vorgesehen war, und sehr unterschiedlich gehandhabt wurde, lassen sich auch hiermit kaum aussagekräftige Durchschnittswerte bilden. Die Aktenaufenthaltszeiten sind andererseits mit Rücksicht auf das Problem der Aktenversendungen aufgenommen worden. Auf weitere Unterteilungen (etwa durchschnittliche Dauer von Haftprüfungen, Aktenaufenthalt bei Polizei, Sachverständigengutachten, alles in Anlehnung an die dänische Untersuchung) wurde schließlich verzichtet, da deren Erstellung ergab, daß die berechneten Werte viel zu sehr davon beeinflußt wurden, daß in die Durchschnittserte zuviel Werte mit

0,0 (da überhaupt nicht vorgekommen) eingingen, so daß dies ein sehr merkwürdiges Bild ergeben würde[131].

Aus dieser Tabelle ergibt sich so lediglich, daß die Aktenaufenthaltszeiten sich sowohl bei der Staatsanwaltschaft als auch beim Gericht außerhalb der besonders kurzen und der besonders langen Haftverfahren in einem relativ konstanten Rahmen halten[132]. Daraus mag geschlossen werden, daß die Unterschiede in der Haftverfahrensdauer, in diesem Bereich, mit dem Nichtvorhandensein der Akten zusammenhängen, so daß auf dieser Ebene Ansatzpunkte für Verkürzungsmöglichkeiten zu finden wären. Ob sich nicht auch die festgestellten Aktenaufenthaltszeiten selbst noch weiter verkürzen lassen, ist eine andere Frage. Immerhin deutet die Konstanz der Werte darauf hin, daß hier eine relative Einheitlichkeit der Arbeitsweise der entsprechenden Instanzen vorliegt.

(3) Zusammenfassung und Überleitung

Die vorangegangene Tabelle erfaßt nur die sog. „vollen" Verfahren, da für diese allein solche Berechnungen sinnvoll sind. Dadurch wird aber nur etwas mehr als die Hälfte aller Verfahren überhaupt erfaßt[133]. Damit werden dann ganze Phänomen-Bereiche von der Untersuchung ausgeschlossen (auch diejenigen Haftsachen, die als

Einzelne Medianwerte für Verfahrensabschnitte

— die Werte dürfen wegen wechselnder Bezugsgrößen nicht addiert werden
— es wird immer nur auf solche Verfahrensabschnitte Bezug genommen, in denen (noch) Haft bestand

Abschnitt	Festnahme bis 1. Tät. StA	Ermittlungsverf. bis Abschlußverfg.	bis Anklage-eingang	Aktenaufenthaltszeit b. StA
Bezugsgröße	6 Tage 102 Verf.	70 T. 77 V.	91 T. 71 V.	45 T. 71 V.
Abschnitt	Anklageeingg. bis VerfEröff.	Terminierung Vfg. bis HV	ger. Abschnitt insgesamt	Aktenaufenthaltszeit
Bezugsgröße	20 T. 62 V.*	29 T. 69 V.	61 T. 62 V.	47 T. 62 V.

* Diese Menge ist nicht mit der späteren identisch

Bemerkung:
Diese Tabelle dient als einzige ‚Ergebniszusammenfassung'

[131] Siehe auch die Tabelle Nr. 22 im Anhang, sie stellt den (gescheiterten) Versuch einer Replikation des dänischen Modells dar.

[132] Nämlich bei der Staatsanwaltschaft Zeiten um 45—50 Tage bei einer Gesamthaftdauer von 90—240 Tagen, bei Gericht etwas höhere Zeiten bei einer Gesamthaftdauer von 90 bis 400 Tagen.

[133] 62 von 110 Verfahren.

solche nicht bis zur Hauptverhandlung zu halten waren, bei denen die Untersuchungshaft also aufgehoben werden mußte oder konnte), die sowohl weitere Aspekte des Problems der Dauer von Untersuchungshaft erhellen helfen als auch als eigenständige von Bedeutung sein könnten[134].

Sehr problematisch ist, ob man die bislang gefundenen Ergebnisse zu einigen Strukturen von Haftverfahren (insgesamt wie zu einzelnen Abschnitten) zusammenfassen kann und darf.

Zunächst ist es durchweg unzulässig, einzelne Merkmale in Beziehung zur (Haft-) Dauer zu stellen, bevor die Abhängigkeiten untereinander nicht geklärt sind[135].

Die vorangegangene Darstellung bleibt daher stets schon an einem Punkt vorher stehen: Es werden nur isolierbare Aspekte behandelt, und allenfalls wird der Anteil eines Aspekts an der Gesamtdauer des Verfahrens(-abschnitts) angegeben. Aussagen darüber, ob ein Zusammenhang zwischen diesem Aspekt und der Dauer besteht[136], werden vermieden. Allerdings wird, der ursprünglichen Zielsetzung der Arbeit entsprechend, behandelt, welche Einsparungs- und Verkürzungsmöglichkeiten vorhanden sein können, wenn insbesondere Doppelakten geführt worden wären.

Ist es schon problematisch, für bestimmte einzelne Merkmale Abhängigkeiten zur Haftdauer behaupten zu wollen[137], so wird dies noch schwieriger, wenn man mehrere Merkmale zusammenstellen will[138], weil man dann auch die Abhängigkeiten untereinander kennen muß[139]. Das mögliche Ergebnis steht in der Tendenz schon vorher fest, daß nämlich bei kurzer Haftdauer wenige, bei längerer mehr Merkmale Zusammenhänge mit der Haftdauer aufweisen. Auch hätte man damit nur das Ergebnis des Gebrauchs von Normen und Aktivitäten erfaßt, aber nicht die Aktivitäten selbst[140].

Es wurden deshalb die isolierbaren Punkte immer nur soweit erörtert, wie es an der Stelle (und auf der bislang erreichten Ebene) jeweils möglich ist — insbesondere unter dem praktischen Gesichtspunkt der Verkürzungsmöglichkeiten (die erst am

---

[134] Auch die beigefügte Übersicht kann nur einige Verfahren mehr berücksichtigen.

[135] Siehe *Blankenburg/Moraschs* Kritik an der Zivilprozeßuntersuchung von Baumgärtel/Mes, in *Blankenburg* (Hrsg.) 1975, FN 2 zu S. 236.

[136] Etwa in der Form, daß Verfahren mit bestimmten Merkmalen — z. B. Akteneinsichten, Rückverfügungen, abweichender Terminierung — länger dauern als andere (womöglich noch hochsignifikant).

[137] Siehe auch die Bemerkungen zur gleichgelagerten Problematik am Ende des Teils 2 gg) — S. 60 —, der die Personaldaten behandelt.

[138] Dies ist im Verlauf der Verarbeitung der aus dieser Untersuchung gewonnenen Daten auch geschehen. Das einfache Nebeneinanderstellen verschiedener Ergebnisse hat aber kaum einen Erkenntniswert, der über das, was in den einzelnen Abschnitten berichtet wird, hinausgeht. Die Kombination verschiedener Ergebnisse (und sei es nur die Addition verschiedener Anteile) ist nur noch auf der Ebene der Einzelfallanalyse zu leisten.

[139] Auch wenn sich einige bei der Benutzung aufwendiger statistischer Verfahren klären könnten. Andere sind trivial (vgl. FN 136).

[140] Durch die diese, sonst nur theoretisch postulierbaren, Zusammenhänge erst hergestellt werden, vgl. *Churchill* Social Forces 1971, S. 186.

Ende des letzten Teils, zusammen mit anderen Möglichkeiten, abschließend erörtert werden[141]).

Eine Zusammenfassung der quantitativen Ergebnisse würde zudem den Eindruck erwecken, als ob diese Punkte zur Erklärung der Haftdauer die entscheidenden seien; es sind aber nur die quantitativ faßbaren, und das muß sich nicht decken.

Überdies taucht hier wieder das Problem des Denkens in Zeit-Variablen auf, da eine wie auch immer erreichte Zeit nicht in kontinuierlichem Tempo erreicht sein muß. Es gibt z. B. kurze Ermittlungsverfahren mit langen gerichtlichen Verfahrensabschnitten wie umgekehrt, und auch innerhalb der Verfahrensabschnitte gibt es „schnelle" wie „langsame" Phasen. Das ist aber mit der quantitativen Analyse nicht mehr zu erfassen. Ebenso kann nicht mit hinreichender Sicherheit bestimmt werden, was als „zeitraubend" gelten könnte.

Bisher wurde versucht, Verfahrensstrukturen, soweit sie quantitativ faßbar waren, darzustellen und auf dieser Ebene zu behandeln[142]. Damit konnten immer nur Abstände zwischen einzelnen Ereignissen erfaßt werden — wodurch gleichzeitig auf Tätigkeiten innerhalb der durch die Ereignisse bestimmten Abschnitte verwiesen wurde. Wie bereits bei den Haftprüfungen angedeutet, können aber auch die Verfahrensabläufe *zwischen* bestimmten „Eckpunkten" erfaßt werden, so daß näher untersucht werden kann, wie bestimmte Handlungsabläufe formal aufgebaut sind, also in welchen Sequenzen sie ablaufen[143]. Schließlich können die so[144] dargestellten Verfahrensstrukturen auf ihr Zustandekommen hin untersucht werden, wozu das dann folgende Kap. 5. Vorarbeiten leisten soll, der die aktive Tätigkeit der Verfahrensbeteiligten näher untersucht.

4. Sequenzen

„Auffälligkeiten" zu suchen (im Wege der Erhebung und Differenzierung isolierter Merkmale) entspricht zwar dem Grundparadigma vorherrschender Sozialwissenschaft, ist aber selbst problematisch[1].

Der „normale" Ablauf des (Haft-)Strafverfahrens kann damit nicht erfaßt werden. Dessen einzelne Ablaufpunkte, die oft von den gesetzlichen Voraussetzungen her vorbestimmt sind, sind nicht nur zeitlich, sondern auch sequenzhaft organisiert[2], d. h., sie laufen nicht nur hintereinander ab, sondern bauen (oft) auf dem vorhergehenden Ablaufpunkt auf.

---

[141] Dieser vierte Teil der Arbeit (S. 142 ff.) verweist ggf. für detaillierte Angaben auf die entsprechenden Kapitel zurück.

[142] Teil 3. ist insoweit einfache deskriptive Statistik (folglich fast mit Zahlen überladen).

[143] S. den folgenden Teil 4.

[144] Teile 3 und 4 (z. T.).

[1] S. oben, Zweiter Teil.

[2] Vgl. *Sacks* in *Schenkein* (ed) 1978, S. 252 zu dieser Unterscheidung; s. a. *Sacks* in *Turner* (ed.) 1974, S. 228.

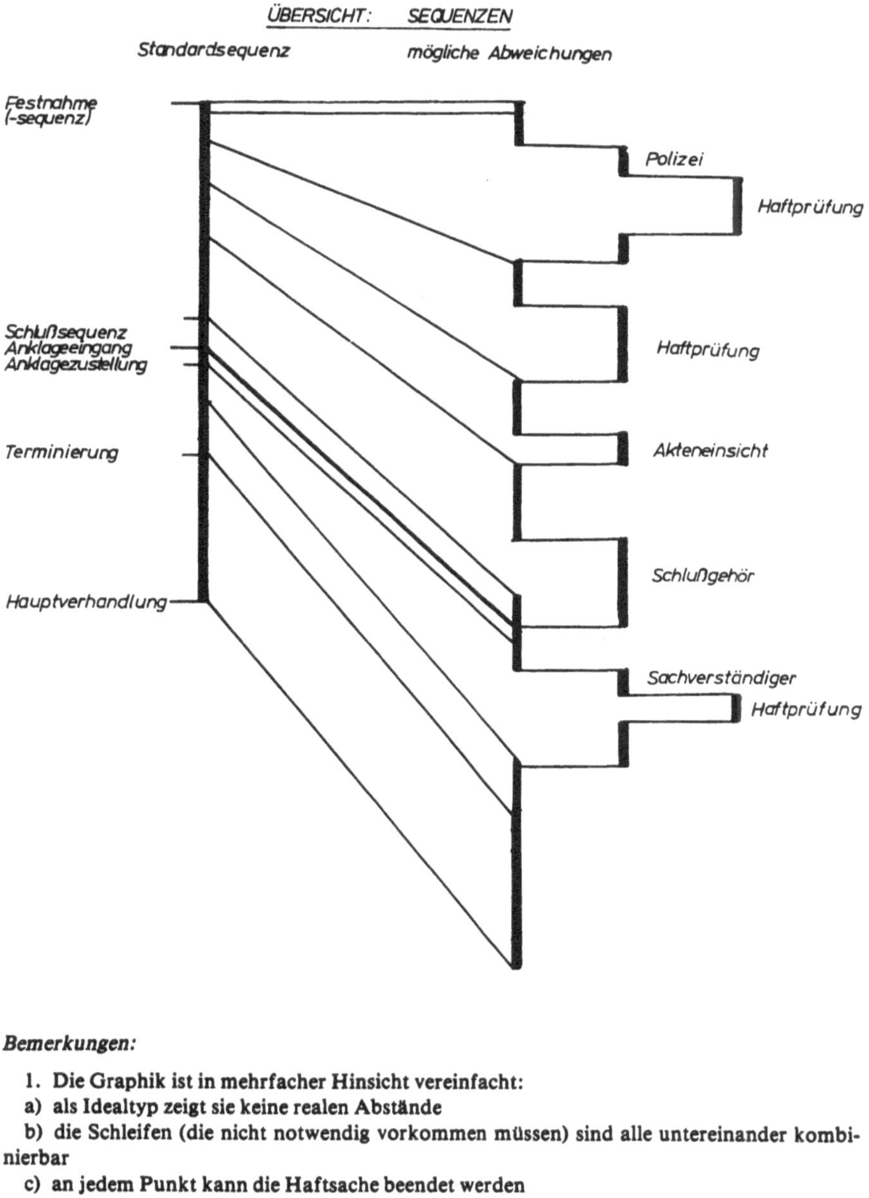

Bemerkungen:

1. Die Graphik ist in mehrfacher Hinsicht vereinfacht:

a) als Idealtyp zeigt sie keine realen Abstände

b) die Schleifen (die nicht notwendig vorkommen müssen) sind alle untereinander kombinierbar

c) an jedem Punkt kann die Haftsache beendet werden

d) Beginn + Ende sind festgelegt definiert (s. Text)

2. Festnahmesequenz, Anklagezustellung und die einfache (d.h. ohne Schlußgehör) Schlußsequenz sind fixierbar (s. Text)

3. Zum Verlauf der einzelnen Sequenzen s. die Darstellung im Text.

In Kap. 3. wurde versucht, die jeweils verbrauchte Zeit zwischen zwei „Eckpunkten“ zu messen. Die dabei gemessenen Zeiten beziehen sich so auch jeweils auf bestimmte Tätigkeitsabschnitte oder Handlungsabläufe[3].

Der formale Ablauf (sowohl des ganzen Verfahrens wie der einzelner Abschnitte) soll jetzt näher untersucht werden. Damit kann versucht werden, über die Konstatierung, daß etwas eine bestimmte Zeit gedauert habe, hinauszugehen. Da Akten sich immer nur als Abfolge von Ereignissen darstellen, die von verschiedenen Handelnden bewirkt worden sind, ist der folgende Abschnitt auf die Beschreibung des formalen Ablaufs von Ereignissen (vor allem hinsichtlich der Aktenbewegungen) beschränkt. Der Gesichtspunkt der Interaktion verschiedener Verfahrensbeteiligter, also die Frage, worauf in welcher Weise reagiert wurde[4], tritt in diesem Abschnitt noch zurück. Im dann folgenden Kap. 5. werden einige der formalen Abläufe näher analysiert in Hinblick auf die Tätigkeiten der Handelnden, sowohl beim Ingangsetzen wie bei der Gestaltung dieser und anderer Handlungsabläufe.

Für jeden einzelnen Sequenzschritt wird i. d. R. auch mindestens ein Tag benötigt. Die zeitlichen Abstände sind bei den zentralen Sequenzschritten allerdings sehr viel größer, während gelegentlich auch mehrere Sequenzschritte auf einen Tag fallen können. Die Beziehung zwischen zeitlicher und sequenzhafter Ordnung ist also nicht einfach linear.

a) Die Haupt-Sequenz

Der formale Ablauf des Haft-Verfahrens ist relativ einfach aufgebaut. In der Haupt-Sequenz sind nur diejenigen Punkte angegeben, die auf jeden Fall angelaufen werden müssen:

Festnahme
|
Abschlußverfügung
|
Eingang Anklage
|
Anklagezustellung
|
Eröffnungsbeschluß
Terminbestimmung[5]
|
Hauptverhandlung

---

[3] S. die Kapitel-Überschriften dieses Teils, wie etwa „Verfahren bis zum Abschluß der Ermittlungen,“ „Schlußgehör,“ „Vorverfahren;“ „Haftprüfungen,“ „Akteneinsicht“ usw.

[4] Siehe *Rottleuthner* bei Frank JZ 1977, 574, der die Berücksichtigung dieses Gesichtspunktes allerdings vor allem für mehr parteibezogene Verfahren (bes. Arbeitsgerichtsverfahren) als es Strafsachen sind, fordert.

[5] Die Terminsbestimmung fällt meist, aber nicht immer, mit dem Eröffnungsbeschluß zusammen, s. o., 3., b), bb), (4), S. 93.

In dieser Haupt-Sequenz sind alle Punkte revidierbar, was ggf. dazu führt, daß der Ablauf in das vorhergehende Stadium zurückkehrt[6].

Bevor der jeweils folgende Punkt der Haupt-Sequenz erreicht werden kann, können Zwischenereignisse eintreten, die (außer im Bereich zwischen Terminabstimmung und Hauptverhandlung) auch zeitliche Auswirkungen haben können.

b) Zwischenereignisse

aa) Zwischenereignisse, die mit Aktenversendung verbunden sind, können als Sonder-Sequenzen beschrieben werden, die ihre eigenen Ablaufformen aufweisen. Sie laufen innerhalb des allgemeinen Rahmens der Haupt-Sequenz ab und sind untereinander beliebig kombinierbar und wiederholbar, stellen aber, anders als die Punkte der Haupt-Sequenz, keine zwingenden Anlaufpunkte dar[7].

Wenn aber Sonder-Sequenzen durchlaufen werden, dann geschieht dies in einer jeweils festgelegten Ordnung mit fast linearer zeitlicher Auswirkung[8].

(1) Die Anlaufzeit, die mit der Festnahme beginnt, läuft noch innerhalb der Haupt-Sequenz ab, weist aber die gleiche Grundstruktur wie Sonder-Sequenzen auf[9].

(2) Mit den höchst komplizierten Sequenzen der Haftprüfungen[10] wird der gesamte Zeitraum von der ersten Reaktion des Aktenführenden auf die Haftprüfung bis zu dem Punkt, an dem die Rückkehr in die Haupt-Sequenz erfolgt, erfaßt.

Exkurs: Netto-Bearbeitungszeit von Haftprüfungen

Die Haftprüfungssequenzen erfassen die Brutto-Sequenz. Problematisch ist, wie man daraus die Netto-Bearbeitungszeit, also die Zeit, die für die Haftprüfung selbst aufgewendet wurde, berechnen sollte:

— Zunächst geht den antragsabhängigen Haftprüfungen eine nicht zu berechnende Zeit voraus, in der der Antrag zugehen, als solcher erkannt und mit einer ent-

---

[6] Im Fall der Hauptverhandlung sogar zwei Schritte, weil neu terminiert werden muß.

[7] Vgl. die diesem Abschnitt vorangestellte Übersicht, in der versucht wird, die möglichen Verläufe idealtypisch in einer Graphik darzustellen.
— Dieser Aufbau könnte allenfalls als Vorläufer für die Aufstellung etwaiger Netzpläne angesehen werden (s. dazu *Dotterweich/Franzen/Weihermüller* 1977, S. 18 f.). Es ist aber noch unklar, ob Warteschlangeneffekte (wofür die mathematischen Modelle entwickelt wurden) oder aber „bürokratische Hemmnisse" *(Bender/Heissler* ZRP 1978, S. 30) die zeitlichen Strukturen der Haftverfahren beeinflussen; zudem weist die Netzplan-Berechnungstechnik auch noch beträchtliche immanente Schwächen auf (s. *Dotterweich et. al.* S. 25 f.).

[8] D. h. i.d.R. ein Sequenzschritt = ein Tag Dauer (mindestens).

[9] Siehe die gesonderte Übersicht, Anhang Nr. 24 (aus verfassungsrechtlichen Gründen ist die zeitliche Struktur bis zur Haftbefehlsverkündung nicht variabel).

[10] Siehe die gesonderte Übersicht im Anhang Nr. 23 (insgesamt 6 Sequenzen).

sprechenden Stellungnahme versehen werden muß (dies ist in den Sequenzen und in den entsprechenden Berechnungen nicht enthalten).

— Weiter muß bei Beschwerden und bei OLG-Haftprüfungen zunächst der Stelle, deren Entscheidung behandelt werden soll, die Akte zur Abhilfe noch einmal vorgelegt werden. Es ist fraglich, ob und wie auch dies in eine Netto-Bearbeitungszeit eingehen könnte.
— Die Entscheidung des Prüfungsgerichtes selbst war fast immer an einem Tag erledigt. Bei mündlichen Haftprüfungen kommt dazu noch eine Woche zur Ladung hinzu, bei OLG-Haftprüfungen eine Woche als Äußerungsfrist für den Betroffenen, sowie die Stellungnahme der Staatsanwaltschaft beim OLG.
— Alles andere entfällt auf sonstige Sequenzschritte.

In der Vielfalt der in der Übersicht dargestellten Haftprüfungssequenzen spiegelt sich so die Unterschiedlichkeit der gesetzlichen Möglichkeiten und Voraussetzungen für Haftprüfungen, gleichzeitig zeigt sich aber auch die unterhalb der normativen Ebene entwickelte Eigendynamik der Arbeitsroutinen der Justizverwaltung, wodurch der normative Rahmen erst ausgefüllt wird.

(3) Rückverfügungen an Polizei

Rückverfügungen an die Polizei kommen nur im staatsanwaltschaftlichen Verfahrensabschnitt vor, da sie (meist) der weiteren Ermittlung in der Sache dienen. Wenn sie überhaupt vorkommen, so geschieht dies meist im Anschluß an die Festnahme-Sequenz, mit etwa folgendem Ablauf:

(Eingang der Akten bei StA)
|
(Vfg. StA: Strafregister- und Kartei-Auskunft)
|
UmA Akten an Polizei zum Abschluß der Ermittlungen
|
Eingang der Akten bei Polizei
|
UmA (von Polizei an) StA
|
Eingang der Akten bei StA

Es kann aber auch vorkommen, daß die Polizei nach der Vorführung beim Haftrichter und Haftbefehlserlaß die Akten gleich wieder mitnimmt, so daß die Staatsanwaltschaft, wenn sie selbst tätig werden will, die Akten bei ihr erst einmal anfordern muß.

Die Polizei-Sequenz wird öfter dadurch gestört, daß während ihres Ablaufs Haftprüfungen stattfinden, so daß die Akten bei der Polizei angefordert werden müssen. Dann wird innerhalb des Ablaufs der Polizei-Sequenz die entsprechende Haftprüfungssequenz durchlaufen. Dies kann sich auch mehrmals wiederholen. Es ist aber auch möglich, daß nach dem Durchlaufen der Haftprüfungssequenz kein (Rück-)Übergang in die Polizei-Sequenz mehr erfolgt, auch wenn kein formeller Abschlußbericht der Polizei vorliegt oder sonst das Ende der Polizei-Sequenz angezeigt wurde.

Welche Handlungsabläufe während des Aufenthalts der Akten bei der Polizei ablaufen, ist der Aktenanalyse kaum zugänglich. Allenfalls liegen von der Seite der Polizei Vernehmungsprotokolle oder Vermerke vor. Diese können aber den Zeitraum bei weitem nicht abdecken[11].

(4) Sachverständige

Wenn schon die Tätigkeit der Polizei der Aktenanalyse kaum zugänglich ist, so gilt dies erst recht für die Tätigkeit der Sachverständigen.

Die entsprechende Sonder-Sequenz ist einfach aufgebaut:

Beauftragung (durch StA oder Gericht)
UmA an Sachverständigen[12])
Eingang der Akten dort
Rücksendung an Beauftragenden
Wiedereingang

Diese Sequenz kann sich häufig um einfache oder mehrmalige Abläufe von Haftprüfungssequenzen erweitern. Wegen der oft recht langen Dauer des Aktenaufenthalts beim Sachverständigen (und der Tatsache, daß sie nur in ohnehin umfangreichen Verfahren beauftragt werden), sind oft die Fristen für OLG-Haftprüfungen erreicht. Die Tätigkeit der Sachverständigen kann nicht mehr in Sequenzschritten angegeben werden, da die Belege für Aktenstudium wie für Explorationen meist völlig fehlen.

(5) Akteneinsichten

Die Sequenzen für Akteneinsichten verlaufen nach dem jetzt geläufigen Muster: UmA, Eingang, Rücksendung, Wiedereingang. Es fehlt aber die Verlängerung

---

[11] Vgl. auch Kap. 5., b), (5), S. 122 ff.

[12] Gleichzeitig oder gesondert.

durch die Zwischenschaltung von Haftprüfungssequenzen. Wenn Akten aus einer Einsicht zur Haftprüfung zurückgefordert werden, scheint in jedem Fall davon ausgegangen zu werden, daß die Einsichtszeit ausreichend gewesen ist.

Auch die Akteneinsichtszeit und -Sequenz wird aus der Sicht der Haupt-Sequenz dargestellt. Daten über den tatsächlichen Aktenaufenthalt beim Einsichtnehmenden sind meist nicht verfügbar. Gewöhnlich wird aber eine Frist von drei Tagen für die Akteneinsicht zusammen mit einer Wiedervorlagefrist von einer Woche verfügt, so daß anscheinend die Aktenwege einkalkuliert sind. Wenn Mahnungen erfolgen, dann überschneiden sie sich nicht selten mit der Rücksendung.

Die Akteneinsichts-Sequenzen verlängern sich nicht selten dadurch, daß der Wiedereingang beim falschen Adressaten erfolgt. Es werden Staatsanwaltschaft und Gericht verwechselt, oder die Akte geht zwar bei der richtigen Behörde, aber bei der falschen Abteilung ein, so daß die Akte erst einmal zum Aktenführenden zurückverfügt werden muß[13]. Die Sequenz verlängert sich dann um zwei Schritte: UmA richtiger Adressat, Eingang dort.

(6) Geschäftsstellentätigkeit

Alle aufgezeigten Sonder-Sequenzen beschreiben nur formale Abläufe, insbesondere hinsichtlich der Aktenbewegungen. Es konnte dabei nicht berücksichtigt werden, daß Akten niemals direkt z. B. von der Staatsanwaltschaft zur Polizei gelangen, sondern dabei jede den Weg vom Bearbeiter über die ihm zugeordnete Geschäftsstelle über die Kanzlei der Staatsanwaltschaft zu gehen hat, bei Ausfertigungen auch noch über Schreibstellen. Der Aktenrücklauf erfolgt auf gleichem Wege. Ähnliches gilt für andere Behörden, insbesondere die Gerichte. Zur Zerlegung in alle diese Arbeitsschritte reichte die Datenbasis in den untersuchten Akten nicht aus.

Somit beschreiben die Sonder-Sequenzen nicht alle jeweils notwendigen Arbeitsschritte, sondern nur diejenigen Handlungsabläufe, die (insbesondere als Übergang von einer einzuschaltenden Stelle zur anderen) auch dokumentiert sind.

bb) Wartezeiten

Bei den Unterpunkten Polizei, Sachverständige und Akteneinsichten wurde bereits angesprochen, daß der Aktenaufenthalt an diesen Stellen nicht von einer ununterbrochenen Abfolge von Tätigkeiten begleitet ist, so daß sich der Abstand zwischen einzelnen Sequenz-Schritten z. T. beträchtlich verlängern kann.

Gleiches gilt auch innerhalb der Haupt-Sequenz für den gesamten Bereich des staatsanwaltschaftlichen Verfahrensabschnittes sowie für den gerichtlichen Abschnitt vor der Terminierung[14]. Die Zeit nach der Terminierung ist dagegen eine fixierte Zeit, die man als Wartezeit (warten auf die Hauptverhandlung) bezeichnen könnte.

---

[13] Solch „falscher Eingang" kommt zwar auch gelegentlich bei anderen Aktenrücksendungen vor, häuft sich aber merklich bei Akteneinsichten.

[14] Ggf. der letzten.

Sonst sind Wartezeiten, die den Ablauf zwischen einzelnen Sequenz-Punkten verlängern können, sehr schlecht quantifizierbar, zumal man sie oft nicht einmal als solche erkennt[15]. Die Beschreibung des formalen Ablaufs von Haftverfahren ist immer noch an die Registrierung von Ereignissen gebunden (die in einer sequenzhaften Ordnung ablaufen), während sich Wartezeiten gerade zunächst dadurch auszeichnen, daß keine Ereignisse registrierbar sind[16].

Über die bloße Konstatierung hinaus, daß keine Ereignisse vorgekommen sind[17], kann aber gelegentlich aus dem Gesamtzusammenhang der Akte erschlossen werden, daß offensichtlich auf irgendetwas gewartet worden ist.

So sind Wartezeiten andeutungsweise erkennbar, wenn eine angekündigte Stellungnahme von dritter Seite noch nicht eingetroffen ist. Im staatsanwaltschaftlichen Verfahrensabschnitt könnten Wartezeiten vorliegen, wenn angeforderte Bei-Akten noch nicht eingetroffen sind und dabei Untätigkeit zu registrieren ist, oder wenn Übernahmeverhandlungen wegen Verfahrensübernahme durch eine andere Abteilung stattgefunden haben müssen — es ist ggf. nur deren Erfolg oder Nichterfolg als Beleg vorhanden. Im gerichtlichen Verfahrensabschnitt — vor der Terminierung — scheint eben die Terminierung problematisch gewesen zu sein, wenn vor dieser nichts erfolgt ist.

All dies ist indessen nicht mit hinreichender Sicherheit quantifizierbar, so daß es im quantitativen Teil dieser Arbeit nicht behandelt werden kann[18]. Eigene Sequenzen werden durch Wartezeiten auch nicht eingeleitet, sondern es werden nur Passagen innerhalb bestehender Sequenzen verlängert.

Oft fehlt auch denjenigen, von denen die Sequenz Handlungen verlangt, die Zeit, sich mit der Sache zu befassen. Dieser Sachverhalt ist gelegentlich aus entsprechenden Bemerkungen erschließbar, die in Teil 5. näher behandelt werden.

5. Gestaltung des Verfahrensablaufs durch seine Beteiligten

Ausgehend von der Prämisse, daß Strukturen ‚gemacht' sind[1], soll jetzt versucht werden, die Herstellung der (zeitlichen) Verfahrensstrukturen näher zu untersu-

---

[15] S. o. die Diskussion zu Punkt (10), Teil 3., b), aa), S. 88 ff.

[16] Die Registrierung, daß etwas *nicht* vorgekommen ist, ist nur dann nicht trivial, wenn a) etwas zu erwarten ist und b) auch die Stelle dafür angegeben werden kann (s. *Sacks* in *Turner* (ed.) 1974, S. 228). Sonst kann alles Mögliche als nicht vorgekommen registriert werden. — Im vorliegenden Zusammenhang ist Punkt a) problematisch.

[17] Siehe den Verweis auf „Ruhezeiten" in FN 15).

[18] Die „Ruhezeiten" befassen sich lediglich mit der bloßen Konstatierung von Nicht-Ereignissen; die dabei gezogene zeitliche Untergrenze ist völlig willkürlich, um nicht jede Pause erfassen zu müssen.

[1] Siehe *Steinert* (1973, S. 13). Statt Strukturen kann auch soziale Realität oder objektive soziale Fakten gesagt werden; die damit bezeichnete wissenssoziologische Position ist zwar in sich uneinig, aber nicht bezüglich des Herstellungsaspekts. Zum Verhältnis von Strukturen und strukturierender Tätigkeit s. *Mehan/Wood* The American Sociologist 1976, S. 15 ff.

chen. Es geht jetzt um die Tätigkeiten, die hinter dem stehen, was als zahlenmäßiges Ergebnis der Haftverfahrensanalyse oder als Ablauf/Sequenz des Verfahrens festgehalten werden kann. Dabei wird, der Zielsetzung dieser Arbeit folgend, derjenige Aspekt der Tätigkeiten der Verfahrensbeteiligten besonders hervorgehoben, der die aktive Gestaltung des Verfahrensablaufs in Hinblick auf das Verstreichen von Zeit betrifft.

In der folgenden Analyse können zwar noch Häufigkeiten angegeben werden (und es kann z. T. auch auf Ergebnisse aus dem Kap. 3. verwiesen werden), aber dieser quantitative Aspekt tritt zunehmend zugunsten vertiefender Analyse zurück[2]. Zudem kann es neben der Betrachtung der bloßen Häufigkeit von Ereignissen auch wichtig sein, solche Vorkommnisse aufzuzeigen, in denen der übliche, normale Ablauf durchbrochen wird, also sowohl andere Verlaufsmöglichkeiten sichtbar werden als auch die Üblichkeit von Verläufen und Ereignissen problematisiert wird[3].

Die Herstellung von Verfahrensstrukturen wird unter drei Gesichtspunkten untersucht: Zunächst wird die Haupt-Sequenz auf das Zustandekommen ihrer großen „Eckpunkte“ hin behandelt (ad a)), dann wird die Handhabung einzelner Sequenzteile behandelt (ad b)), und schließlich geht es allgemein um Handeln in bezug auf zeitliche Aspekte (ad c)).

a) Haupt-Sequenz

Die Haupt-Sequenz besteht aus 4 großen „Eckpunkten“: Festnahme, Anklagefertigung, Eröffnung/Terminsbestimmung und Hauptverhandlung.

(1) Die zeitliche Struktur des Zeitraums um die Festnahme[4] ist wegen der gesetzlichen Voraussetzungen bezüglich der Verhaftung als einschneidendem Eingriff in die Freiheit des Bürgers weitgehend fixiert. Zeitliche Gestaltungsmöglichkeiten bestehen so erst nach Absolvierung dieses Teils. Der dann folgende Abschnitt ist bereits unter dem Stichwort „Anlaufzeit“ im quantitativen Teil erörtert worden[5].

Eine reflexive Bezugnahme auf die Festnahme zeigt sich bei allen Haftprüfungen (auch den aufrechterhaltenden) sowie bei allen Haftbedingungen, da dadurch die Festnahme als Grundlage für das gesamte Haftverfahren bestätigt oder aufgehoben wird[6]. Für die Anlaufzeit gibt es zusammengefaßt drei Möglichkeiten: Entweder ist sofort Haftbeschwerde eingelegt worden — dann muß erst die entsprechende Sequenz durchlaufen werden, oder es wird nach Erledigung der Anlaufpräliminarien

---

[2] Idealiter soll die Analyse ergründen, was die beschriebenen Phänomene möglich und als solche erfahrbar macht (vgl. *McHugh et al.* 1974, S. 7), woraufhin der Leser den vorliegenden Text in gleicher Weise analysieren soll (s. *Mehan/Wood* 1975, S. 167—176 über *McHugh et al.* s. Text) — allerdings ein viel zu hoher Anspruch für den folgenden Versuch.

[3] Zu solcher Strategie s. *Molotch/Lester* (The Insurgent Sociologist 1973, 1—11) mit ihrer Unterscheidung von „accidents, scandals, and routines“.

[4] Vgl. die entspr. Sequenz, Anhang 24.

[5] S. oben 3., b), aa), (5), S. 79 f.

[6] Die Festnahme selbst ist nicht Gegenstand der Arbeit.

(Anforderung von Strafregistern- und Kartei-Auskunft) eine Rückverfügung an die Polizei getätigt[7], oder aber der Verfahrensgang kann normal weiterlaufen.

(2) Normal weiterlaufen heißt, daß, wenn keine weiteren Zwischenereignisse (mit eigenen Sequenzen) eintreten, dann die Anklage gefertigt werden kann.

Es lassen sich kaum feste Sätze darüber aufstellen, wie lange dies zu dauern hat. Immerhin zeigte sich aber[8], daß — in einem gewissen Rahmen — die Aktenaufenthaltszeiten bei der Staatsanwaltschaft relativ konstante Werte aufweisen. Von der Aktenaufenthaltszeit ist nun nicht direkt auf die effektive Arbeitszeit zu schließen; es kann auch sein, daß sich einfach die Vorstellung festgesetzt haben kann, daß eine zu ‚flotte' Bearbeitung nicht „gut aussieht"[9].

Somit könnte die relative Konstanz der Aufenthaltszeit bei der Staatsanwaltschaft auch Ergebnis von strukturierender Tätigkeit seitens der Bearbeiter sein (und nicht bloß von Sachzwängen), was aber hier nicht weiter vertieft werden kann, da das Beschleunigungsangebot explizite Hinweise in diese Richtung unterbindet. Zur Anklagefertigung, deren Tätigkeit selbst mit der Aktenanalyse nicht auszumachen ist, sondern nur ihr Ergebnis, die Niederschrift des Anklageentwurfs, kann nur ein Hinweis aufgenommen werden: Es war als durchgängige Praxis zu beobachten, daß ggf. in ein Schlußgehörsangebot eine Durchschrift aus dem Anklagesatz eingesetzt wurde, also im Zeitpunkt des Angebots die Anklage bereits erstellt war.

Sonst kann nur die Produktion des Zeitpunkts der Anklageerstellung mit der Aktenanalyse erhellt werden, nicht aber die gesamte Tätigkeit der Anklagefertigung[10]. Daß dieser Zeitpunkt irgendwelchen äußeren Zwängen unterworfen war[11], ist nur dann ersichtlich, wenn die Einschaltung anderer Stellen in den staatsanwaltschaftlichen Verfahrensabschnitt noch nicht beendet war (insb. Gutachter, polizeiliche Ermittlungen). Daran zeigt sich aber lediglich das sämtliche Aktenarbeit beherschende Prinzip, daß ohne Akten nicht gearbeitet wird[12]. Sowohl bei der Einschaltung anderer Stellen — die als Sonder-Sequenz noch behandelt wird — als auch bei der eigenen Arbeit (Anklagefertigung) scheint die Staatsanwaltschaft völlig frei zu sein.

(3) Im gerichtlichen Verfahrensabschnitt ist (außer der in zeitlicher Hinsicht unproblematischen Anklagezustellung[13]) die Terminierung der zeitlich entsprechende

---

[7] Beides sind Sonder-Sequenzen.

[8] Siehe oben 3., b), cc), (2), S. 96 f.

[9] Siehe die Diskussion der berufsinternen Standards bei *Stein/Schumann/Winter* in Steinert (Hrsg.) 1973, S. 119 f.

[10] In den untersuchten Akten fehlen Vermerke darüber, wann die Anklage zur Fertigung abgegeben wurde (es sind nur Vermerke vorhanden, *daß* eine Anklage abgesendet worden ist), so daß nicht einmal der ‚technische' Abschnitt zu isolieren ist; ebenso fehlen vorläufige Anklageentwürfe, aus denen ein Beginn der Fertigung zu entnehmen gewesen wäre.

[11] Zur Berücksichtigung vorhandener Fristen s. aber noch unter c), (2) 133 ff. (Fristhandeln); es war nicht selten, daß unmittelbar vor Erreichen der OLG-Frist noch die Anklage beim Gericht einging (so daß letzteres in dieser Haftprüfung bereits Aktenführender war).

[12] Dieses dominierende Prinzip bestätigt so die sequentielle Arbeitsweise reflexiv (d. h., daß erst, weil ohne Akten nicht gearbeitet wird, alles hintereinander erfolgen muß).

[13] S. o. 3., b), bb), (2), S. 92.

Punkt. Deren Bedeutung besteht in zweierlei Hinsicht: Bezüglich des Zeitpunktes, an dem sie vorgenommen wird, und bezüglich der damit verbundenen Festschreibung des weiteren zeitlichen Ablaufs.

Es wurde bereits dargestellt, daß im größten Teil aller Fälle die (endgültige) Terminierung mit der Eröffnung des Verfahrens zusammenfiel. Weiter kann festgestellt werden, daß bei Schwurgerichtsverfahren zwar relativ schnell eröffnet wurde, wegen der bekannten Probleme mit den Tagungsperioden der Schwurgerichte die Terminsbestimmung oft in zeitlich weit entferntem Abstand davon erfolgte, dann aber wiederum die Zeit bis zur geplanten Hauptverhandlung relativ kurz war[14]. Daraus kann, mit aller Vorsicht, geschlossen werden, daß die Terminsbestimmung erst dann erfolgt, wenn in den offensichtlich nicht sehr langfristig angelegten Terminskalendern der Gerichte freie Tage vorhanden sind *und* übersehen werden kann (s. die Komplexität der Schwurgerichtsverfahren), daß keine weiteren Zwischenereignisse (also im hier verwendeten Sprachgebrauch: Sonder-Sequenzen[15]) mehr eintreten können. Daraus müssen aber auch Rückschlüsse auf die sonstige Eröffnungspraxis möglich sein, weil die Verfahrenseröffnung weitgehend mit der Terminsbestimmung zusammenfällt. Die Fälle, in denen dies nicht der Fall ist, stellen sich als Ausnahmen dar[16], so daß die Verfahrenseröffnung von der wahrgenommenen Möglichkeit, Termine (bereits) bestimmen zu können, abhängig zu sein scheint.

Auch für den gerichtlichen Verfahrensabschnitt haben sich relativ konstante Aktenaufenthaltszeiten herausgeschält, und zwar auch für den Abschnitt bis zur Eröffnung/Terminsbestimmung, so daß auch hier anscheinend Vorstellungen über den „richtigen" Zeitpunkt der Eröffnung zu finden sein könnten.

Die Strukturen des durch die (fixierende) Terminierung festgeschriebenen Zeitraums bis zur Hauptverhandlung sind bereits unter quantitativen Gesichtspunkten behandelt worden[17]. Wie solche Zeiten zustandekommen, ist insbesondere von der allgemeinen Geschäftslage und von lokalen Usancen abhängig; beides ist der Aktenanalyse nicht zugänglich. Weiter kann, da oft schon ein zeitlich fortgeschrittenes Verfahrensstudium erreicht ist, der bevorstehende Ablauf von Haftfristen eine Rolle spielen. Wie dadurch auch die sonst vorherrschenden Terminierungspraktiken revidiert werden können, wird erst weiter unten unter dem Stichwort „Fristhandeln" behandelt.

(4) Die Hauptverhandlung schließlich ist zeitlich meist unproblematisch; der Spielraum für zusätzliche Hauptverhandlungstage ist durch § 229 StPO begrenzt. Eine Aussetzung der Hauptverhandlung führt dagegen zwei Sequenz-Schritte zurück bis vor die (fixierende) Terminierung. Dadurch wurden 6 Verfahren betroffen;

[14] S. o. 3., b), bb), (5), S. 93 f. und dazugehörige Tabelle.

[15] Insbesondere die anscheinend unkalkulierbaren Zeiten für die Sachverständigen.

[16] Der Ausnahmecharakter zeigt sich auch darin, daß es in Vermerken festgehalten wird, wenn von diese Praxis abgewichen wird, etwa „es konnte noch kein Termin [trotz Verfahrenseröffnung] bestimmt werden, weil...", oder wenn vor der Eröffnung schon ein vorgesehener Termin angekündigt wird, etc.

[17] S. o. 3., b), bb), (5), S. 93 f.

die Gründe für diese Aussetzungen sind äußerst unterschiedlich[18]. Solcherart ausgesetzte Hauptverhandlungen sind keine „Eckpunkte" der Verfahrenssequenz.

b) Handhabung einzelner Sequenzteile

Jetzt soll die Handhabung einzelner Sequenzteile, sowohl von Abschnitten der Haupt-Sequenzen als auch der Sonder-Sequenzen, näher untersucht werden, um jedenfalls Teile dessen, was sich vor dem Erreichen der eben behandelten „Eckpunkte" abspielte, unter zeitlichen Aspekten näher analysieren zu können. Zum Teil wird dabei sehr auf Details eingegangen[19].

(1) Haftbeendigung

Mit Haftbeendigung soll schon deshalb begonnen werden, weil sie die Haupt-Sequenz beenden (und dieser Untersuchung somit die weitere Grundlage entziehen, denn Zeiträume danach wurden nicht weiter untersucht).

Insgesamt gab es 55 Fälle von vorzeitiger Haftbeendigung[20], die unter Zusammenfassung zu drei Kategorien auf ihr Zustandekommen hin behandelt werden sollen[21].

(a) Die erste Kategorie umfaßt die seltenen (n = 4) Haftbefehlsaufhebungen, die alle von Strafkammern des LG bei Beschwerden getroffen wurden. 3 Fälle davon beruhten auf materiell-rechtlichen Erwägungen[22]. Sie fallen in den thematischen Bereich der Anordnung (und Aufrechterhaltung) von Untersuchungshaft, der zugunsten zeitlicher Aspekte zurückgestellt wurde.

Der letzte Fall betraf eine Haftbefehlsaufhebung wegen Unverhältnismäßigkeit der Untersuchungshaft. Die Außergewöhnlichkeit dieses Falles zeigt sich darin, daß von der Verteidigung her lediglich versucht worden war, Haftverschonung zu erreichen, und daß in der später erfolgten Anklage ebenfalls nur von Haftverschonung

---

[18] Änderungen der Sach- oder Beweislage, Einholung von Sachverständigen-Gutachten, usw.

[19] (methodische Anm.) Problematisch kann dabei werden, daß das eigene Hintergrundwissen (aus der genauen Kenntnis der Akte oder sonstwie erlangt) manchmal größer ist als das, was gewährleistbar berichtet werden kann.

[20] S. oben unter 2., b), ff), S. 60. Hier kann auf *personen*bezogene Daten Bezug genommen werden, um alle Haftbeendigungen einbeziehen zu können, unabhängig davon, ob das Verfahren dann noch weiter Haftsache bleibt (da sich noch mehr Personen in Haft befinden) oder nicht.

[21] Zu den (9) Haftbeendigungen durch das OLG s. erst unter (2).

[22] Zweimal wurde in den beiden einzigen Fällen von Vorbeugehaft wegen Sexualdelikten (§ 112 a Abs. 1 Nr. StPO) die Wiederholungsgefahr in der sofort eingelegten Haftbeschwerde verneint; in einem Fall wurde nach längerer Ermittlung das Fortbestehen des dringenden Tatverdachts verneint.

die Rede war[23], so daß die geringe empirische Häufung von Haftbefehlsaufhebungen (außer eben durch das OLG, das schließlich nicht in den ‚normalen' Verfahrensablauf eingeschaltet ist) auch im Bewußtsein der Verfahrensbeteiligten vorhanden zu sein scheint. Deshalb mag es hier auch reiner Zufall sein, daß alle Haftbefehlsaufhebungen vom LG verfügt wurden und nicht vom (haftbefehlsanordnenden) Haftrichter.

(b) Die nächste Kategorie umfaßt die Haftverschonung (n = 21). Eine Verlaufsmöglichkeit besteht darin, daß Verschonungen von der Seite des Häftlings, d. h. durch ihn selbst, seinen Anwalt oder seine Angehörigen, beantragt und oft über längere Zeit ausgehandelt werden müssen, was beides oft viele Tätigkeiten erfordert. In diesen Fällen versuchen die Betroffenen selbst, den Haftgrund der Fluchtgefahr, um den es sich fast immer handelte[24], auszuräumen, was in 8 Fällen auch gelang, und in 2 Fällen nicht (d. h., es sind zwar die gleichen Bemühungen sichtbar, aber deren Erfolg, die Verschonung, fehlt).

Als weiterer Ablauf zeigt sich, daß die Haftverschonung gleichsam von selbst erfolgt, d. h. ohne längeres Zutun von seiten des Häftlings; gelegentlich sogar ohne jeden Antrag. Zum Teil haben sich die Haftrichter selbst um die Haftverschonung bemüht[25], zum Teil ist aus der Akte überhaupt nicht ersichtlich, was als Grund herangezogen werden könnte[26], zum Teil weist der Zeitpunkt der Verschonung im Verfahrensablauf — kurz vor Erreichen der Sechsmonatsgrenze — auf einen anderen Problemkreis[27].

In jedem Fall ermöglicht es die Aktenanalyse nur, einige Zusammenhänge aufzuzeigen (wer wann wie aktiv wurde, s. soeben). Es kann aber nicht näher darauf eingegangen werden, warum eine Haftverschonung gewährt worden ist; dazu müßte man vergleichbare Ausgangslagen heranziehen, um festzustellen, ob in vergleichbaren Fällen stets oder nur gelegentlich Haftverschonung gewährt wurde.

Auch die Gründe in den Beschlüssen können nicht als ‚Gründe' für die Haftverschonung herangezogen werden. Oft enthalten sie nicht mehr als eine Wiedergabe der gesetzlichen Voraussetzungen — wie es juristische Arbeitsweise (immer) erfordert, und selbst wenn in den Gründen auf vorgebrachte Argumentation der Beteiligten eingegangen wird, ist damit noch längst nicht gesagt, daß diese auch das Gericht überzeugt haben oder sonst die für das Gericht entscheidenden Gründe gewesen sind[28]. Deshalb wird in diesem ganzen Abschnitt auf die Argumentationsversuche der Beteiligten nicht näher eingegangen.

(c) In die dritte Kategorie fallen Haftunterbrechungen zwecks Verbüßung von Straftaten in anderer Sache, wenn dadurch (bis zur Hauptverhandlung) insoweit keine Haftsache mehr vorliegt.

---

[23] Der Zeitpunkt dieser Aufhebung — nach über 5 Monaten Haftdauer — verweist auf den in FN 27 angegebenen Problemkreis.

[24] S. o. 2., b), dd), S. 58.

[25] 3 Fälle mit ähnlichen Bemühungen wie vorher.

[26] 5 Fälle; gelegentlich mag der Ermittlungsstand eine Rolle gespielt haben.

[27] S. unten unter „Fristhandeln", c), (2), S. 134 (5 Fälle).

[28] Es ist ein entscheidendes Manko aller Urteilsanalysen, daß nicht geklärt werden kann, inwieweit Urteilstexte nur Darstellungsfolien sind (s. *Gillig* KrimJ 1977, S. 207 und *Mikinovic/Stangl* 1977, S. 124 i. Vgl. zu S. 217 f. dort).

Zwar kann dann noch Überhaft[29] bestehen bleiben[30] — wie auch bei Haftverschonungen der Haftbefehl bestehen bleibt —, aber für den Verfahrensablauf entscheidend ist, daß dieselben Wirkungen wie bei Haftbefehlsaufhebungen zu verzeichnen sind: Unterbrechungszeiten werden nicht in die Haftfristen gemäß §§ 117 und 121 StPO eingerechnet, und die Nrn. 52, 54 RiSTBV kommen nicht mehr zur Geltung, mit der bedeutsamen praktischen Folge, daß der rote Umschlag für Haftsachen entfallen kann. D. h., daß die besonderen Beschleunigungsgrundsätze nur für Fälle von tatsächlicher (und nicht bloß formeller) Untersuchungshaft gelten. Es ist in der Aktenanalyse meist sehr genau zu beachten, wie sich nach Haftbeendigungen aller Art die Arbeitsweise der Verfahrensführenden entsprechend verändert.

Alle Unterbrechungen sind aus der untersuchten Haftakte heraus trotz § 2 Abs. 1 UVollzO nur sehr schwer zu erkennen[31]. Das Fehlen der richterlichen Zustimmung zur Unterbrechung wird auch gelegentlich (von Beschwerdegerichten), aber längst nicht immer gerügt. Oft erfolgt die Zustimmung, wenn überhaupt erkennbar, nur nachträglich. Bei allen Beteiligten scheint aber kein Zweifel darüber zu bestehen, daß die Zustimmung erfolgen wird, weil durch die Unterbrechung der Status als Haftsache aufgehoben ist[32], sich also vor allem die Haftfristen verlängern[33].

Bei den haftbeendenden Unterbrechungen der Untersuchungshaft können insgesamt drei Verlaufsmodelle unterschieden werden.

(i) Einige Haftunterbrechungen scheinen, aus dem Aktenbild heraus, wie von selbst zu erfolgen, ohne daß Hinweise auf ihr Zustandekommen ersichtlich sind[34]. Diese erfolgen außerdem bereits relativ kurz nach der Festnahme.

(ii) In zwei Fällen wurde von der Staatsanwaltschaft auf gerade anhängige Parallelverfahren gegen denselben Betroffenen gewartet, die dann noch während des Laufs des Ermittlungsverfahrens (wenn also nicht mehr mit dem anderen Verfahren verbunden werden konnte und das Haftverfahren noch nicht anklagereif war) vollstreckungsreif wurden, so daß der Haftstatus auf diese Weise beendet werden konnte. Nach Kenntnis dieser Möglichkeit bestand das verbleibende Ermittlungsverfahren praktisch nur noch aus dieser Wartezeit.

---

[29] § 122 StrVollzG und die RiSTBV setzen den Begriff und die Existenz von Überhaft voraus, ohne die beobachteten Folgen zu regeln. Auch § 121 StPO ist in dieser Hinsicht nicht eindeutig.

[30] Allerdings ist es Praxis der Kieler Strafkammern, bei langdauernden Unterbrechungen die Haftbefehle aufzuheben, um Doppel-Belastungen zu vermeiden.

[31] Dies gilt für haftbeendende Unterbrechungen wie für nur vorübergehende (zu diesen s. bereits 2., b), ff), S. 60. Zu den daraus resultierenden Berechnungsproblemen s. Kap. 6., S. 139 ff.

[32] S. dazu soeben S. 111.

[33] So konnte es auch geschehen, daß eine OLG-Haftprüfung trotz bereits laufender Unterbrechung stattfand und in einem anderen Fall das OLG erst aufgrund eigener Berechnung eine bereits stattgefundene (vorübergehende) Unterbrechung wahrnahm.

[34] Dies betrifft 4 Verfahren. Der gleiche Ablauf zeigt sich außerdem bei den hier sonst nicht behandelten vorübergehenden Haftunterbrechungen (Ersatzfreiheitsstrafen etc.), bei denen sämtlich keine Hinweise auf ihr Zustandekommen zu finden sind — also auch keine Genehmigungsvorgänge. Es scheint, als ob bei Ersatzfreiheitsstrafen etc. die Haftmitteilungen der JVA eine Rolle spielten (deren Verteiler ist nicht bekannt).

(iii) Die dritte, größte Gruppe umfaßt diejenigen Fälle, in denen die Haftunterbrechung von der Staatsanwaltschaft erst zustandegebracht werden mußte, insbesondere dadurch, daß als Voraussetzung erst ein Bewährungswiderruf bewirkt werden mußte. In solchen Fällen verschiebt sich dann der Schwerpunkt der staatsanwaltschaftlichen Tätigkeit — im Aktenbild — deutlich in diese Richtung. In einigen Fällen lassen sich dafür sehr deutliche Anhaltspunkte finden. So wurden in anderen Abteilungen Anträge auf Haftunterbrechung angefordert, oder auch, wenn es die Verfahrenslage erlaubte, selbst gestellt, oder wurden entsprechende Beschlüsse in die Haftanstalt persönlich überbracht — was auch gleich Haftbeschwerden erledigte. Weiter wurden die in Frage kommenden Bei-Akten angefordert, oder dem zuständigen Gericht wurden eigens angefertigte Ermittlungsstände übersandt — z. T. mit dem Vermerk: „als Hilfe bei der Entscheidung über den Widerruf". Als direkteste Form wurde auch vom zuständigen Staatsanwalt selbst ein Widerruf beantragt. Solch aktives „Betreiben" von Unterbrechungen war in 8 Verfahren zu registrieren[35].

Weiter gibt es Fälle, in denen solch „Betreiben" von Haftunterbrechungen nicht so direkt zu vermerken ist, aber aus indirekten Hinweisen erschlossen werden kann — etwa Vermerke oder Bemerkungen gelegentlich Haftprüfungen, daß ein Widerruf beantragt worden sei; Bei-Aktenanforderungen — wobei sich diese Bei-Akten später als diejenigen erweisen, für die die Unterbrechung stattfand —; oder ganz einfach dadurch, daß im Verfahren — vorab eher unerklärlich — längere Zeit vor der Unterbrechung keine Ereignisse in der Haftakte mehr zu verzeichnen waren. Insgesamt können 7 Fälle der Unterbrechungen so bezeichnet werden.

Gelegentlich wurde auch eine Unterbrechung betrieben, ohne daß dies zum Erfolg (i. S. einer Beendigung des Haftstatus) führte, sei es, weil das zuständige Gericht nicht widerrufen wollte, Unklarheiten über den Ablauf bereits erfolgter Vollstreckungen bestanden, oder die Unterbrechung erst nach der Hauptverhandlung wirksam wurde (und so nicht mehr in den Bereich der vorliegenden Untersuchung fällt[36]).

Die Bedeutung des „Betreibens" von Unterbrechungen kann durch 2 Punkte belegt werden:

(1) Ein Zitat aus einem Vermerk: „Der OLG-Termin (...) könnte sich dadurch erledigen, daß ein Widerrufsbeschluß schon am (...) ergeht, so daß die Untersuchungshaft durch Strafhaft unterbrochen werden könnte".

(2) Ein Vorgang, in dem die StA beim OLG nach ihrer Befassung mit der Sache, also ganz kurz vor dem Prüfungstermin, der örtlichen StA empfahl, den Widerruf einer zur Bewährung ausgesetzten Freiheitsstrafe (was sie den Bei-Akten offensicht-

[35] Sowie ein Verfahren, in dem die Unterbrechung nicht bis zur Hauptverhandlung ausreichte (ein insgesamt sehr langes Verfahren, aus dem auch die völlig unterschiedliche Arbeitsweise in der Unterbrechungszeit besonders deutlich belegt werden könnte).

[36] Dieses wurde in 5 Fällen registriert. Die Erfassung ist hier, wie auch schon in der vorangegangenen Untergruppe, gewiß von mancher Unsicherheit begleitet.

lich entnehmen konnte) noch zu erreichen; dieser Widerruf sei schließlich „auch im Interesse des Betroffenen[37]".

Zusammenfassend kann gesagt werden, daß haftbeendende Unterbrechungen oft einen beträchtlichen Zeitraum der Haupt-Sequenz für sich in Anspruch nehmen — ohne daß dies näher quantifiziert werden kann. Sie laufen wie alle Haftbeendigungen innerhalb der Haupt-Sequenz ab, die sie dadurch gleichzeitig erst verlängern.

(2) OLG-Haftprüfungen

Die Haftprüfungen durch das OLG gem. §§ 121 ff. StPO werden hier zusammenfassend, ohne Rücksicht auf ihr Ergebnis, behandelt.

(a) Vorbemerkung

Die Praxis der Oberlandesgerichte

Das OLG Schleswig hat im Untersuchungszeitraum in insgesamt 25 Verfahren über die Haftverlängerung(en) gem. §§ 121 ff. StPO zu entscheiden gehabt. Davon hat es in 7 Verfahren die Untersuchungshaft nicht verlängert[39].

Das ist im Vergleich zu sonstigen vorhandenen Angaben schon eine recht hohe Quote, wenn auch damit noch nicht der Ausnahmecharakter des § 121 Abs. 1 StPO ereicht ist.

Das ist bei anderen berichteten Angaben erst recht nicht der Fall. Die Übersicht bei *Vöcking* (1977, S. 218-220), die aus den unveröffentlichten Registern der drei nordrhein-westfälischen Oberlandesgerichte gewonnen wurde, ergibt, daß in den Jahren 1965-1973 die Fortdauerquote bei 97 - 100 % gelegen hat[40] — auf Berechnungsprobleme kann hier nicht eingegangen werden —. *Heinitz* teilt mit[41], daß beim (Berliner) Kammergericht von 120 Haftbefehlen nur 2 aufgehoben worden seien.[42] *Stiebeler* berichtet dagegen[43], daß es in Hamburg seit 1975 (bis Mitte 1976) 22 Freilassungen gegeben habe — ohne jede Bezugsgröße.

Für das OLG Schleswig wäre der Wert 9 Haftentlassungen auf 127 Haftbefehle[44], oder genauer 7 Nichtverlängerungen in 25 Verfahren, was 28 % ergäbe[45]. Allerdings hat die Praxis des OLG Schleswig nach Auskunft von Staatsanwälten auch stark geschwankt.

---

[37] Vollständige wörtliche Zitierung nicht möglich.

[38] Die komplizierteren Abhilfemöglichkeiten bei entlassenden Haftbeendigungen werden im Vierten Teil der Arbeit behandelt, da sie, im Gegensatz zum Unterbrechungsbetrieb, nicht einfach aus der Haupt-Sequenz entfallen können.

[39] S. die Angaben oben, bei 3., a), aa), (2), S. 62; Anhang Nr. 12, S. 178 f.

[40] Siehe demgegenüber die Veröffentlichungspraxis, im ersten Teil, c), S. 19; auch bezüglich des OLG Schleswig: Keine der Entscheidungen ist veröffentlicht worden.

[41] Bei *Meyer* (Tagungsbericht) ZStW 82 (1970), S. 1132 (ohne Widerspruch anderer Tagungsteilnehmer aus ihrem Erfahrungsbereich).

[42] Ohne Angabe der Bezugs-Zeit (es muß zwischen 1965 und 1970 gewesen sein).

[43] In der Frankfurter Rundschau vom 13. 9. 1976, in Zusammenhang mit einer Presseerklärung zur Problematik der Geschäftsüberlastung von Gerichten; diese Zahl wurde eher mit Bedauern wiedergegeben (so wandte sich der OLG-Präsident dagegen, daß bei hoher zu erwartender Strafe überhaupt entlassen werden müsse etc.).

[44] S. o. bei 2., a) — Personaldaten —, S. 53 f.

[45] Diese Quote hat als Bezugsgröße also nur die Verfahren, in denen über Haftfortdauer zu entscheiden war, und nicht wie die vorhergegangene alle Haftbefehle, für die eine Entscheidung überhaupt hätte möglich werden können.

(b) In der bereits angeführten Sonder-Sequenz[46] werden die einzelnen Stationen angegeben, die absolviert werden müssen, bis eine OLG-Haftprüfung durchgeführt ist. Die beiden Stationen können zur Erkärung eines großen Teils des Zeitaufwandes für die OLG-Haftprüfungs-Sequenz herangezogen werden.

Der weitere Ablauf der Sequenz nach dem Beschluß des OLGs richtet sich danach, ob das OLG Entlassung beschlossen hat oder nicht. Soweit Entlassung beschlossen wurde, wird diese nach mehrmaligen telefonischen Rückfragen zwischen den beteiligten Staatsanwaltschaften und der Haftanstalt vorgenommen[47], so daß an dieser Stelle mehrere Sequenzschritte an einem Tag vorweggenommen werden können. Nach der Entlassung dauert der tatsächliche Rückweg der Akten noch länger als bei Haftfortdauer[48].

(c) Ein besonderes Merkmal von OLG-Haftprüfungen ist das gelegentliche Einholen von Stellungnahmen durch den Senat, wenn dieser von der Staatsanwaltschaft oder vom Gericht Äußerungen darüber verlangt, ob der Umfang der Ermittlungen besonders groß gewesen, Verhältnismäßigkeit gegeben sei oder sonst ein wichtiger Grund für Haftfortdauer vorliege. Da bei der Zuleitung der Akten an den Senat meist schon, direkt oder indirekt[49] entsprechende Hinweise vorhanden sind, holt der Senat offensichtlich Stellungnahmen nur dann ein, wenn ihm das Vorhandene nicht ausreicht[50]. Auch hierin zeigt sich, daß das OLG eine aus dem ‚normalen' Verfahrensablauf herausgehobene Stellung besitzt, die besondere Darstellungsformen erfordert.

(d) Die Argumentationsversuche von anderen Seiten als dem Senat zu Fragen der Haftfortdauer sind nicht sehr zahlreich; insbesondere nicht von Seiten des Häftlings und des Anwalts, die die ihnen gesetzte Äußerungsfrist meist ungenutzt verstreichen lassen[51]. Die Staatsanwaltschaft beim OLG, die in diesem Verfahren die Anträge stellt, gibt meist nur kurz den Gesetzestext wieder.

Gelegentlich werden aber auch[52] von dieser Seite die Einlassungen der Betroffenen als verfahrensverzögerndes Element oder der Jahresurlaub des Bearbeiters bzw. die Urlaubsregelung bei Gericht als Rechtfertigung herangezogen. Daraus,

---

[46] Siehe ausf. Anhang Nr. 25.

[47] Soweit diese Behörden noch besetzt sind, erfolgt die Entlassung am selben, sonst, mit entspr. Vermerk, am nächsten Tag.

[48] Verkürzungsansätze bieten sich hier in zweierlei Hinsicht: Entweder durch schnellere oder andere Gestaltung der Sequenzen oder durch die Verwendung von Doppel-Akten (was aber, falls Entlassungen erfolgen, allein nichts bewirkt).

[49] S. dazu unten, Teil c), S. 129 ff.

[50] Meist wurde diese Vermutung durch nachfolgende Entlassung bestätigt, wenn auch nicht immer.

[51] Allerdings wurde auch von Anwaltsseite bemängelt, daß die Äußerungsfrist — zumeist 1 Woche — noch zu kurz sei (wegen des Verfahrensgangs bliebe aktuell sehr viel weniger Zeit für die Abfassung der Stellungnahme). Aber ob dies als Grund für die mangelnde Wahrnehmung ausreicht, erscheint doch zweifelhaft.

[52] S. zu den folgenden Punkten auch Teil c), S. 129 ff.

daß die Staatsanwaltschaft beim OLG gelegentlich versucht, der bearbeitenden Staatsanwaltschaft mit Entscheidungen über Verlängerungsgründe, Anregungen zur Haftbefehlserweiterung oder zum Einholen von Widerrufen ‚auszuhelfen' und sonst Vermerke der bearbeitenden Staatsanwaltschaft wiederholt, mag eine eher kontradiktorische als objektive Position[53] erkennbar werden.

In der überwiegenden Zahl der Fälle wird freilich nicht direkt zur Haftfortdauer argumentiert. Es finden sich nur indirekte Anmerkungen[54], die offensichtlich als Grundlage für die Entscheidung ausreichen sollen.

(e) Die Entscheidungen des prüfenden OLG können lediglich auf Strukturen hin untersucht werden, da die gerichtliche Entscheidungstätigkeit selbst der Aktenanalyse nicht zugänglich ist[55]. Dabei werden nicht nur Handlungsabläufe, sondern auch als quasi empirischer Teil[56] die Beschlußinhalte näher untersucht.

Zunächst ist festzuhalten, daß aufhebende Entscheidungen ausschließlich in der ersten Haftprüfung erfolgt sind, nie in den weiteren Haftprüfungen gem. § 122 Abs. 4 StPO. Diese werden, was gelegentlich auch schon bei der ersten Haftprüfung vorkommt, allenfalls mit mahnenden Bemerkungen im Beschluß versehen (wie „noch gerechtfertigt", „dabei geht der Senat davon aus, daß alsbald die Hauptverhandlung erfolgt" o Ä.).

Fester Bestandteil aller Beschlüsse ist die in § 122 Abs. 3 Satz 2 und 3 StPO nur als Möglichkeit vorgesehene Übertragung der Haftprüfung an das nach den allgemeinen Vorschriften zuständige Gericht. Dadurch reduziert sich die Haftprüfungstätigkeit des OLG auf die Sechsmonatsprüfung und dann auf einen Dreimonatsturnus, so daß § 122 Abs. 3 Satz 2 leer läuft[57].

Zur Form der Beschlüsse ist zu bemerken, daß sich die Verlängerungsbeschlüsse in fast allen Fällen darauf beschränken, die gesetzlichen Voraussetzungen im Wege der schlichten Wiedergabe festzustellen[58]. Offensichtlich scheint dafür ein Formular verwendet zu werden.

Materialrechtlich sind die verwendeten Kriterien von Bedeutung. Aus dem eben genannten Grund finden sich Kriterien eher in aufhebenden Entscheidungen, aber auch aus den Sequenzen und aus anderen Hinweisen läßt sich einiges erschließen.

---

[53] Vgl. *Kern/Roxin*, 14. Aufl. 1976, S. 44 f.; ausf. *Eb. Schmidt* (Teil I) 1964, Rdnr. 104—109 zu diesem Begriffspaar.

[54] S. dazu im Teil c).

[55] Vgl. die methodischen Überlegungen im zweiten Teil sowie die Bemerkungen zu Haftverschonungen eben zu (1), S. 112, bei FN 26.

[56] Zur Übersicht über veröffentlichte Entscheidungen im ersten Teil, S. 19.

[57] Die Vorteile der Übertragung liegen gewiß auf der Hand, zumal im Untersuchungsgebiet zum Argument der sachlichen noch das der räumlichen Nähe kommt; das Problem ist dann die Vorschrift selbst.

[58] In einem Fall wurde diese (nur dem Nichtjuristen fremd erscheinende) Arbeitsweise von einem Anwalt während der Anhörung gerügt — und mit einem weiteren ebensolchen Beschluß beantwortet.

So werden durch die Einholung von Sachverständigengutachten bedingte Schwierigkeiten (mit oft sehr erheblicher zeitlicher Auswirkung) fast immer akzeptiert, d. h., entweder gehen die Beschlüsse gar nicht darauf ein, oder diese Schwierigkeiten werden positiv als Indikator für den Umfang der Ermittlungen verwendet — selbst wenn die Gutachter die ihnen gesetzte Zeit offensichtlich weit überschreiten[59].

Die Problematik der Geschäftsüberlastung[60], die sich in einigen besonders langen Terminierungen zeigte, wird ausgeklammert. D. h., wenn sich aus dem gesamten Verfahrensablauf ergab, daß die Geschäftsüberlastung ein Rolle spielen könnte, erfolgte trotzdem keine Stellungnahme des Senats zu dieser Problematik[61], wenn die Haft bereits aus einem anderen Grunde nicht verlängert wurde — sinngemäß mit der Formulierung: ‚Darauf brauchte nicht mehr eingegangen zu werden, da es bereits... an den anderen Voraussetzungen fehlt.' In einem Fall wurden zur Geschäftslage Stellungnahmen bei den beteiligten Gerichten angefordert[62], und dann erfolgte ein ‚normaler' (s. o.) Verlängerungsbeschluß, ohne auf diese Frage überhaupt einzugehen.

Wenn sonst bereits ein Termin für die Hauptverhandlung im Zeitpunkt der Vorlage zur OLG-Haftprüfung anberaumt war, dann wurde zumeist auch die Haft verlängert, teilweise unter Hinzufügungen zum Routine-Verlängerungsbeschluß wie „Hauptverhandlung ist für den... anberaumt" o. ä.[63]. Bei längeren Pausen in der Hauptsequenz (insb. durch Ermittlungsfehler, langwierige Bei-Akten-Anforderungen, Bearbeiter-Urlaub bedingt; aber nicht durch Sachverständige, s. o.) erfolgte meist keine Verlängerung der Untersuchungshaft. Diese Pausen werden dann im Beschluß detailliert aufgeführt, bevor die Verlängerungsvoraussetzungen verneint werden[64].

Zur Frage des Verhaltens des Betroffenen sind dagegen unterschiedliche Auffassungen des Senats sichtbar, da einerseits zahlreiche Haftbeschwerden und Eingaben des Betroffenen als Verlängerungsgrund akzeptiert worden sind, andererseits aber auch wieder nicht, unter ausdrücklichem Hinweis auf die Möglichkeit der Verwendung von Hilfsakten („s. RiStV Nr. 47 (3), 46 (3)")[65]. — Ebenso wird die Abwesen-

---

[59] Allenfalls erfolgen mahnende Anmerkungen (s. o.).

[60] Siehe die juristische Diskussion im Ersten Teil, o. S. 16 ff. (21 f.).

[61] Deren Aktualität im Untersuchungszeitraum 1973—1975 bereits im Abklingen befindlich war.

[62] In einem weiteren Fall lag, ohne daß von irgendwelcher Seite eine Aufforderung dazu ersichtlich war, plötzlich eine Stellungnahme des PräsLG zur Geschäftslage im Sommer vor.

[63] Als das OLG zu einem solchen Zeitpunkt trotzdem (streng dem Gesetz folgend) die Haft aufhob, reagierten die anderen Verfahrensbeteiligten einigermaßen entsetzt, was wohl die Unüblichkeit des Vorganges zeigen könnte.

[64] Verfahrensweisen der Staatsanwaltschaft werden auch dann herangezogen, wenn sich das Verfahren längst im nächsten Abschnitt befindet.

[65] RiStV aF.

heit anderer, nicht inhaftierter Beschuldigter nicht als Verlängerungsgrund akzeptiert[66].

Nicht zur Begründung der OLG-Beschlüsse, aber zur Sequenz gehört, daß in einigen Fällen das Übersendungsschreiben der örtlichen Staatsanwaltschaft mit dem Text-Teil „... das ... —Gericht hat nicht abgeholfen" bereits erstellt war, bevor der Abhilfevorgang selbst — ausweislich der Datierungen — vonstatten ging. Dies entspricht den Erfahrungen aus der beobachteten Praxis, denn in keinem Abhilfeversuch in dieser formellen Sequenz ist tatsächlich abgeholfen worden[67].

Dieser Abschnitt kann unter 2 Gesichtspunkten zusammengefaßt werden: Die Analyse der OLG-Haftprüfungsbeschlüsse[68] ergibt ebenfalls[69] keine faßbaren Kriterien zur Beurteilung dessen, was als „zu lang" anzusehen ist, sondern nur eine Zusammenstellung einiger Gesichtspunkte, die in den Entscheidungen verwendet wurden. Der Gegenschluß ist dabei nicht möglich, daß nämlich dieselben Kriterien für alle Entscheidungen verwendet worden sind, denn dann hätten wohl zumindest einige Entscheidungen anders ausfallen müssen. Diese Vermutung führt zum zweiten Punkt, da sie aus der gesamten Verfahrenssequenz abgeleitet worden ist. Die Analyse der Beschlüsse allein kann (auch bei größerer Zahl) kaum weiterführen, wenn nicht der Kontext, in dem sie stehen (insb. die Sequenzen) berücksichtigt wird. Nur kann auch damit nicht die Begründung für Beschlüsse erfaßt werden — warum so beschlossen wurde —; mehr als die Beschreibung der konkreten Zusammenhänge ist kaum möglich[70], was andererseits aber der Arbeit der Beteiligten näher kommt und so aufzeigen kann, welche Vielfalt von Tätigkeiten hinter einem einzigen Beschluß steht.

(3) Sonstige Haftprüfungen

Teil (1) nahm bereits diejenigen Haftprüfungen vorweg, die zur Haftentlassung geführt haben. Aus den Verlaufsmustern der übrigen Haftprüfungen sollen hier nur noch drei Aspekte herausgegriffen werden, die die Herstellung von Verlaufsstrukturen zeigen können.

(a) Die Sequenzen für die Haftprüfungen sind bereits angeführt worden[71]. Die Vielfalt der Möglichkeiten zur Haftprüfung führt dabei auch zu unterschiedlichen

---

[66] Dem Vernehmen nach soll sich die Verlängerungspraxis des OLG Schleswig auf den allgemein üblichen Stand (s. o. (a), S. 115) eingespielt haben, so daß die hier beschriebene Beschlußpraxis inzwischen seltener geworden sein mag.

[67] S. o. ad b) und in c) sowie die OLG-Sequenz, Anhang Nr. 23, e).

[68] Die alle nicht veröffentlicht sind.

[69] S. im Ersten Teil S. 24 zur juristischen Diskussion.

[70] Kausale Rückschlüsse (daß darum so entschieden wurde) sind nicht gewährleistbar, müssen jedenfalls dem Leser überlassen bleiben. Auch sollten keine Verhaltensweisen kritisiert werden, sondern nur der Diskussion und Analyse zugänglich gemacht werden.

[71] Siehe Anhang Nr. 23, S. 187 ff.

Sequenzen, die wiederum als Erklärung für die unterschiedliche Dauer[72] der einzelnen Haftprüfungsarten herangezogen werden könnten.

(b) Häufig zu beobachten ist das Zurückziehen von Haftprüfungsanträgen von Seiten des Häftlings[73] bzw. der Verzicht auf das Stellen von Anträgen in der mündlichen Haftprüfung. Gelegentlich fragen auch die beteiligten Stellen an, ob ein bestimmter Antrag noch aufrechterhalten werde (meist nachdem sich die haftrechtliche Lage, auch durch Haftbefehlserweiterung, geändert hat). Sonst kann auch beobachtet werden, daß bei Vernehmungen o. ä. versucht wird, auf den Beschuldigten im Sinne einer Zurückziehung des Antrags einzuwirken, wie im gerichtlichen Verfahrensabschnitt versucht wird, ihn mit seinem Haftprüfungsantrag auf die baldige Hauptverhandlung zu verweisen. Die Argumentationen sind dabei i. d. R. nicht zugänglich, aber in einem Falle nahm ein Beschuldigter seinen Antrag ausdrücklich „im Interesse der Verfahrensbeschleunigung" zurück, was Rückschlüsse auf die anderen Fälle zulassen mag.

(c) Auch sonst sind die Argumentationen meist nicht zugänglich[74]. Gelegentlich wird versucht, den Grundsatz der Verhältnismäßigkeit heranzuziehen. Sonst geht es aber meist um ‚praktischere' Probleme, wie den Nachweis von Arbeitsmöglichkeiten oder die Aufbringung von Kautionen. Im Beschlußverfahren vor allem sind regelmäßig keine argumentierenden Entscheidungen zu finden; allenfalls sind die Anträge der Beschuldigten, zumal die selbstverfaßten, mit manchmal sehr langen Ausführungen versehen, die zumeist juristisch nicht ‚relevant' sind. Ein Eingehen darauf ist in den Beschlüssen kaum zu finden, Die Protokolle über mündliche Anhörungen geben ebenfalls nichts über die inhaltliche Seite dieses Abschnittes her[75].

(d) Die ausgesprochenen intrikaten gesetzlichen Formulierungen und Möglichkeiten der Haftprüfungsmittel führen außer zu einer Vielfalt der Sequenzen auch zu einigen spezifischen Problemen der Abgrenzung voneinander/hintereinander, die erst an anderer Stelle behandelt werden[76].

(4) Die Handhabung des Schlußgehör-Angebots

Die Handhabung des Schlußgehör-Angebots ist im quantitativen Teil bereits kurz erörtert worden[77]. Es sollen wiederum nur einige Punkte der Handhabung be-

---

[72] Siehe Kap. 3. a), bb), (2), S. 71.

[73] n = 11 Fälle.

[74] Zumal in mündlichen Haftprüfungen nicht, s. sogleich.

[75] § 118a Abs. 3 S. 2 StPO mit dem Verweis auf die §§ 271—273 StPO bewirkt, daß, wie allgemein im Strafprozeß, die „Beobachtung aller wesentlichen Förmlichkeiten" über das Wortprotokoll (s. § 273 Abs. 3 StPO) gestellt wird. Fraglich ist, ob das nur zu Schwierigkeiten für die Forschung führt.

[76] In Teil c)

[77] S. o. bei 3., b), aa), (4), S. 78 ff.

handelt werden. In insgesamt 78 Verfahren kann der Frage nach der Schlußgehörsgewährung nachgegangen werden, weil sich zu diesem Zeitpunkt auch jemand in Haft befand. In 50 Verfahren fand ein entsprechendes Angebot auch statt, während es in 28 Verfahren entfiel.

(a) Letztere sollen zunächst näher aufgeschlüsselt werden. Davon fallen 5 Verfahren für die Analyse von vornherein aus, da es sich dabei um beschleunigte Verfahren gem. § 212 ff. StPO handelte, in denen gemäß § 212a aF StPO das Schlußgehörsangebot entfiel.

In 13 Verfahren wurde dies Angebot als entbehrlich angesehen, darunter in 6 Fällen etwa mit der Begründung „kein Schlußgehör, da geständig“[78]; in 3 Verfahren wurde das Entfallen schlicht vermerkt, und in 3 weiteren Verfahren fehlt selbst ein solcher Vermerk. Im letzten Verfahren findet sich die ausführliche Begründung („Da die [mögliche] sofortige Anklageerhebung im Interesse des Beschuldigten liegt, soll vom Schlußgehör abgesehen werden, zumal dazu keine gesetzliche Verpflichtung besteht“)[79], die wohl auch für die anderen Fälle gelten dürfte.

In den dann verbleibenden 10 Verfahren (sowie einigen anderen, die nur dann keine Haftsache mehr waren), lagen Verzichte vor, die meist anläßlich Vernehmungen, mündlicher Haftprüfungen oder sonstiger verfahrensbedingter Kontakte mit dem Beschuldigten, gelegentlich auch auf direkte telefonische Rückfrage beim Anwalt unmittelbar vor Anklageerhebung erklärt worden waren.

(b) Unter den 50 Fällen, in denen das Schlußgehörsangebot gewährt worden war[80], sollen nur diejenigen seltenen Fälle behandelt werden, in denen auch entsprechende Eingänge vorhanden waren. Da dies nur in 6 Fällen der Fall war, heißt das auch, daß das Schlußgehörsangebot, wenn es überhaupt noch gemacht wurde, von den Beschuldigten nur selten genutzt wurde.

In zwei Fällen wurde entsprechenden Anträgen mit Begründung nicht stattgegeben. In einem Fall wurde ein entsprechender Antrag des Beschuldigten nach Rücksprache mit dessen Verteidiger von diesem zurückgezogen. In zwei Fällen wurden eingegangene Schreiben nicht als Schlußgehörsanträge klassifiziert (sondern als weitere Einlassungen zur Sache).

Im letzten Fall schließlich war ein entsprechender Antrag eingegangen, woraufhin die Akten erst einmal an den Pflichtverteidiger zur Einsicht gesandt wurden (ein

---

[78] Lt. pers. Auskunft war dies bei einigen Staatsanwälten wenn immer möglich gängige Praxis.

[79] Der Staatsanwalt muß damit § 169b Abs. 1 S. 2 aF StPO gemeint haben, denn das *Angebot* war an sich vorgeschrieben (gem. § 169a Abs. 2 StPO), aber die Begriffe gingen oft durcheinander. Die Möglichkeit, das Schlußgehör — bei Schöffengerichtsanklagen — zu versagen, führte so dazu, daß gar nicht erst dazu das Angebot gemacht wurde.

[80] Darin sind die Strafkammer- und Schwurgerichtsanklagen enthalten, bei denen gem. § 169b Abs. 1 S. 2 aF StPO das Schlußgehör nicht versagt werden konnte, also zumindest das Angebot obligatorisch war, obwohl auch hier wohl noch Verzichte möglich waren; diese Frage ist nicht näher untersucht.

dementsprechender Antrag lag ebenfalls vor). Trotzdem wurde von beiden (Anwalt und Beschuldigtem) auf dem Schlußgehör bestanden, das dann schließlich auch gewährt wurde[81] — die Anklage ging noch am selben Tage ab.

Die durchgängige Praxis, in das Formblatt für das Schlußgehörsangebot eine Durchschrift des Anklagesatzes aufzunehmen (woraus geschlossen werden kann, daß Anklage und Schlußgehörsangebot zusammen gefertigt werden), wurde bereits im Zusammenhang mit der Anklageabfassung erwähnt[82].

Bei diesem Bild der Handhabung des Schlußgehörs ist zu berücksichtigen, daß es kurz nach dem Untersuchungszeitraum abgeschafft wurde und dies bereits im Raum stand[83]. Somit können in diesem Zeitraum die Argumentationen gegen das Schlußgehör und dessen geringe Nutzung schon einander bedingt haben[84].

(5) Rückverfügung an die Polizei

Bei den Rückverfügungen an die Polizei können zwei Gesichtspunkte unterschieden werden, einmal der Einsatz der Polizei durch die Staatsanwaltschaft und dann die Verfahrensweise der Polizei selbst.

(a) Der (ggf. nochmalige) Einsatz der Polizei durch die bearbeitende Staatsanwaltschaft ist bereits im quantitativen Teil angesprochen worden[85]. In immerhin über einem Drittel aller verfügbaren Fälle fanden keine Rückverfügungen nach der Festnahme mehr statt[86]. Sonst wurden sie grundsätzlich gleich nach der Absolvierung der Anlauf-Sequenz[87] verfügt, mit der Standard-Verfügung „UmA [Polizei] mdB Abschluß der Ermittlungen". Daß diese Verfügung oft Routine-Charakter trägt, könnte daraus geschlossen werden, daß Staatsanwälte, die offensichtlich vertretungsweise die Akte bearbeiteten, diese Verfügung, auch ohne daß die Polizei es verlangt hätte, vornahmen (so daß nach Erledigung der ‚richtige' Staatsanwalt weiter arbeiten kann). Die Frage, ob eine Rückverfügung notwendig oder nicht (mehr)

[81] Dies ist somit der einzige Fall in der gesamten Untersuchung, in dem ein mündliches Schlußgehör auch stattfand.

[82] S. oben (Teil a), (2), S. 109.

[83] Kritisch zur Abschaffung des Schlußgehörs *Grünwald* (50. DJT, 1974, S. C 43 ff.), der auf alle Argumentationen ausführlich eingeht.

[84] Die Frage, ob die Zeit für das Schlußgehörsangebot von der Haftzeit einfach abgezogen werden kann, also als künftig einzusparend angesehen werden kann, ist bereits im quantitativen Kap. 3., b), aa), (4), S. 78 ff. erörtert worden. Die Handhabung zeigte, daß es anscheinend auch vom bearbeitenden Staatsanwalt abhing, ob es routinemäßig angeboten wurde oder nicht.

[85] S. 3. b), aa), (7) — Kap. Polizei und (5) Anlaufzeiten, sowie die Festnahmesequenz, Anhang Nr. 26.

[86] S. oben Kap. Polizei (via FN 85), obwohl prima facie in Haftsachen die Ausgangslage anders sein könnte als in *Steffens* (1976, 270 ff.) Untersuchung, wo die StA grundsätzlich erst nach Abschluß der polizeilichen Ermittlungen eingeschaltet wurde.

[87] S. diese Anhang Nr. 24, S. 189.

notwendig gewesen ist, läßt sich aber meist aus der Aktenanalyse (zumal retrospektiv) nicht beantworten, da dazu auch die Kenntnis nicht verfügbarer, aber möglicherweise vorhandener Ermittlungspläne[88] notwendig gewesen wäre.

(b) Verfügbar sind aber einige Informationen über die Form der Zusammenarbeit zwischen Polizei und Staatsanwaltschaft an der Haftsache.

Manchmal wird von Polizei-Seite vermerkt, daß alle Vorgänge dort in Durchschrift zur Verfügung stehen, oder dieses läßt sich zumindest erschließen, wenn bei Rücksendungen zu Haftprüfungen — praktisch immer — bei der Polizei weitergearbeitet wird. Die polizeiliche Arbeit ist also anscheinend relativ unabhängig von der Verfügbarkeit der Akten, zumal sie, wenn überhaupt noch nach der Festnahme, dann meist direkt im Anschluß an diese stattfindet. Trotzdem wird zum Teil von der Polizei auf der Rücksendung der Akten bestanden (sogar selbst dann noch, wenn das Vorhandensein kompletter Durchschriften vermerkt worden ist).

Aus einigen vagen Hinweisen läßt sich überdies erschließen, daß bei der Polizei zumindest teilweise komplette eigene Vorgänge geführt werden[89]. So scheint hier das Prinzip der Aktenmäßigkeit (des Strafverfahrens) zu dominieren[90]. Wenn die Akten überhaupt noch wieder an die Polizei rückverfügt worden sind, beschränkt sich die Tätigkeit der Staatsanwaltschaft meist darauf, die übrigen Aspekte des Strafverfahrens zu verwalten (insb. Haftprüfungen, Auskünfte etc.); daraus kann Steffens Beobachtung, daß die Polizei die gesamte Tatermittlung allein vornimmt[91], durchaus bestätigt werden. Die polizeiliche Praxis, Abschlußberichte zu schreiben, die dann der Staatsanwaltschaft anzeigen können, daß die Teil-Sequenz polizeiliche Tätigkeit beendet ist und sie selbst die Initiative ergreifen muß, erwies sich leider als ziemlich diffus. Es war überhaupt nicht ergründbar, wann Abschlußberichte erstellt wurden — es sei denn, es handelte sich um sehr umfangreiche Sachen, die eine Straftatenaufstellung erforderten[92] — und wann diese Teil-Sequenz ohne formellen Abschluß beendet wurde, so daß dieser Indikator[93] nicht verwendet werden konnte.

Innerhalb der Teil-Sequenz sind unterschiedliche Abläufe der Kooperation festzustellen. Werden von der Staatsanwaltschaft die Akten zur Haftprüfung angefordert, so wird darauf von der Polizei sofort (mit Rücksendung) reagiert. Mahnt da-

---

[88] Die zudem meist nicht schriftlich fixiert sein dürften.

[89] Da die Polizei selbst Verwaltung ist, gilt hier ein eigenes Prinzip der Aktenmäßigkeit, das aber nicht so sehr außengerichtet ist wie beim Strafverfahren allgemein.

[90] Genauer dessen Legitimationsaspekt; der Kommunikationsaspekt ist hier nur noch formal erhalten (s. zu diesen Aspekten den Zweiten Teil, oben S. 37 ff.).

[91] *Steffen* 1976, S. 294; eigene Vernehmungen durch die Staatsanwaltschaft (wenn, dann nach Abschluß der Polizei-Teil-Sequenz) waren sehr selten.

[92] Diese waren dann in vervielfältigter Form (Spritmatrize) dem Abschlußbericht beigefügt; s. auch bei FN 89.

[93] Siehe *Steffen* 1976, S. 333 (Codebogen) und S. 280 (Text).

gegen die Staatsanwaltschaft allgemein den Abschluß der (polizeilichen) Ermittlungen an, so sind die Reaktionen sehr viel langsamer oder bleiben ganz aus[94].

(c) Die polizeiliche Tätigkeit selbst kann mit der Aktenanalyse nicht sehr weit untersucht werden. Unter dem zeitlichen Aspekt sind nur einige Punkte zu beachten, die an anderer Stelle erörtert werden, nämlich vor allem gelegentliche Fristverlängerungs-Anfragen[95], sog. „Rechtfertigungsvermerke“[96] und generell ‚Wartezeiten‘, d. h., über bestimmte Zeiträume sind in dieser Teil-Sequenz keine Tätigkeiten der Polizei zu beobachten (ggf. im wesentlichen Vernehmungen). Ob dies aber darauf beruht, daß auf irgend etwas gewartet werden mußte — wie etwa die Vernehmung auf freiem Fuß befindlicher und somit nicht so leicht verfügbarer Zeugen — oder lediglich nichts für die Haftakte dokumentiert wurde, läßt sich hier noch weniger als sonst ergründen[97].

(6) Sachverständige

Bei den Sachverständigen-Sequenzen sind die gleichen Punkte auseinanderzuhalten, nämlich die Beauftragungspraxis und das erkennbare Verhalten der Sachverständigen.

(a) *Wer* beauftragt hat, läßt sich leicht feststellen; in 9 Fällen war es das Gericht der Hauptsache, in 4 Fällen die Staatsanwaltschaft[98]. Die Frage, *warum* beauftragt wurde, ist schwieriger zu beantworten. Zwei Fälle hatten eine Unterbringung zum Ergebnis, wofür bei der Beauftragung schon Anhaltspunkte vorhanden gewesen sein müssen. Weiter wurde in 3 Mord-Sachen, sämtlich durch die Staatsanwaltschaft, eine Begutachtung beantragt. Weiteres ginge zu sehr in die Einzelfall-Analyse.

(b) Das erkennbare Verhalten der Gutachter kann — neben einigen Klagen dieser über ihre Überlastung — zeigen, daß ihnen die offensichtlich allgemein zugestandene Toleranz[99], was den Zeitverbrauch angeht, durchaus bewußt ist, denn wenn überhaupt Mahnungen erfolgen, werden sie mit Gelassenheit behandelt. Die Tätig-

---

[94] S. a. sogleich.

[95] Falls eine Frist für den Abschluß der (polizeilichen) Ermittlungen gesetzt worden war, wurde eine Verlängerung bei deren Ablauf erbeten und meist auch entsprechend gewährt; s. i. Ü. Teil c), (3), unten S. 135 ff. (138).

[96] S. dazu ausf. unten, Teil c), (3), S. 135 ff. (d. s. Vermerke, die sich auf den Zeitverbrauch beziehen).

[97] Daß sich gelegentlich Beschuldigte weigern, Vernehmungsprotokolle zu unterschreiben, weil sie mit den ihnen zugeschriebenen Formulierungen nicht einverstanden sind, und daß die Protokolle oft mit der stereotypen Wendung „nach einem längeren Vorgespräch erkläre ich mich nunmehr zur Aussage bereit“ beginnen (sowie manches andere), dürfte Kriminologen nicht überraschen.

[98] S. oben 3., a), bb), (1), S. 68 f.

[99] Vgl. die OLG-Praxis hierzu, oben (2).

keit der Gutachter selbst ist wiederum nicht dokumentiert (d. h. Exploration, Aktenstudium, Berichtsabfassung; in den der Gutachtenübersendung stets vorangestellten Abrechnungen ist die Zahl der Arbeitsstunden für Exploration und für Aktenstudium meist gleich).

(7) Akteneinsichten

Die Praxis der Gewährung von Akteneinsichten ist ebenfalls kaum zugänglich. Es gehen erheblich mehr entsprechende Anfragen ein, als schließlich auch Akteneinsichten gewährt oder auch nur abgelehnt werden. Aus der Beobachtung der gesamten Sequenz kann, mit aller Vorsicht, geschlossen werden, daß Akteneinsichten keine besondere Dringlichkeitsstufe zu haben scheinen (einerseits gehen andere, sich aus der normalen Sequenz ergebende Handlungsabläufe vor, andererseits werden Akteneinsichten oft dann (erst) gewährt, wenn sie innerhalb einer größeren Sequenz ablaufen können, wie etwa in der Schlußgehörsfrist oder nach der Terminierung). Die explizite Ablehnung von Akteneinsichts-Anträgen ist relativ selten und trifft dann nicht unmittelbar Verfahrensbeteiligte. Sonst wird die vom Arbeitsaufwand her einfachere Versandnachricht vorgezogen (bis hin zur Verfügung: „1. UmA ... 2. Versandnachricht an ...“[100]), was den gleichen Zweck erfüllt. Eine Akteneinsicht führte bis zu einem der gleich behandelten „Privatkriege“.

(8) Privatkriege

Dies ist eine Sammelkategorie für Auseinandersetzungen zwischen einzelnen Verfahrensbeteiligten, in denen die Routine-Abläufe gestört waren[101], deren Fragilität damit aufgezeigt werden kann. Die folgende Beschreibung erfaßt nur solche Einzelfälle, die von exemplarischer Bedeutung sein könnten.

Nach einer Akteneinsicht wurde von einem Anwalt gerügt, daß die in der Akte enthaltenen Strafregisterauszüge entnommen worden waren. Daraufhin rechtfertigte sich der zuständige Geschäftsstellenverwalter unter Hinweis auf seine Richtlinien[102], womit sich der Anwalt nicht zufrieden gab, dann, durchaus ungewöhnlich, den bearbeitenden wie den die Abteilung leitenden Staatsanwalt einsetzte und sich schließlich auch durchsetzte. Nach einer dienstlichen Anweisung an den Geschäftsstellenverwalter bekam er die Akten noch einmal, mit allen Strafregister-Auszügen.

---

[100] Dies soll nicht kritisiert werden (es kann so durchaus zweckmäßiger gewesen sein), es geht nur um diese Sequenz.

[101] Deren Erhaltung und Einhaltung bei behördlicher Arbeitsweise sonst von zentraler Bedeutung ist (s. *Zimmerman/Wieder* in *Douglas* (ed.) 1971, S. 291 f.); deshalb trugen diese Auseinandersetzungen, bei aller Formwahrung (gerade deshalb) fast schon persönliche Züge.

[102] (Dem Verf. nicht verfügbar) bezgl. mehrerer Beschuldigter.

Briefkontrollen (gem. § 119 StPO)[103] sind von dieser Untersuchung nicht näher erfaßt worden, da einmal die Unterlagen darüber in den Akten so unterschiedlich eingeordnet, oft auch nicht datiert sind, daß Aussagen kaum möglich scheinen, und auch die Briefkontrollen in der Verfahrenssequenz offensichtlich keine Rolle spielen, gleichsam nebenbei erledigt scheinen.

In den meisten Fällen wurde die Briefkontrolle vom an sich allein zuständigen Haftrichter (vgl. § 119 Abs. 6 StPO) mit Zustimmung des Häftlings auf den bearbeitenden Staatsanwalt übertragen. Dieser, anscheinend übliche, Handlungsablauf wurde schließlich auch von der Staatsanwaltschaft als Lösung vorgeschlagen, als der Haftrichter mit einem ausländischen Brief Probleme hatte, die bis hin zu mehreren Beschwerden und Hin- und Herverfügungen zwischen den Instanzen mit insgesamt beträchtlichem Zeitaufwand führten. Die Lösung erwies sich auch als wirksam; weitere entsprechende Probleme blieben aus, obwohl anscheinend noch mehrere Briefe behandelt werden mußten.

In zwei Fällen sandte der Haftrichter die erhaltenen Akten zurück, um einen den RiStV (aF) entsprechenden Antrag zu erbitten. In einem Fall unterblieb dieser, da der Staatsanwalt dem Haftrichter nur eine Haftverschonung nahelegen, aber keinen expliziten Antrag stellen wollte. Im anderen Fall, in dem es um eine Haftbefehlserweiterung ging, traf daraufhin ein äußerst detaillierter Antrag ein.

Andere Fälle waren nicht so umfangreich, so daß nur noch ein letzter Fall erwähnt werden soll, der einige weitere Problematiken verdeutlichen kann.

Ein Beschuldigter[104] wehrte sich gegen seine Verhaftung ganz außerordentlich, indem er Sachverständige verlangte, mit seinen Verteidigern (vom Gericht bestellte, s. o.) unzufrieden war und ständig — nach Aufgabe des Kampfes gegen die Verhaftung — nach beschleunigter Bearbeitung verlangte. Letzteres wurde zum Teil als Haftbeschwerde angesehen, zum Teil auch als solche formuliert (mit der Begründung: beschleunigte Bearbeitung oder Entlassung).

Schließlich wurde dieser Beschuldigte darauf hingewiesen, daß seine ständigen Anträge und Beschwerden es seien, die die beschleunigte Bearbeitung des Verfahrens behinderten. Dieser Fall macht so exemplarisch deutlich, daß alle Kommunikationsversuche von seiten des Betroffenen, aktiv an der Gestaltung des Verfahrens (wie des Vollzugs der Haft) mitwirken zu wollen, sich effektiv — bei der gegenwärtigen Gestaltung des Verfahrensablaufs — verfahrensverzögernd auswirken können[105].

---

[103] UVollzO 28 ff. i. V. m. § 119 Abs. 3 StPO gem. *Kleinknecht* 33. Aufl. Anm. 16 zu § 119 StPO; der Vollzug der Untersuchungshaft ist gesetzlich nicht geregelt (*Kleinknecht* Anm. 2), die Lage ist hier ähnlich wie vor dem Erlaß des StrVollzG.

[104] Außerdem Ausländer, also ein (sub-)kulturell Fremder.

[105] Dabei bleibt es gleich, ob der Betroffene formell, also mit Haftprüfungs-etc.-Anträgen, oder informell vorgeht, da alles erst bearbeitet werden muß.

(9) Ruhezeiten

Ruhezeiten[106] kommen sowohl bei den Verfahrensführenden, Staatsanwaltschaft und Gericht, wie bei sonstigen Stellen vor, allerdings in verschiedener Ausprägung.

So sind Ruhezeiten — also Zeiträume ohne Ereignisse — im gerichtlichen Verfahrensabschnitt sinnvollerweise nur vor der fixierenden Terminierung denkbar; die Ruhezeiten danach, und es sind in aller Regel danach keine Ereignisse mehr vor der Hauptverhandlung zu verzeichnen, sind für den zeitlichen Ablauf des Verfahrens irrelevant. Aber auch im Zeitraum davor, zwischen Anklagezustellung und Eröffnung/Terminierung, sind meist nur wenig Ereignisse zu verzeichnen[107]. Damit könnte man auch in diesem Bereich von ‚Ruhezeiten' sprechen[108].

Im staatsanwaltschaftlichen Verfahrensabschnitt sind ‚Ruhezeiten' bedeutender und nicht so sehr mit der Eröffnungsproblematik verknüpft, sondern ein eigenständiges Phänomen. Sie sind vom Effekt her bestimmt: Über einen bestimmten Zeitraum geschieht beim Aktenführenden überhaupt nichts, so daß sich die Haftzeit für den/die Betroffenen dadurch unmittelbar verlängert. Die Frage, ob in diesem Zeitraum nichts getan werden *konnte*, ist von komplexen Bewertungen abhängig (z. B. ob man Personalmangel, Vordringlichkeit anderer Erledigungsvorgänge, bestimmte Vorgehensweisen etc. akzeptiert oder nicht).

Die sog. ‚Schiebeverfügungen' weisen dabei auf ein besonderes Problem hin: Diese können mit der Feststellung, daß über einen bestimmtem Zeitraum überhaupt nichts geschehen ist, nicht erfaßt werden, denn sie führen ja zu Ereignissen. Ein Teil dieser Problematik sollte bereits mit der Erfassung von ‚Bei-Akten-Anforderungen'[109] eingegrenzt werden. Generell sind aber ‚Schiebeverfügungen' aus der Aktenanalyse heraus nur sehr schwer erkennbar, so daß auf eine weitergehende Erfassung verzichtet werden mußte.

Die Erfassung von ereignislosen Zeiträumen spiegelt reflexiv die Schwierigkeit, der sich Aktenführende gegenüberstehen, denn es sieht einfach „nicht gut aus", wenn längere Zeit nichts geschieht[110]. Somit werden Aktenführende geradezu durch die Beschleunigungsgrundsätze gezwungen, ständig Tätigkeiten vorzunehmen oder sonst deren Ausbleiben zu begründen[111].

---

[106] Zur Begriffsbildung s. o. 3., b), aa), (10), S. 88 ff.

[107] In 42 der 62 Verfahren im gerichtlichen Verfahrensabschnitt waren keinerlei Ereignisse vor der Verfahrenseröffnung zu verzeichnen; nur in 14 der 62 Verfahren betrug der Abstand von Anklagezugang bis Verfahrenseröffnung weniger als 14 Tage.

[108] Zur Problematik dieser Zeiträume s. bereits oben 3., bb), (3), S. 93, und 5., a), (3), S. 109 f.

[109] S. o. 3., b), aa), (10), S. 88 ff.; 5., b), (2), (e), S. 118.

[110] Auch die scheinbaren Ausnahmen bestätigen diesen Sachverhalt, da offensichtlich den Gerichten bei der Verfahrenseröffnung sowie den Sachverständigen und in Grenzen der Polizei (letzteres wegen der Abhängigkeit der Aktenführenden von ihrer Tätigkeit) auch extensive ‚Ruhezeiten' allgemein zugestanden werden.

[111] Siehe dazu unten, c), (3), S. 129 ff.

Das haftprüfende OLG kann es sich in solchen Fällen etwas einfacher machen. Im einzigen längeren Verfahren ohne ‚Ruhezeit‘[112] fand gleichwohl eine Aufhebung der Untersuchungshaft nach 6 Monaten statt. Das OLG hatte der Staatsanwaltschaft demonstriert, daß bereits nach einem bestimmten Zeitpunkt im Verfahrensablauf keine Ermittlungshandlungen in der anstehenden Sache mehr vorgenommen worden waren, sondern nur noch sonstige, für die Anklagefertigung irrelevante Tätigkeiten[113].

Die hier festgestellten ‚Ruhezeiten‘ sind somit nur bereits an der Oberfläche faßbare Phänomene. Es sollte noch einmal betont werden, daß hier keine Bewertung mit der Feststellung von ‚Ruhezeiten‘ verknüpft wurde. Es konnte auch nicht mit hinreichender Sicherheit deren Bedeutung für den gesamten Verfahrensabschnitt festgestellt werden.

(10) Doppelakten

Die Handhabung von Doppelakten erfährt hier ein eigenes Kapitel, weil sie der Fragestellung der gesamten Arbeit zugrunde liegt[114].

Doppelakten sind nur in drei Verfahren angefertigt worden, davon in zwei Fällen zur gesonderten Verfolgung weiterer Beschuldigter, auch mit dem Vermerk, daß diese Erstellung und die gesonderte Verfolgung zur Beschleunigung des *vorliegenden* Verfahrens erfolgen solle. Damit sind diese „Doppelakten“ aber aus der ablaufenden Verfahrenssequenz ausgeschieden, so daß keine Doppelakten im gemeinten Sinne vorliegen.

Im dritten, also einzigen, Verfahren wurde gegen das Ende des Ermittlungsverfahrens eine Doppelakte gefertigt — ohne ersichtliche formulierte Begründung[115] —, so daß zwei Haftbeschwerden im Doppel geführt werden konnten[116], während in der Hauptakte neben einer weiteren Haftprüfung die Anklagefertigung durchgeführt wurde. Dabei war zu beobachten, daß die Doppel-Fertigung (bei schon relativ umfangreicher Akte) selbst umfangreiche Verfügungen nebst Herstellungen durch die Geschäftsstelle erforderte und ihrerseits einige Zeit für sich in Anspruch nahm. Nach dem Anklage-Eingang ist das Doppel offensichtlich nicht mehr verwendet worden[117].

---

[112] In der Gruppe Haftdauer im Ermittlungsverfahren 120—149 Tage, s. Tab. 14, S. 89.

[113] Eine Übernahme dieser Vorgehensweise für die Aktenanalyse erscheint sehr problematisch, so daß davon Abstand genommen wurde.

[114] Es liegen ggf. dann keine einfachen Sequenzen, sondern parallele Handlungsabläufe vor, wenn mit Doppelakten gearbeitet wird.

[115] Es scheint auch nicht möglich zu behaupten, daß dem Bearbeiter das Verfahren außer Kontrolle zu geraten schien, wenn man es mit ähnlich gelagerten Verfahren vergleicht.

[116] Diese Haftprüfungen wurden dementsprechend im quantitativen Teil nicht berechnet.

[117] Zur Beobachtung stand auch nur die Haupt-Akte zur Verfügung. Die Führung des Doppels konnte aber außer durch die entsprechenden Anordnungen dadurch erschlossen werden, daß auch in der Haupt-Akte alle (?) Verfügungen, die sich auf Vorgänge im Doppel bezogen, enthalten waren.

Will man schon aus diesen wenigen Beobachtungen Schlüsse ziehen, so ergibt sich, daß die Fertigung von Doppel-Akten nur dann sehr effektiv (i. S. von Zeitersparnis) zu sein scheint, wenn die Aktenführung von vornherein darauf angelegt ist[118] und dies nicht erst „mittendrin" erfolgt, weil sonst der Aufwand recht groß wird. Außerdem scheint die Bearbeitung zwar komplizierter zu werden, da dann zwei Teil-Sequenzen gleichzeitig ablaufen, aber die Probleme scheinen nicht unüberwindbar zu sein.

(11) Zusammenfassung

Die letzten drei Unterpunkte bezogen sich schon nicht mehr unmittelbar auf isolierbare Teil-Sequenzen, wenn auch noch auf besondere Ablaufmomente innerhalb jeder möglichen Sequenz. Es wurden aber bereits besondere Aspekte zeitbezogenen Handelns herausgearbeitet, die im folgenden Abschnitt ausschließlich behandelt werden[119].

c) Zeitbezogenes Handeln

In diesem Teil sollen einige Handlungsweisen der Verfahrensbeteiligten behandelt werden, die zeigen, wie zeitliche Aspekte ihr Handeln beeinflussen und bestimmen.

(1) Definitionsmacht

Unter diesem Stichwort soll nur ein Teil dessen angeschnitten werden, was in der allgemeinen kriminal-soziologischen Diskussion darunter verstanden wird[120].

Es geht hier allein um die Möglichkeit zu bestimmen, wie das Verfahren weitergehen soll, d. h. welche Teil-Sequenz als nächste in Angriff genommen werden soll. Oft steht dies fest, wenn bestimmte Ereignisse eingetreten sind: so, wenn ein bestimmter Antrag eingegangen ist oder eine Teil-Sequenz absolviert worden ist, so daß die sich aus der *Haupt*-Sequenz ergebende nächste Teil-Sequenz in Angriff genommen werden kann, oder durch Bezugnahme auf den (gewöhnlichen) Ablauf in-

---

[118] Die technischen Voraussetzungen dürften kein Problem sein.

[119] Zeitliche Aspekte zeigen alle Handlungen; der folgende Abschnitt behandelt nur die Darstellungen, die die Beteiligten selbst von den zeitlichen Aspekten ihres Handelns geben.

[120] Vgl. nur *Feest/Blankenburg* 1972 (natürlich auf *Cicourel* 1968 aufbauend, vgl. dort S. 166 ff., 240 f., 331 ff.); gemeint ist immer die Umsetzung abstrakter Normen etc. durch praktische Tätigkeiten; die Begriffsverwendung trägt seitdem fast inflationäre Züge.

nerhalb einer Teil- oder Sonder-Sequenz. Dann gibt es nicht sehr viele Möglichkeiten, aktiv in die Gestaltung des Verfahrensablaufs einzugreifen[121]. Die folgenden Beobachtungen sind auf explizite Punkte beschränkt, aus denen sich ergibt, daß zwischen mehreren möglichen Handlungsabläufen gewählt werden mußte, indem ein vorangegangenes Ereignis oder Handlungsablauf erst einmal durch die Verfahrensbeteiligten klassifiziert werden mußte[122]. Aus der vorgenommenen Klassifizierung (Definition) konnte sich dann erst ergeben, was daraufhin zu geschehen hatte[123].

(a) Bei Haftprüfungen stellt sich für den Aktenführenden das Problem, eingegangene Schreiben zu klassifizieren: es zeigt sich an Vermerken etwa des Inhalts, das eingegangene Schreiben sei als Beschwerde (oder Haftprüfungs-, Verschonungsantrag) anzusehen[124]; diese Vermerke klären also die Sachlage — auch und gerade, aber nicht nur, bei umfangreichen/diffusen Schreiben, indem sie mit deren Bedeutung auch den weiteren Ablauf festlegen[125].

Das Problem ist dabei nicht nur, ein Schreiben als Rechtsmittel zu bezeichnen (und damit erst als solches zu etablieren), sondern auch noch ein Auswahl-Problem wegen der verschiedenen gesetzlichen Möglichkeiten. So erfolgt die Klassifikation als Beschwerde dann, wenn ein Schreiben nach einem ergangenen Haftprüfungsbeschluß eingegangen ist und darauf mehr oder minder Bezug nimmt[126]. Die Auswahl wird kompliziert, wenn mehrere Möglichkeiten in Betracht kommen können, so daß z. B. erst erklärt werden muß, worauf sich ein Schreiben bezieht oder welche Möglichkeit gemeint gewesen sein könnte.

(aa) Insbesondere taucht dieses Problem bei Haftprüfungsanträgen auf, da oft schwierig zu entscheiden ist, ob sich der Antrag auf eine *mündliche* Haftprüfung bezog. Dabei ist die Tendenz festzustellen, mündliche Haftprüfungen nur dann vorzunehmen, wenn dies ausdrücklich verlangt ist; entsprechend lautete ein Beschluß des Haftrichters, der als Beleg dafür herangezogen werden kann (auf diesen Beschluß folgte dann freilich ein neuer Antrag auf mündliche Haftprüfung). Ebenso müssen von allen Beteiligten gelegentlich, wegen § 117 Abs. 2 StPO, Kollisionen

---

[121] Abgesehen von der kognitiven Dimension; s. dazu *Cicourel* ebd.; 1976, S. xx; sowie die folgende Einschränkung.

[122] Weitergehend ist die Frage, *ob* eine Teil-Sequenz begonnen werden soll (insb. bei Beauftragungen, s. dazu schon oben, b), (5), (6), (7), S. 122 ff.).

[123] Methodische Anmerkung: also eine hoch reflexive Tätigkeit (s. dazu *Mehan/Wood* 1975, S. 137 und ff.).

[124] Die Vermerke, daß dies *nicht* der Fall sei, sind demgegenüber merklich seltener, und anscheinend nicht nur wegen der allgemeinen Praxis (s. sogleich, FN 125), sondern auch, weil bei allgemeinen Schreiben keine Teil-Sequenz begonnen werden muß.

[125] Die Praxis dabei war, eher ein Schreiben zuviel als zuwenig so zu klassifizieren. — Der interessanten Frage, *wann* die Klassifikation erfolgte, also nach wieviel Zeit seit dem Eingang, und in welchem Zusammenhang mit den Sequenzen, konnte leider nicht nachgegangen werden, weil dazu schon die Datenbasis nicht ausreicht.

[126] Hier schient die zeitliche Ordnung vor der sequentiellen Vorrang zu haben.

zwischen gleichzeitig vorliegenden Haftprüfungsanträgen und Haftbeschwerden gelöst werden[127].

(bb) Da oft verschiedene Auffassungen möglich sind, bleibt es nicht aus, daß verschiedene Beteiligte darüber uneinig sind, etwa, ob nun ein Antrag auf Haftprüfung oder eine Beschwerde vorliegt, das Schreiben überhaupt als Beschwerde anzusehen ist, usw.[128]

Die ganze Problematik wird an einem Vorgang deutlich, in dem der Staatsanwalt einen Antrag auf mündliche Haftprüfung (nach einem vorangegangenen Haftprüfungsbeschluß) als Beschwerde aufgefaßt hatte und dann die Strafkammer zwar anderer (der geschilderten) Ansicht war, aber, da auch der Haftrichter beim Abhilfeversuch eine Beschwerde angenommen hatte, dann um entsprechende Anträge und Fortsetzung des Beschwerdeverfahrens bat.

Die grundsätzliche Fragilität der Definitionen kann an einem anderen Fall gezeigt werden, wenn ein Staatsanwalt meint, daß er ein Schreiben für einen Antrag auf mündliche Haftprüfung halte und das Haftgericht, falls es dem zustimme, um die Weiterleitung der Akten (zwecks Antragstellung, also Übergang in die entspr. Teil-Sequenz) bittet.

(cc) Folglich finden sich auch Klärungsversuche, indem Rückfragen beim Absender erfolgen, wie ein Schreiben anzusehen sei, ob als Beschwerde, ob damit mündliche Haftprüfung verlangt werde, welcher Antrag aufrechterhalten werde, usw.

(b) Auch außerhalb des Bereichs der Haftprüfungen muß oft geklärt werden, wie vorangegangen werden soll, was durch einzelne Definitionsleistungen geschieht[129]. Die möglichen Abläufe sind hier nur nicht ganz so variabel wie bei den Haftprüfungen. Die ganze Problematik ist in den vorangegangen Abschnitten auch schon öfter angesprochen worden[130].

(aa) Eine besondere Problematik bietet § 117 StPO mit seinen Absätzen 4 und 5. Der gewöhnliche Ablauf ist der, daß, wenn binnen der drei Monate des Abs. 5 noch keine Rechtsmittel gegen die Untersuchungshaft eingelegt worden sind, *vor* Ablauf dieser 3 Monate ein Pflichtverteidiger bestellt wird, aber nicht nach Abs. 4, sondern nach den allgemeinen Vorschriften (§§ 140, 141 StPO); die Folge ist dann, daß die Haftprüfung nach Abs. 5 unterbleiben kann[131].

Die Üblichkeit dieses Ablaufs, der sich aus dem Gesetz nicht ohne weiteres ergibt[132], zeigt sich darin, daß in einem Fall die Staatsanwaltschaft eine Haftprüfung gem. Absatz 5 beantragt hatte, das Gericht aber schon von sich aus einen

---

[127] Etwa durch Rückfrage, Zurückziehung oder Entscheidung; s. auch die ‚Anleitung' bei *Kleinknecht*, 33. Aufl., § 117 Anm. 2.

[128] Die zwei Unterpunkte aa) + bb) hatten Häufigkeiten von je 10—15, cc) etwas weniger; bei eindeutiger Zuweisung.

[129] Zu den anderen Definitionsleistungen der Polizei s. b) (5), S. 122.

[130] S. b), (5), (6), (7) und vorher.

[131] Damit blieben Verfahren oft ohne jede Haftprüfung (außer der obligatorischen, unumgänglichen — s. aber (3) weiter unten — durch das OLG).

[132] Wenngleich diese Verfahrensweise von *Kleinknecht*, (33 Aufl., § 117 StPO, Anm. 10) direkt empfohlen wird; Nr. 54 Abs. 2 RiSTBV ist zurückhaltender.

Pflichtverteidiger bestellt hatte, und daß in zwei anderen Fällen gesondert darauf hingewiesen wurde, daß die beantragte Pflichtverteidigerbestellung rechtzeitig vor Ablauf der Dreimonatsfrist erfolgen möge. Somit kann die Möglichkeit, daß zunächst eine Haftprüfung von Amts wegen nach § 117 Abs. 5 StPO stattfindet und dann eine Pflichtverteidigerbestellung nach dessen Abs. 4, dadurch umgangen werden, daß eine notwendige Verteidigung gem. §§ 140, 141 StPO angenommen wird.

(bb) Die Definitionsprobleme um das Schlußgehör wurden bereits angesprochen. Am deutlichsten werden sie in den Fällen, in denen in eingegangenen Schreiben keine Anträge auf Gewährung des Schlußgehörs (sondern Einlassungen zur Sache) gesehen werden. Gleiches war auch bei Einlassungen zur Anklageschrift (auf deren Zustellung gem. § 201 StPO hin) zu beobachten, wo beantragt und ggf. beschlossen wurde, daß die Einlassungen auch in der Hauptverhandlung geklärt werden könnten.

(cc) Die nicht allzu häufigen Verweisungen stellten besondere Probleme, wenn es um die Überschreitung der Strafgewalt ging. Zwei Fälle, die beide § 250 aF StGB betrafen, verliefen genau entgegengesetzt: Im einen hatte die Staatsanwaltschaft die Anklage beim Schöffengericht erhoben, das, nach einer vergeblichen Rückfrage, in der die Staatsanwaltschaft auf § 250 Abs. 2 StGB hinwies, die Eröffnung ablehnte und an die Strafkammer verwies. Im anderen Fall eröffnete die Strafkammer vor dem Schöffengericht.

Komplizierter wurde es, als das Schöffengericht in einem Fall wegen Überschreitung seiner Strafgewalt an das Schwurgericht verweisen wollte, im Beschluß aber die dessen Geschäfte führende Strafkammer angab, und dann diese Stafkammer erst den Beschluß erläutern mußte, um eine Hauptverhandlung mit weiterer Verweisung vermeiden zu können[133].

Der letzte Fall kann zeigen, daß die Routine-Abläufe der Haupt-Sequenz, wenn sie gestört werden, erst durch umfangreiche Definitionsleistungen wieder hergestellt werden müssen[134].

(dd) Die bereits angesprochenen Verfügungen der Art „1. UmA..., 2. Versandnachricht"[135] sind ebenfalls durch die Definition des weiteren Ablaufs sich ergebende Sequenzschritte, die nicht unmittelbar zwingend aus dem bisherigen Ablauf folgen; sie stellen so ebenfalls eine Auswahl aus mehreren möglichen Abläufen dar, durch die der weitere Ablauf wieder eindeutig festgelegt wird.

(dd) Das soll noch durch zwei weitere Punkte illustriert werden: In einem Fall hatte das Gericht der Hauptsache die Akten ohne weiteren Zusatz an die Staatsanwaltschaft zwecks Weiterleitung zur OLG-Haftprüfung verfügt; die Staatsanwalt-

[133] Letztlich gab es für den einen Monat, der zwischen Verweisung und (korrekter) Eröffnung lag, Haftentschädigung (Beschluß-Erläuterung so wie hier angegeben).

[134] Daraus folgt, daß auch der ‚automatische‘ Charakter des Ablaufs der Haupt-Sequenz nicht selbstverständlich ist, sondern nur in ‚normalen‘ Fällen nicht mehr reflektiert wird.

[135] S. o. Teil b), (7) — Akteneinsichten (S. 125).

schaft sah bereits darin — so in ihrem Weiterleitungsschreiben —, daß das Gericht nicht abhelfen wollte, was sonst gesondert verfügt wird[136].

Als ein Beschuldigter in der Vernehmung eine Vorstrafe angegeben hatte, die im eingeholten Strafregisterauszug nicht enthalten war, zog dies komplizierte Nacherhebungen nach sich, bevor der Status des Beschuldigten (es wäre die einzige Vorstrafe gewesen) geklärt war und das Verfahren vorangehen konnte[137].

(2) Frist-Handeln

Seit der Reform von 1964 gibt es im Haftrecht nur noch wenige Fristen, nämlich die Dreimonatsfrist des § 117 Absätze 4 und 5 StPO und die Sechsmonatsfrist des § 121 StPO (ggf. zu dieser noch weitere Dreimonatsfristen aus § 122 Abs. 4 StPO).

Diese Fristen sind i. d. R. auch auf dem ersten Blatt der Akte, dem sog. Haftmerkzettel vermerkt, was schon ein Hinweis auf ihre Bedeutung sein kann[138]. Es soll jetzt versucht werden zu zeigen, wie diese Fristen auch das Handeln der Beteiligten bestimmen.

(a) Die Dreimonatsfrist wurde bereits eben im Zusammenhang mit der Pflichtverteidigerbestellung vor ihrem Ablauf angesprochen.

Darüber hinaus ist in einigen (n = 4) Verfahren so terminiert worden, daß diese Frist noch nicht abgelaufen war. In einem dieser Verfahren entstand dazu ein gewisser Zugzwang, weil vorher ein Antrag des Beschuldigten auf Pflichtverteidigerbestellung, der bereits kurz nach der Verhaftung eingegangen war, abgelehnt worden war. Der Zusammenhang dieser Terminierungen mit den vorhandenen Fristen kann nur aus der zeitlichen Struktur des Verfahrens abgelesen werden, ohne daß dazu direkte Bemerkungen erfolgen. Als ein Beleg kann aber immerhin ein Verfahren herangezogen werden, in dem entsprechend terminiert wurde, nachdem die Staatsanwaltschaft die Akten zur Haftprüfung gem. § 117 Abs. 5 StPO anfordern wollte.

(b) Die Analyse der Haftdaten im quantitativen Teil[139] zeigt, daß die Sechsmonatsfrist sehr viel bedeutender ist. Es war schon eine beträchtliche Häufung von Haftdauern um 180 Tage (≈ 6 Monate) festgestellt worden; dazu kommen noch die weiteren OLG-Termine gem. § 122 Abs. 4 StPO.[140]

---

[136] So wurde ein Sequenzabschnitt verkürzt, s. diese i. Anhang 23 e)

[137] Dabei ging es schon nicht mehr nur um den weiteren Ablauf allein, der allerdings zu seinem Beginn die Klärung dieses Punktes erfordert, sondern auch um inhaltliche Gesichtspunkte der betreffenden Strafsache.

[138] Trotzdem fehlt er gelegentlich oder ist unvollständig.

[139] Kap. 3., bes. 2., a), S. 54.

[140] Die weiteren Fristen sind nicht mehr so genau erkennbar (also bei 270, 360, ... Tagen) wegen § 122 Abs. 3 Satz 2 StPO.

(aa) Eine genaue Analyse der Terminierungspraxis zeigt, daß die Fristen für die OLG-Haftprüfungen in 15 Verfahren präzise berücksichtigt worden sind.

Darunter wurde in 4 Verfahren die Frist, zum Teil unter Erreichen von Verzichten auf Ladungsfristen, gerade noch eingehalten, obwohl dies bei ‚normalem' Verfahrensgang nicht mehr zu erwarten gewesen war. In 3 weiteren Verfahren wurde mit der Bestellung oder Weiterleitung der Akten an den Sachverständigen gleichzeitig auf das Ende der OLG-Frist hin terminiert; die Probleme mit Sachverständigen wurden also einkalkuliert. Sonst ist meist nur zu beobachten, daß schlicht, trotz größerer zur Verfügung stehender Zeit, auf das Ende der Frist hin terminiert wurde, ohne daß aus den Akten heraus dafür Gründe oder Anstrengungen erkennbar sind (wie eben)[141]. In einem bereits im Polizei-Abschnitt[142] kurz angesprochenen Fall sind sogar Auswirkungen auf die Ermittlungstätigkeit spürbar: Kurz vor Ablauf der OLG-Frist tauchte ein Ermittlungsproblem, welches sich vorher als nicht ergiebig erwiesen hatte, plötzlich wieder auf, das dann nach der (verlängernden) OLG-Entscheidung wieder fallengelassen wurde.

Da die Staatsanwaltschaft keinen für § 121 StPO relevanten Termin setzt, wie es die Terminierung ist, und durch ihre Arbeit das Verfahren auch nicht abgeschlossen wird, ist eine unmittelbare Auswirkung der OLG-Fristen weniger spürbar als bei den terminierenden Gerichten. Ein Fall ist aber bereits genannt, und zwei weitere Fälle können ebenfalls angeführt werden (in denen keine verlängernden Entscheidungen ergingen): In einem Fall wies die Staatsanwaltschaft bei der Anklageeinreichung besonders eindringlich[143] auf die bevorstehende OLG-Prüfung hin; trotzdem mußte weit darüber hinaus terminiert werden[144]. In einem anderen Fall wurde versucht, mit einem erheblich erweiterten Haftbefehl dem OLG die „Zuständigkeit zu entziehen"[145], was aber nicht akzeptiert wurde.

Sonst zeigt sich die Berücksichtigung der Haftfristen durch die Staatsanwaltschaft indirekt darin, daß Haftunterbrechungen, wo immer möglich, betrieben werden[146]; *ein* Ergebnis davon ist auch, daß sich das Verfahren der §§ 121 ff. StPO dann erübrigt.

(bb) Bei den Haftbeendigungen ist auch sonst zu beobachten[147], daß die OLG-Haftprüfungen eine Rolle gespielt haben könnten.

---

[141] Zur durchweg vorgenommen Berechnung nach Tagen gibt es einige Differenzen, da das Gesetz nach Monaten rechnet (d. h. Haftdauer genau oder etwas über 180 Tagen ist auch ohne OLG-Haftprüfung möglich).

[142] S. o. 3., b), aa), (7) und 4., b), (2).

[143] Allgemeine Hinweise auf die Fristen sind üblich, sogar gem. Nr. 110 Abs. 4 RiStBV vorgeschrieben; vgl. auch *Kraß* 1977, S. 34 dazu.

[144] Zu den Fällen, in denen dies nicht erforderlich war bzw. vermieden werden konnte, s. soeben vorher.

[145] So die Formulierung des Senats im Beschluß.

[146] S. o., Teil b), (1), S. 111 ff. auch zur Wortwahl.

[147] Vgl. FN 146.

In 5 Fällen hat das LG Häftlinge von der weiteren Untersuchungshaft verschont und in einem Fall die Haft sogar aufgehoben, als jeweils die OLG-Haftprüfung bevorstand. In einem Fall geschah dies auf Antrag der Staatsanwaltschaft durch eine Urlaubsvertretung, die nach längere Pause (im Sommer) mit der Sache befaßt wurde; in den anderen Fällen verfügte das LG die Entlassung unmittelbar nach Anklagezustellung bzw. beim/im Eröffnungsbeschluß, alles jeweils unmittelbar vor Ablauf der OLG-Frist.

Dazu kommt noch ein Fall, in dem, nachdem die ausbedungene Kaution nicht aufzubringen gewesen war und mehrere Bemühungen vorlagen, deren Höhe herabzusetzen, die Kaution schließlich kurz vor Ablauf der sechs Monate erlassen wurde.

Daß in all diesen Fällen die Erfolgsaussichten bezüglich einer Haftverlängerung durch das OLG geprüft worden sind, ist zwar anzunehmen (und nach der Kenntnis von dessen Praxis wohl verneint worden)[148]; es kann aber aus den Akten nicht direkt belegt werden.

In diesen Zusammenhang gehört auch der eine Fall, in dem die Staatsanwaltschaft dem Haftrichter eine Verschonung nur nahelegen, aber nicht explizit beantragen wollte[149], was ebenfalls nach über 5 Monaten Haft geschah[150]. Im direkten Verfahren der OLG-Haftprüfung ist dagegen beim Abhilfeversuch[151] immer Haftfortdauer beschlossen worden, so daß eine Orientierung an den vorhandenen Fristen, wie gezeigt, nur implizit zu erfolgen scheint — und daher auch nur aus dem Gesamtzusammenhang der Verfahrens-Sequenz erschlossen werden kann —, nicht aber im *formellen* Verfahrens-Teil[152].

(cc) Schließlich kann nur festgestellt werden, daß die Schöffengerichte öfter so terminieren, daß sich eine etwa fünfmonatige Haftdauer ergibt; dafür ist aus der Aktenanalyse nichts ersichtlich, was als Grund herangezogen werden könnte. Möglicherweise vorhandene behördeninterne weitere Fristsetzungen sind der Aktenanalyse nicht verfügbar[153].

---

[148] Dieser Schluß drängte sich auch bei der eigenen Aktenanalyse auf.

[149] So dessen Anwort auf Rückfrage.

[150] Schließlich wurde hier die Haft verlängert.

[151] Der sich eher aus der Sequenz (s. Anhang 23), also aus den empirisch festgestellten Verfahrensroutinen, als aus dem Gesetz als Ablaufpunkt ergibt, vgl. § 122 StPO Abs. 1 und *Kleinknecht* 33. Aufl. Anm. 1 zu § 122 StPO, woraus sich zumindest auch andere Ablaufmöglichkeiten ergeben.

[152] Was nicht zwingend ist; s. die Nachweise soeben, FN 151.

[153] Fraglich ist hier, ob auch für die Gerichte interne Regelungen der Art bestehen könnten, wie sie für die Staatsanwaltschaft anscheinend vorhanden sind (als Viermonatsfrist, d. h. es wird für diese die Anzahl der — aller — Verfahren mit einer Dauer über 4 Monaten als Leistungsindikator benutzt); etwaige Auswirkungen waren hier nicht zu messen.

(3) Rechtfertigungsvermerke

Von allen, die sich mit formalen Organisationen, und noch mehr von denen, die sich mit Strafakten befassen, wird das Prinzip der Aktenmäßigkeit (der Verwaltung) betont, das einen Legitimations- und Kommunikationsaspekt hat[154].

Der Legitimationsaspekt wird besonders in dem deutlich, was hier „Rechtfertigungsvermerk" genannt werden soll.

Akten dienen, außer der Kommunikation zwischen den Beteiligten, vornehmlich der Dokumentation dessen, was geschehen ist/noch geschehen soll. Die als geschehen beschriebenen Ereignisse, die aufgezeichnet werden, erscheinen in den Akten als bei der Aufzeichnung geschehen[155]. Gleichzeitig wird von den Verfahrensbeteiligten[156] ihre eigene Interaktion beschrieben, d. h., es wird erklärt, charakterisiert, erläutert, usw. was geschieht/geschehen soll[157]. Da Formulierungen im speziellen soziologischen Sprachgebrauch Beschreibungen einer Konversation oder von deren Teilen sind, die *selbst* Äußerungen in der gleichen Konversation sind[158], können Bemerkungen, Vermerke etc. darüber, warum etwas getan wird, wie vorgegangen wurde/noch werden soll, auch als Formulierungen bezeichnet werden.

Da hier nur diejenigen Formulierungen betrachtet werden sollen, die auch in zeitlicher Hinsicht relevant sein könnten, also diejenigen, in denen es um den zeitlichen Ablauf des Verfahrens oder eines seiner Teile geht, oder sonst Bemerkungen über die Begründung von Verfahrensweisen in bestimmten Abschnitten gemacht werden, sollen diese Formulierungen hier „Rechtfertigunsvermerke" genannt werden. Schließlich könnten sie alle bei einer etwaigen OLG-Prüfung von diesem bei der Beurteilung, ob Verlängerungsgründe vorliegen und vor allem, ob keine vermeidbaren Verzögerungen vorhanden gewesen sind[159], herangezogen werden. Außerdem sollen sie natürlich auch allgemein zeigen, daß nach internen, überprüfbaren Standards gut gearbeitet worden ist[160].

Bei ca. 60 Akten wurden solche Rechtfertigungsvermerke notiert (davon in den meisten mehrere)[161]. Zwar häufen sie sich etwas, je länger die Haftzeit dauert, fehlen also insbesondere in den Verfahren mit relativ kurzer Haftzeit. Es können dafür aber keine festen Regeln aufgestellt werden; einerseits bleiben auch längere Pausen ohne jede Anmerkung dazu, während andererseits auch kurze Zeiträume bereits erläutert werden.

Es soll versucht werden, eine Art Typologie der ‚Rechtfertigungsvermerke' aufzustellen. Bis auf die erste Gruppe werden sie nach ihren Verfassern unterteilt; es werden nur solche Vermerke erfaßt, die exemplarische Bedeutung für das Verständnis des Ablaufs des Verfahrens und seiner Teile haben könnten und aus denen das

---

[154] S. oben, Zweiter Teil, S. 37 ff.

[155] Insbesondere den Aktenführenden als Interaktionsteilnehmer (s. dazu *Zimmerman* The American Sociologist 1976, S. 7 in FN 6).

[156] Siehe *Garfinkel/Sacks* in *Weingarten/Sack/Schenkein* (Hrsg.) 1976, S. 145.

[157] *Dies*, S. 145 ff.

[158] Siehe Howard *Schwartz*, Philosophy of the Social Sciences 1976, S. 61.

[159] S. im Ersten Teil, S. 22; dies war das vorherrschende Kriterium des prüfenden Senats.

[160] Vgl. *Zimmerman* in *Wheeler* (ed.) 1969, S. 329.

[161] Da bei der Aktenanalyse alles notiert wurde, was sich auf den Ablauf des Verfahrens bezog, und nur die ausführliche Notierung der inhaltlichen Seite des Strafverfahrens ausgespart wurde (also das, was die zu behandelnde Strafsache selbst anging), konnten diese überhaupt, anders als bei standardisierter Vorgehensweise, erfaßt werden.

Phänomen, wie der Verbrauch von Zeit eine praktische Leistung der Beteiligten darstellt, besser erhellt werden kann[162].

(a) Die erste Gruppe umfaßt die standardisierten Vermerke, die auch besonders kurz sind, so insbesondere die Vermerke „dem o. Dez" (ordentlichen Dezernenten) etc., die behördeninterne Verweise darstellen und nur den Durchlauf der Akte an einer bestimmten Stelle markieren. Ebenso häufig ist die Verwendung des Stempels „vorgelegt nach Fristablauf", der von den Geschäftsstellen angebracht wird, Dabei sind die gesetzten Fristen oft schon weit überschritten — so daß der Legitimationsaspekt offensichtlich wird —; oft sind aus der Hauptakte aber auch gar keine gesetzten Fristen ersichtlich.

Gleicher Art sind die Vermerke des Typs „mir heute vorgelegt", die sowohl von den Geschäftsstellen wie den Bearbeitern angebracht werden: Wenn überhaupt, dann, wenn bis zu dem Datum des Eingangs-Stempels (auf der Akte wie auf einzelnen Schreiben) größere Abstände liegen (d. h. 5 Tage und mehr).

(b) Die Geschäftsstellen machen, außer den bereits in der Gruppe a) angesprochenen Vermerken, die bei weitem überwiegen, gelegentlich auch weitergehende Vermerke. So, wenn sie ihren zugeordneten Sachbearbeiter darauf hinweisen, daß die erfolgte Wiedervorlage der Akten wegen der anstehenden OLG-Haftprüfung erfolgt, oder die Verzögerung der Vorlage eines Schreibens mit der Vordringlichkeit der Bearbeitung einer Haftbeschwerde erklären. Hinweise auf die eigene Überlastung finden sich auch schon hier, wenn etwa angeforderte Akten nicht aufzufinden sind. Auch sonst zeigen die Vermerke, daß für die Art der Ausführung einer aufgetragenen Aufgabe Erklärungen angeboten werden, die das gewählte Vorgehen erläutern sollen (etwa Vermerke wie „die angeforderten Akten liegen bereits vor", „Versandnachricht (bereits) erteilt", etc.).

(c) Bei der Polizei sind mehrere Grundtypen von Vermerken anzutreffen. Die erste Gruppe, nämlich, daß (gegen die beteiligten Jugendlichen und Heranwachsenden) „gesonderte Vorgänge bereits erstellt wurden"[163], und daß „wegen der Alkoholisierung des Festgenommenen" an diesem Tage „keine Vernehmung mehr möglich war", läßt auf durchroutinisierte, völlig übliche Vorgehensweisen schließen — die freilich noch des gesonderten Vermerks bedürfen.

Die zweite Gruppe von Vermerken, die ebenfalls häufig anzutreffen sind, haben etwa den Inhalt, daß wegen vordringlicher Ermittlungen in anderer Sache, bzw. Urlaub oder Versetzung des eingearbeiteten Sachbearbeiters, bzw. Personalmangel,

---

[162] Zur Vorgehensweise s. *Schwartz* in *Weingarten/Sack/Scheinkein* (Hrsg.) 1976, S. 362—64 und oben, Zweiter Teil, 3., c), S. 46 ff.

[163] Dies geschieht sogleich nach der Festnahme; diese Vorgänge erscheinen dann in der vorliegenden Akte auch nicht mehr, sondern werden offensichtlich von den dafür zuständigen Jugendstaatsanwälten völlig getrennt bearbeitet.

bzw. anderer dienstlicher Gründe, die Ermittlungen eine Zeitlang ruhen mußten, bzw. (vorerst) keine Vernehmungen möglich waren[164].

Schließlich finden sich Vermerke, daß die Akten nicht mehr benötigt werden, da alle Vorgänge in Durchschrift vorhanden sind, oder weil von der Seite der Polizei aus nichts mehr zu ermitteln sei; oder auch entgegengesetzt, daß trotz der (meist angeforderten) Rückgabe der Akten noch einmal um Rücksendung gebeten werde.

(d) Vermerke über Urlaub (bzw. Urlaubsvertretung) oder Krankheit des Sachbearbeiters finden sich bei der Staatsanwaltschaft ebenfalls — wenn auch längst nicht immer, wenn dies aus dem Gesamtzusammenhang zu erwarten gewesen wäre.

Besonders häufig sind hier in den verschiedensten Zusammenhängen eingefügte Bemerkungen oder gesonderte Vermerke darüber, daß die gewählte, oft von der üblichen abweichende Vorgehensweise im Interesse der Beschleunigung des Verfahrens erfolge. Auch werden insbesondere die Kriminalpolizei und die Sachverständigen um beschleunigte Erledigung gebeten. Damit werden die Anforderungen der Nrn. 5, Abs. 4 und 52 RiSTBV noch einmal als befolgt ausgewiesen[165].

(e) Die Gerichte machen sehr häufig Bemerkungen über ihre Art der Terminierung. So wird öfter festgehalten, daß „vor... kein Termin wegen [Urlaub, Urlaubsvertretung] möglich sei", oder daß deswegen noch kein Termin möglich sei, weil noch ein Sachverständiger bestellt wurde (und dieser die Akten hat). Zudem gab es in 3 der 5 Schwurgerichtsverfahren Probleme mit der Sitzungsperiode, die ebenfalls detailliert in Vermerken belegt wurden[166].

Besonders interessant erscheinen einige Vermerke der Gerichte, die in der Situation vor der Aktenübersendung an das OLG zur Haftprüfung niedergelegt werden. So wird vermerkt, daß wegen der Anklagezustellung gem § 201 StPO noch kein Termin möglich sei, „dann aber auch kurzfristig", oder daß „bis zum... (12 Tage nach Anklageeingang) noch kein Termin möglich" sei — woraufhin in der Stellungnahme für das OLG ein „Engpaß in der Geschäftslage des ...Gerichts" erwähnt wurde; der genannte Hinweis auf den Sachverständigen war ebenfalls in dieser Situation anzufinden[167].

Auch die anderen Grundformen der Rechtfertigungsvermerke finden sich auf der Gerichtsebene, etwa „Herrn Richter ... nach Rückkehr", Sachbearbeiter in Urlaub, „... unmittelbare Weiterleitung der Akten ..." (abweichend von der sonst üblichen Teil-Sequenz), sowie Rückfragen und auch Terminabsprachen mit den anderen Be-

---

[164] Was meist mit ersterem identisch ist.

[165] Nrn. 7, 44 RiStV (aF); vgl. *Kraß* 1977, S. 28; schon die besondere Kennzeichnung der Haftsachen soll ihre beschleunigte Bearbeitung sichern; da aber *alle* Verfügungen in Haftsachen gekennzeichnet sind, scheint dies nicht immer auszureichen.

[166] S. o., 3., a), aa), (2) und b), bb), (5), S. 62 und S. 94.

[167] Alle beschriebenen Vermerke finden sich nicht nur in diesen, sondern in ähnlicher Weise auch noch in anderen Verfahren; es sind also keine Einzelfälle.

teiligten[168]. Selbst bei einer richterlichen Vernehmung gab es festgehaltene Terminierungsprobleme.

Bei Staatsanwaltschaft wie Gericht finden sich auch ggf.[169] Vermerke darüber, daß Übernahmeverhandlungen zur Zusammenfassung der Ermittlungsverfahren mit anderen als den direkt befaßten Abteilungen getätigt worden waren.

d) Zusammenfassung

Alle vorangegangenen Abschnitte (a) — c), auch Teil 4) dienen keinesfalls dazu, irgendwelche Fehler der Verfahrensbeteiligten aufzuzeigen oder sonstwie an ihnen Kritik zu üben. Es sollte lediglich aufgezeigt werden, soweit es sichtbar gemacht werden kann, wieviel Realitätsarbeit geleistet werden muß, bis die Verfahren so ablaufen können, wie es sich aus der retrospektiven Analyse als geschehen ergibt[170]. Dabei wurde wegen der Fragestellung der Arbeit der Aspekt der Zeit besonders betont, sowohl im Hinblick auf Vorgehensweisen, die zeitliche Auswirkungen haben, als auch in Hinblick auf die Berücksichtigung zeitlicher Aspekte durch die Verfahrensführenden selbst. Insgesamt sollten dadurch die Ergebnisse aus dem quantitativen Teil auf ihr Zustandekommen hin untersucht werden, soweit wie es gezeigt werden kann.

6. Datenprobleme

Auch das Zustandekommen der Ergebnisse durch den *Untersucher* ist nicht unproblematisch. Der gesamte Prozeß der Herstellung der (Teile 1—5) berichteten Ergebnisse kann hier nicht reflektiert werden[1]. Es soll davon nur ein Punkt hervorge-

---

[168] D. h. Anfragen des Gerichts bei Staatsanwaltschaft, Sachverständigem oder auch Anwalt, ob ein vorgesehener Termin auch gelegen sei, etc.

[169] Dies ist relativ selten; manchmal fehlen in vergleichbaren Fällen auch entsprechende Vermerke.

[170] Methodische Anmerkung: Die diffizilen Fragen nach den Prozessen der Erzeugung von Realitäten (s. dazu *Schwartz* Philosophy of the Social Sciences 1976, S. 70) können dadurch allenfalls vorbereitet, aber sicher nicht auch nur andeutungsweise beantwortet werden; vgl. weiterführend *Mehan/Wood* 1976, S. 135 u. ff., sowie *Schwartz* in *Weingarten/Sack/Schenkein* (Hrsg.) 1976, S. 328 f.

[1] — Teilw. methodisch —: daher wurde versucht, sowohl bei den einzelnen Tabellen als auch in den einzelnen Kapiteln jeweils genau anzugeben, was gezählt wurde bzw. was beschrieben werden soll, also Begriffe und Thematiken zu erläutern, vgl. auch oben S. 45 ff. (Zweiter Teil).

— Die Angabe der verwendeten Begriffe etc. klärt diese freilich nicht (s. *Garfinkel/Sacks* in *Weingarten/Sack/Schenkein* (Hrsg.) 1976, S. 159 u. ö.), sondern soll nur dem Leser das damit Beschriebene mehr nachvollziehbar machen, indem der Kontext, aus dem sie stammen und in dem sie verwendet werden, angegeben wird.

— Zu einem Versuch, die eigenen Forschungen und Ergebnisse selbst zum Forschungsgegenstand zu machen s. die Darstellung bei *Mehan/Wood* 1975, S. 162—66 (insb. die Unterscheidung zur Realität des Forschers).

hoben werden: die Erschließung der für die Berechnungen verwendeten Daten (i. S. v. Kalenderdaten).

a) Eine Akte ist zweimal in die Menge der zu untersuchenden Akten geraten, weil der Betreffende mehrmals in der Haftliste geführt worden war und zunächst auch mehrere Verfahren wegen der gleichen Sache anhängig waren. Dieser Umstand konnte, weil die Akte in der zeitlichen Abfolge der Untersuchung einmal ganz zu Anfang und einmal ganz zum Schluß vorlag, auch erfolgreich als Gelegenheit benutzt werden, die Verläßlichkeit der ersten Aktenanalysen vor dem Hintergrund der im Verlauf der weiteren Untersuchungen gemachten Erfahrungen zu überprüfen[2].

Die als Ausgangsbasis für die Erschließung der zu untersuchenden Akten herangezogenen Haftlisten sind das einzige Informationsmittel für die Entscheidung, ob eine Akte vorab nicht in den zu untersuchenden Bereich gehört, gewesen[3]. Ebenso waren sie ausschließliche Basis für die Entscheidung, ob ein Verfahren in den Untersuchungszeitraum fällt, also Festnahme im Jahre 1973 als Bezugspunkt; dabei sind Festnahmedatum und Datum der Eintragung in die Haftliste durchaus unterschiedlich.

b) Ein besonderes Problem bilden die Eingangsstempel. Wie bereits erwähnt, werden sie, soweit es von auswärts eingehende Schreiben oder Akten angeht, in den Kanzleien von Staatsanwaltschaft und Gericht gesetzt und dienten als Grundlage für die Datierungen, die vielen Berechnungen zugrunde liegen[4]. Eingangsstempel können aber nur etwas über den Eingang im Bereich der Behörde, nicht aber bei der Geschäftsstelle oder gar beim Sachbearbeiter aussagen — die beide, wie gezeigt, gelegentlich bei Differenzen in diesen Daten Vermerke niederlegen.

Gelegentlich können sie ganz fehlen, und wenn niemand noch nachträglich handschriftlich Eingänge vermerkt hat, mußten dann die Daten erschlossen werden[5]. Aber selbst auf die Eingangsstempel ist nicht unbedingt Verlaß, wie das Vorkommen von mehreren Stempeln auf demselben Schriftstück (wobei dann die ‚ungültigen' gestrichen sind) und ggf. ein Vermerk, daß der Stempel noch nicht umgestellt gewesen sei, zeigen könnten. Gelegentlich kommt es auch vor, daß vom Ablauf der Akte her die Reihenfolge der vermerkten Eingänge aus logischen Gründen gar nicht stimmen kann, so daß vom Untersucher entschieden werden muß, ob der Eingangsstempel oder die umliegenden Verfügungen falsch datiert gewesen sind.

c) Dieselben Probleme gibt es auch bei den Daten der Verfügungen und Vermerke, die ebenfalls „falsch" sein können, ganz fehlen oder geändert worden sind.

---

[2] Ein richtiges „Test-Retest"-Verfahren ist angesichts der oft beträchtlichen Schwierigkeiten, eine Akte auch nur einmal zu bekommen, kaum möglich.

[3] Siehe zu Anfang des Dritten Teils, S. 49 ff., auch dazu, daß wieder andere Akten erst in einem späteren Stadium ausgeschieden sind.

[4] S. i. E. in Teil 3, Tabellen.

[5] Nach Wahrscheinlichkeit, Jahreskalender usw.

d) Eine besondere Problematik stellen die Belege für Haftunterbrechungen dar. Für die Untersuchung diente als einzige Informationsbasis oft das von der JVA übersandte Formular mit der Strafzeitberechung; fehlte auch dieses, so mußte die Tatsache der Unterbrechung aus dem Hauptverhandlungsprotokoll erschlossen werden[6]. Diese Berechnungsschwierigkeiten beruhen auch darauf, daß das Vollstreckungsheft der Haftsache nicht in die Analyse einbezogen wurde und etwaige Bei-Akten, die näheren Aufschluß über Unterbrechungen bieten könnten, zum Untersuchungszeitpunkt längst wieder von der Haftakte getrennt waren.

Probleme mit Unterbrechungen stellen sich genauso auch den Verfahrensbeteiligten selbst, was etwa daraus hervorgehen kann, daß Haftprüfungen trotz laufender Unterbrechungen vorgenommen werden oder daß sonst aus ihren Aktionen hervorgeht, daß sie von einer Unterbrechung (noch) nichts wissen können. Immerhin können aber später, oft an versteckter Stelle, Aufklärungen gefunden werden[7].

e) Diesem verwandt ist das Problem, daß gelegentlich Verfügungen o. ä. in der Akte von Stellen getroffen werden, an die sie gar nicht adressiert gewesen ist, so daß der Aktenweg erst rekonstruiert werden mußte.

f) Damit sind nur 5 sehr unterschiedliche Bereiche angesprochen worden, in denen es Probleme mit den ‚objektiven' Kalenderdaten und der Erschließung der Grundgesamtheit wie des Verfahrensablaufs gab[8].

Darüber hinaus ist versucht worden, das Zustandekommen der Ergebnisse, die den rein quantitativen Bereich verlassen, durch den Untersucher bereits an gegebener Stelle zu reflektieren; die Trennung von methodischen Erörterungen und Ergebnisdarstellung läßt sich nicht durchhalten[9]; daher finden sich wechselseitige Bezugnahmen zwischen dem Zweiten und dem Dritten Teil der Arbeit[10].

---

[6] Zum Fehlen der haftrichterlichen Genehmigung für die Haftunterbrechung s. bereits oben 5., b), (1), (c), S. 113 und 2., b), ff.), S. 60.

[7] Zur quantitativen Bedeutung dieser Probleme s. o., 2., b), ff.), S. 60.

[8] Methodische Anmerkung: Damit sollte auch gezeigt werden, daß die allgemein als „hart" angesehenen (Kalender-)Daten so hart nicht sind; gleichzeitig erscheinen dadurch die — soweit nicht direkt zitiert werden konnte — „weicheren" Daten der Teile 5. und z. T. auch 4. nicht mehr so weich.

[9] S. *Cicourel* 1968, S. 331 u. ö.

[10] Im noch folgenden Vierten Teil der Arbeit wird in gleicher Weise verfahren.

Vierter Teil

Abhilfen

1. Diskussion

a) Einleitung

Dahs[1] hatte bezüglich der großen Strafverfahren, der sog. Monstre-Prozesse, eine Einzelanalyse aller verfahrensverzögernden Momente[2] gefordert. Das ist auf den Bereich der Dauer von Untersuchungshaft nicht ohne weiteres zu übertragen. Genauso wie bei jeder Fehlertheorie nicht nur begründet werden muß, was falsch, sondern auch was richtig ist[3], müßte dann für unzählige Handlungen im Strafprozeß nicht nur begründet werden, ob sie verfahrensverzögernd sind; gleichzeitig mit diesen Abgrenzungen müßte auch begründet werden, was *nicht* verfahrensverzögernd ist. Das dürfte die Problematik der Einzelanalyse um so deutlicher machen, die für eine größere Menge von untersuchten Verfahren nicht mehr zu bewältigen scheint[4].

Die im vorangegangenen Teil geschilderten Ergebnisse dieser Untersuchung, die sowohl einige Strukturmerkmale als auch einiges von der Arbeit, die diese Strukturmerkmale von Haftsachen hervorbrachte, berichten sollte, haben den Punkt der Verfahrensverzögerung bereits angedeutet. Auch wurden bereits Hinweise auf Einsparungsmöglichkeiten gegeben.

Eine Reduzierung der Problematik Dauer von Untersuchungshaft auf einige wenige Punkte war von Anfang an nicht zu erwarten gewesen und ist nach den berichteten Ergebnissen auch nicht möglich.

Die vielen vorgeschlagenen und nach den Ergebnissen sonst noch vorschlagbaren Abhilfemöglichkeiten sollen daher nach wenigen Gesichtspunkten zusammengefaßt werden, um so ihre Relevanz für die Dauer der Untersuchungshaft vor dem Hintergrund der aus der Analyse gewonnenen Erfahrungen abschätzen zu können.[5,6]

---

[1] NJW 1974, S. 1542; vgl. auch *Grünwald* 50. DJT 1974, S. C 13.

[2] Nach dem Muster der Untersuchung *Peters* (1970 ff.).

[3] *Pollner* in *Weingarten/Sack/Schenkein* (Hrsg.) 1976, S. 295, 314, 322 f.; s. a. *Schumann* 1977, S. 57.

[4] Die Erkenntnismöglichkeiten der Einzelanalyse sollten aber nicht unterschätzt werden.

[5] Die unterschiedlichen Realisierungsmöglichkeiten verschiedener Vorschläge (das Umsetzungsproblem) treten dabei in den Hintergrund angesichts der Prämisse, daß zur Verkürzung der Haftdauer *jegliche* Anstrengungen unternommen werden müssen, s. BVerfG NJW 1966, 1259.

[6] Detailliert s. 2., S. 154 ff.

b) Übergreifende Maßnahmen

aa) In der Diskussion taucht mit einiger Regelmäßigkeit das Stichwort Doppelakten[7] oder Hilfsakten[8] auf. (Diese sind in ausländischen Rechtsordnungen nicht ungewöhnlich[9].)

Im Bereich der vorliegenden Untersuchung wurden ebenfalls gelegentlich Doppelakten geführt[10], allerdings nur einmal im Verlauf der behandelten Haftsache selbst[11].

Der Effekt von Doppelakten läßt sich nur schwer abschätzen.

Um ihn etwas näher eingrenzen zu können, sind die Aktenaufenthaltszeiten berechnet worden, d. h. diejenigen Zeiten, in denen die Akte nicht in der aktenführenden Behörde vorhanden, sondern versandt worden war. Geht man pauschal davon aus, daß alle Zeiten, in denen die Akte nicht vorhanden war, auch eingespart werden könnten[12], so läßt sich der (maximale) Effekt von Doppelakten an den Anteilen der Aktenaufenthaltszeit am gesamten Verfahrensabschnitt ablesen.

Bei den Aktenaufenthaltszeiten muß der Unterschied zwischen staatsanwaltschaftlichem und gerichtlichem Verfahrensabschnitt beachtet werden. In letzterem beträgt deren Anteil am gesamten Verfahrensabschnitt oft annähernd oder genau 100 %. Da die Akten in diesem Verfahrensabschnitt also meist nicht mehr außer Haus gegangen sind, müssen hier Verkürzungsmöglichkeiten auf jeden Fall auch in anderen Bereichen gesucht werden.

Bei einer Ausdifferenzierung der Aktenversendungen nach Versendungsgründen wird unmittelbar die Arbeitsweise der Instanzen berührt, wenn man versuchen wollte, die jeweilige Notwendigkeit der Aktenversendung — und die Möglichkeit des Entfallens bei einer Verwendung von Mehrfachakten — zu beurteilen.

---

[7] *Seetzen* NJW 1973, 2002; *Baumann* in *Sonnemann* (Hrsg.) 1969, S. 155; *Spiecker* Mschr-Krim 1962, 102, unter Verweis auf *Bratholm* 1957; OLG Karlsruhe NJW 1973, 381; OLG Frankfurt MDR 1973, 780; *Kleinknecht/Janischowsky* 1978, Rdnr. 258; *Kleinknecht* 33. Aufl. 1977, Anm. 11 zu § 121 StPO;— Der *50. DJT* weist einen entspr. Beschluß auf (Bd. II, S. K 272, Nr. 7a; vgl. dort auch Referat *Römer* S. K 27), hat noch präzisiert, daß *Mehrfachakten* zu fordern seien (Bd. II, S. K 148), s. a. *Dahs* 4. Aufl. 1977, Rdnr. 263. — RiStBV Nr. 12, Abs. 2 (aber eben nicht zwingend).

[8] *Löwe/Rosenberg/Dünnebier* 23. Aufl. 10. Lief. 1977, vor § 112 StPO Anm. 26; zu § 121 StPO Anm. 39; OLG Köln NJW 1973, 1010. RiStV (aF) Nr 47 Abs. 3, Satz 2, Nr. 14 Abs. 1 Satz 4. Ebenso OLG Schleswig, unveröff. Beschluß (aus den untersuchten Akten).

[9] S. die Länderberichte in *Jescheck/Krümpelmann* (Hrsg.) 1971: Spanien (Mattes) S. 746, das besondere Haftakten hat; Frankreich (Sessar), wo Doppel der Aktenstücke obligatorisch sind, S. 204 f. Weiter berichtet *Gammeltoft-Hansen* ZStW 88 (1976) S. 543, daß in Dänemark und Norwegen die Führung von Doppelakten in Haftsachen normal ist.

[10] *Grebing* ZRV 1975, S. 182—6 meint, es werde z. T. in der BRD schon praktiziert, gibt aber keine Belege.

[11] S. o. Dritter Teil, 5., b), (10), S. 128 f.

[12] Der folgende Abschnitt 2 nimmt eine differenziertere Betrachtung vor.

bb) Schon die Erstellung von Doppel- oder Mehrfachakten ist ein beträchtlicher Eingriff in die Arbeitsstruktur der Strafverfolgungsbehörden[13]; nicht so sehr wegen der Schwierigkeit ihrer Erstellung — das ist nur ein lösbares, technisches Problem —, sondern wegen der Eingriffe in die Arbeitsstruktur. Wenn Mehrfachakten vorhanden wären, kann die sequentielle Arbeitsweise nicht mehr aufrechterhalten werden[14] und die Abwesenheit der Strafakten nicht mehr in die individuellen Arbeitstechniken eingeplant werden[15]; es müßten viele neue Arbeitstechniken entwickelt werden. Gerade der Veränderung der Routine der Bearbeiter wird aber von manchen der Vorzug gegenüber normativen Änderungen gegeben[16].

Ist man aber schon bei der Veränderung von Arbeitsweisen, dann kann man noch einen Schritt weitergehen und besondere Dezernate für Haftsachen schaffen, die dann auch eigene, ganz auf Beschleunigung abgestellte Arbeitsstrukturen entwickeln könnten[17].

Für die Verbesserung der Kooperation zwischen Polizei und Staatsanwaltschaft[18] gibt es viele Vorschläge[19], besonders von Polizei-Seite, die das problematische Verhältnis Staatsanwaltschaft-Polizei[20] sehr viel stärker tangieren als ein Dezernat bei der Staatsanwaltschaft nur für Haftsachen.

Der gerichtliche Verfahrensabschnitt weist freilich mit der Eröffnungs- und der Terminierungspraxis andere Problemschwerpunkte auf. Verkürzungsmöglichkeiten[21] können nur *vor* der (endgültigen) Terminierung greifen, danach ist die Terminbestimmung alleiniges zeitbeherrschendes Element.

---

[13] Bei der Polizei sind allerdings Doppel-Vorgänge häufig zu beobachten gewesen.

[14] S. Dritter Teil, Abschnitt 4., S. 101 ff. (gemeint ist die sog. Verfügungstechnik, d. h. das Hintereinanderschalten der Arbeitsvorgänge). *Stein/Schumann/Winter* (Ms. S. 22) berichten allerdings, daß bei ihrer Untersuchung außer von den Geschäftsstellenverwaltern die Einführung der doppelten Aktenführung allgemein befürwortet worden sei.

[15] Allerdings fiele auch der oft beträchtliche Aufwand zur Aktenrückforderung fort.

[16] *Krüger* beklagte auf der Tagung zu Problemen der Untersuchungshaft die „schlimme Hin- und Her-Schieberei" der Akten, bei *J. Meyer* ZStW 82 (1970), S. 1133, ebenso *Schwarberg* Stern Nr. 2/1978, S. 17; vgl auch *Vöcking* 1977, S. 236 m. ält. Nachw.; *Dünnebier* (in *Lüttger* Hrsg. 1975, S. 49 f., 29) teilt nur die Skepsis gegenüber normativer Regelung.

[17] Das müßte dann auch bei der Einteilung und Zuschneidung der Dezernate berücksichtigt werden.

[18] Vgl. aber die Abschnitte i. Dritten Teil, 3., b), aa), (7) u. 6., b), (5), die zeigen mögen, daß hier keine großen Probleme bei Haftsachen liegen.

[19] So verlangte *Krüger* die räumliche Zusammensetzung von Polizei und Staatsanwaltschaft (b. *J. Meyer* ZStW 82 (1970), S. 1133), Ausf. Steffen 1976, S. 285, S. 50 ff. besonders zum Streitstand über die Verfahrensherrschaft und vor allem S. 306 zu den Kooperationswünschen der Polizei und deren organisatorische Konsequenzen.

[20] Siehe *Steffen* 1976, S. 50 f. (wohl auch ein Status-Problem).

[21] Ob dafür ein besonderes Dezernat erforderlich ist, scheint fraglich. Möglichkeiten gäbe es u. a. bei Wartezeiten auf Sachverständige sowie bei Haftprüfungen und Akteneinsichten. Sonder*termine* und andere Arbeitsweisen bei der Eröffnung (s. Dritter Teil, S. 93 ff.) scheinen wichtiger.

Das Gesetz spricht in § 121 StPO ausdrücklich nur von Schwierigkeiten der Ermittlung[22]. Terminierungsprobleme können nur als sonstiger wichtiger Grund herangezogen werden, und auch das nur in sehr engen Grenzen[23]. Es sind insoweit nur zwei Möglichkeiten denkbar: Entweder geht das Gesetz als selbstverständlich davon aus, daß die Terminierung mit besonderer Schnelligkeit erfolgt, weil nichts ersichtlich ist, was hier aufhaltend wirken könnte, oder es nimmt die gegebenen Terminierungszeiten[24] hin.

Die Terminierungspraxis läßt sich auf zwei Arten verkürzen: einmal durch die Bereitstellung von Sonder-Terminen für Haftsachen[25] und dann ganz allgemein durch die Verkürzung der Terminierungszeiträume. Ob diese Veränderung der Arbeitsweise durch erhöhten Personalaufwand[26] oder bereits durch andere Routine-Praktiken[27] zu erreichen ist, kann offen bleiben.

cc)Die Problematik absoluter Fristen ist bekannt[28]. Sie gewinnen aber nach dieser Untersuchung etwas Faszinierendes, wenn man sieht, wie beherrschend die noch verbliebenen Fristen der StPO sich auf das Handeln der beteiligten Instanzen auswirken, wenn auch in jeglicher Hinsicht[29].

Sinnvoll könnten absolute Fristen nur sein, wenn sie sehr knapp ausgelegt sind, wie es in den USA der Fall sein wird (90 Tage für Haftsachen von Verhaftung bis Urteil[30]), da sonst die in jedem Fall damit verbundene Nebenwirkung, daß man meint, man habe so lange Zeit[31], zu problematisch wird. Denn Fristen sichern nicht, daß noch schneller gearbeitet wird. Das entscheidende Problem bei Fristen sind die Ausnahmeregelungen[32], die in der amerikanischen Diskussion schon lebhaft behandelt werden[33].

---

[22] Besonders betont von *Löwe/Rosenberg/Dünnebier,* § 121 StPO, Anm. 34.

[23] ebd. Anm. 43.

[24] S. dritter Teil, 3., b), bb), (5), S. 93 f.

[25] Die Einzelheiten der Terminierungspraxis waren nicht verfügbar.

[26] Das gilt genauso für die Staatsanwaltschaft.

[27] Zum Problem der Überlastung der Verfahrensführenden s. *Stein/Schumann/Winter*, in *Steinert* (Hrsg.) 1973, S. 120 f., die darauf hinweisen, daß bei Überlastung die Verfahrensdauer kontinuierlich wachsen müßte, was nicht der Fall war; stattdessen betonen sie Arbeitsweisen und Einstellungen der Beteiligten.

[28] Vgl. nur *Dünnebier* (in *Lüttger*, Hrsg.) 1975, S. 48; *Vöcking* 1977, S. 243 f.

[29] Vgl. Dritter Teil, 5., c), (2) und (3), S. 133 ff.

[30] Siehe *Steinberg* Journal of Criminal Law & Criminology 1975, 233 (demnach gilt ab 1979 in den USA für *alle* Strafverfahren eine *100*-Tage-Frist, auch ohne guilty plea); s. *Schwenk* JZ 1976, 583. Fraglich bleibt, ob diese Fristen nicht auch in (Süd-)Deutschland gem. Art. VII Abs. 9 (a) NatoTrStat zur Anwendung kommen müssen, was streitig ist, s. *Schwenk*.

[31] Siehe *Grünwald* 50. DJT 1974, S. C 43.

[32] Es sei an die Farce der regelmäßigen Voruntersuchung im alten deutschen Recht erinnert, s. *Baumann* Eb.-Schmidt-Festschrift (1961), S. 535.

[33] Siehe *Steinberg* Journal of Criminal Law & Criminology 1975, S. 233—35; demnach neigt die amerikanische Diskussion, gegen ihren Supreme Court, zu recht restriktiver Auslegung; s. a. *denselben* Journal of Criminal Law & Criminology 1977, S. 1 ff.

c) Innerorganisatorische Maßnahmen

Die bisher angesprochenen Punkte betreffen übergreifende Veränderungen. Ebenfalls werden organisatorische innerbehördliche Veränderungen in der Diskussion angesprochen.

Der stark arbeitsteilige Bürobetrieb von Gerichten ist z. Zt. Gegenstand von Untersuchungen[34] im Zusammenhang mit einigen Effizienzanalysen zur Leistungsfähigkeit des Justizapparates. Insbesondere die Zivilgerichtsbarkeit wurde dabei mit Hilfe mathematischer Simulationsmodelle[35] auf ihre Kapazitätsauslastung hin untersucht. Die komplexeren Verfahrensseqenzen in Haftverfahren, so wie sie bei der vorliegenden Untersuchung festgestellt wurden, ermöglichen allerdings kaum die Aufstellung eines Netzplanes[36].

Es kann lediglich die Anregung aufgenommen werden, in den Verlaufsplan die Geschäftsstellen-Tätigkeit mit aufzunehmen[37], was hier wegen zu geringer Datenbasis nicht berücksichtigt werden konnte. Als Abhilfemöglichkeit wird auf die Einrichtung von Gruppengeschäftsstellen[38] verwiesen, die nach den Überlegungen des Forschungsprojekts auch effektiver arbeiten sollen. Mögliche Auswirkungen können von hier aus nicht abgeschätzt werden.

d) Arbeitsweisen und deren Bedeutung für die Praxis wie für die Forschung

Alle bisher angesprochenen Punkte betreffen Veränderungen in der Organisation der Strafverfolgung (in Haftsachen). Daneben wird darauf verwiesen, daß die Umständlichkeit und Länge von Verfahren in Haftsachen nur durch eine umfassende Prozeßreform behoben werden könne[39]. Die Arbeitsweise der Justizbürokratie wird aber nur zum Teil durch Prozeßrecht bedingt; ihre notwendige Reform wird durch Verweis auf gesetzliche Änderungen nur aufgeschoben[40].

---

[34] Siehe den Bericht in ‚ötv in der Rechtspflege‘ Nr. 18, 1978, S. 3 über ein Referat von *Blankenburg*; vgl. auch *Dotterweich/Franzen/Weihermüller* 1977, S. 58 (s. a. die Nachweise bei *Grünwald* 50. DJT 1974, S. 9 in Fn. 2 über die Klagen zur unrationellen Arbeitsweise der Justizbürokratie sowie *Bender/Heißler* ZRP 1978, S. 38 f.).

[35] (Analyse des dynamischen Verhaltens von Netzen) s. *Dotterweich/Franzen/Weihermüller* 1977, S. 18.

[36] *Dies.* S. 25 zu den Grenzen.

[37] Siehe *Dotterweich/Franzen/Weihermüller* 1977, S. 57.

[38] *Dies.* S. 58 und Blankenburg (in Fn 34).

[39] Bes. v. *Dünnebier* in *Lüttger* (Hrsg.) 1975, S. 29, 49 f. und in *Löwe/Rosenberg* vor § 112 StPO, Anm. 14, 26.

[40] Siehe *Dünnebiers* Skepsis (1975, S. 49) gegenüber normativer Regelung, was freilich in Widerspruch zum bei Fn. 39 Gesagten steht.

aa) Arbeitsweisen der Justizbürokratie sind der quantitativen Erfassung durch Aktenanalyse kaum zugänglich.

Es läßt sich lediglich für einige mit viel Mühe isolierte Arbeitsvorgänge angeben, wie lange sie gedauert haben. Dies sollte der quantitative Ergebnisteil leisten. Dabei ist er reichlich unübersichtlich geworden. Die Möglichkeiten der Zergliederung von Verfahrensabläufen sind dabei auf die Spitze getrieben worden, die der Detailanalyse (anders als der Massenstatistik) überhaupt verfügbar ist.

Aber auch die Detailanalyse kann auf dieser Ebene nicht mehr leisten als zu sagen, *was wie lange* gedauert hat, zu dauern pflegt, usw.

Ein methodisches Problem bildet dabei schon das vom Forscher rekonstruierte „Was“. Dies ist durchaus an juristischen Common-Sense-Kategorien orientiert, so daß praktizierende Juristen wissen müßten, was mit z. B. ‚Haftprüfung‘, ‚Abschlußverfügung‘, ‚Terminierung‘, etc. „gemeint ist“, d. h., welcher Umfang von Tätigkeiten „dahinter steht“. In der zweiten Hälfte des Ergebnis-Teils (4. und 5.) wurde daher versucht, dies weiter zu präzisieren.

Auf der Ebene „Wie lange“ läßt sich schon durchaus einigermaßen abstrakt diskutieren (das eben skizzierte Hintergrundwissen immer vorausgesetzt), insbesondere darüber, was als *zu* lange anzusehen ist. Damit wird zugleich auch schon immer die Dauer von bestimmten Arbeitsgängen beurteilt, ohne die Diskussion aus der näheren Kenntnis der Arbeitsvorgänge heraus begründen zu müssen. Aber mehr als die Diskussion von Zeit-Angaben für mit bestimmten Kategorien aus dem „Untersuchungsgut“ erfaßbaren Zeiträume ist auf der quantitativen Ebene nicht zu leisten.

Selbst wenn man die Zeit-Angaben in Beziehung zu anderen Variablen-Sätzen setzen wollte (was aus methodischen Erwägungen abgelehnt wurde), wie etwa dem, was hier im Abschnitt ‚Personal-Daten“ behandelt ist, kann man nicht begründen, *wie* sich solche möglichen Beziehungen auswirken, durchsetzen, umgesetzt werden usw. Mehr als die Konfrontation von verschiedenen Datensätzen ist nicht möglich (Wie ‚bürokratische Arbeitsweise‘ als Variable formuliert werden sollte, ist nicht ersichtlich).

bb) Daher wurde versucht, sich den Arbeitsweisen der Justizbürokratie auf prozeduraler Ebene zu nähern. *Was* abläuft, kann zumindest formal beschrieben werden, also der formale Ablauf dessen, was das (Wie lange dauert...) *Was* ausmacht.

Dabei kann (und wurde) genau aufgelistet werden, wer, und meist auch womit er, in bestimmten Komplexen des Verfahrensablaufs tätig wurde. Daraus ist die Beschreibung der Sequenzen entwickelt worden.

Auf der Ebene des Ineinandergreifens von Haupt-Sequenz und Sonder-Sequenzen sind die Doppelakten angesiedelt. Durch diese wird lediglich erreicht, daß einige Teilsequenzen nicht mehr hintereinander und damit in Verlängerung der Haupt-Sequenz, sondern parallel zu dieser ablaufen. Nebst komplizierten Fragen zur bloßen Möglichkeit des parallelen Ablaufs führt dies zu ebenso schwierigen Fragen zur Veränderung der Arbeitsorganisation der Justizbürokratie, da dann die sequentielle Verfügungstechnik teilweise unwirksam werden würde.

Abgesehen davon läßt dieser Vorschlag die Arbeitsweisen selbst aber noch unberührt, da der Vorschlag nur den zeitlichen Ablauf betrifft, und nicht das, *was* getan wird.

Gleiches gilt für das Überlastungsargument, bei dem die vorherrschenden Arbeitsweisen durchaus akzeptiert werden. Es steckt darin lediglich das Argument, daß bei höherem Personalaufwand eine konstante Menge von Arbeit schneller erledigt werden könnte.

Das Überlastungsargument sieht sich dem alten Einwand gegenüber, daß bei ständiger Überlastung der Berg an Arbeit immer größer werden, also auch die Abstände zwischen einzelnen Arbeitsschritten immer größer werden müßten (s. Schumann et. al., Ms. S. 18 f.).

Auch aus dem Kontext der vorliegenden Arbeit heraus kann dies (auch wenn sie keine Longitudinal-Untersuchung darstellt) nicht bestätigt werden. Einzelne Hinweise der Beteiligten, daß sie im Moment überlastet seien (sowohl bei StA wie bei Polizei wie bei gerichtlicher Terminierung) reichen dazu nicht aus.

Die Akzeptierung der vorhandenen Arbeitsweisen wird erst dann aufgegeben, wenn die Gestaltung der Sequenzen diskutiert wird.

Innerhalb einzelner Teil-Sequenzen scheint insbesondere die Gestaltung der Haftprüfungs-Sequenzen diskussionsfähig (zudem ist hier wie stets noch nicht der technische Fertigungsteil enthalten), d. h. die Frage, ob die Akte wirklich immer über so viele Tische gehen muß.

Probleme der technischen Fertigungen werden immerhin von dem Gruppengeschäftsstellen-Vorschlag berührt, sowie von zu erwägenden Veränderungen in der rein schreibtechnischen Fertigung. Dabei bleiben aber die Verfahrens-Sequenzen unberührt; es ist nur ein weiterer Faktor in den zeitlichen Auswirkungen betroffen.

Der hoch ritualisierte Verfahrensgang innerhalb von Teil-Sequenzen bleibt aber auch außerhalb des Haftprüfungsbereichs (für den ja schließlich Doppelakten als eine die grundlegenden Konventionen akzeptierende [Teil-]Lösung angesprochen werden) von Bedeutung. Zu denken ist dabei insbesondere an die Formen der verschiedenen Anlauf-Sequenzen (bei der StA direkt nach der Festnahme, bei der Pflicht-Verteidiger-Bestellung und auch bei der Anklagefertigung; beim Gericht ist der ganze Abschnitt bis zur Terminierung eine einzige Anlauf-Sequenz).

In der Haupt-Sequenz ist der Einsatz von Sonder-Sequenzen besonders fraglich (auch hier sind Haftprüfungen sowie Akteneinsichten durch den Doppelakten-Vorschlag ggf. aus dem Problembereich herausgenommen). Problematisch bleibt, *wie* der Wechsel aus der einfachen Haupt-Sequenz in die einzelnen Sonder-Sequenzen vonstatten geht. Durch die Einschaltung von Sonder-Sequenzen wird der Zielpunkt des Verfahrensabschnittes (bei der StA die Anklagefertigung, bei Gericht die fixierende Terminierung) aufgeschoben. Die notwendigen Fragen wären zwei: Zunächst, *ob* diese Sonder-Sequenz überhaupt eingeleitet werden muß. Dazu tauchen bei der Einschaltung der Polizei (Stichwort Rückverfügung) immerhin schon einige Zweifel auf, da sich der Eindruck oft aufdrängt, daß dies mehr routinemäßig geschehen ist, ohne daß in der Sache noch sonderlich viel zu ermitteln gewesen wäre. Die zweite Frage wäre dann, wenn schon der Beginn einer Sondersequenz nicht zu vermeiden ist, wie deren zeitliche Auswirkungen dann unter Kontrolle zu halten sind. Die dabei manchmal üblichen Fristsetzungen sind wohl kaum ein geeignetes

Mittel, da sie kaum eingehalten werden (zumal kaum Folgen drohen) und die Setzung der Fristen selbst schon einen beträchtlichen Zeitbedarf akzeptiert, dessen Notwendigkeit erst noch zu diskutieren wäre. Der Idealfall ist natürlich, daß, abgesehen von ihrer Notwendigkeit, eine Sondersequenz so gestaltet wird, daß überhaupt keine Auswirkungen auf die Haupt-Sequenz entstehen (vide Doppelakten). Zum Kontrollieren des Zeitbedarfs für unvermeidbare zeitlich sich auswirkende Sondersequenzen gehört dann aber auch, daß die Zusammenarbeit der verschiedenen Stellen so gestaltet wird, daß ein permanenter Kontakt vorhanden ist (und Transportwege keine zeitliche Rolle mehr spielen; der Transport der Akten auch nur von der Staatsanwaltschaft zum Landgericht im selben Gebäude kann über die Einschaltung von jeweils zwei Kanzleien und zwei Geschäftsstellen allein schon beträchtliche Zeit dauern, ganz zu schweigen vom Aktentransport zu auswärtigen Stellen). Es ergibt sich schon grundsätzlich daraus, daß bei anordnenden Verfügungen — und oft auch sonst — Wiedervorlage angeordnet wird, was implizit beinhaltet, daß dies erst nach Erledigung der Verfügung durch andere zu geschehen hat (so lange ist die Akte weg, also „vom Tisch"), und erst recht aus ‚reinen' Wiedervorlageverfügungen, bei denen durchaus nicht immer klar ist, was damit abgewartet werden sollte — wie z. B. bei nochmaliger „Wv" nach Erledigung der Anklagezustellung, wenn eigentlich nur noch die Verfahrenseröffnung folgen kann).

Arbeitsroutinen scheinen sich auch bei den Zentralwerten der Aktenaufenthaltszeit pro verfahrensführende Behörde bemerkbar zu machen, denn die Aktenaufenthaltszeit ist außer in Extremfällen in einem ganz engen Bereich angesiedelt. Es scheint so zu sein, daß eine bestimmte Menge an Zeit einfach für den Verfahrensgang gebraucht wird (und anscheinend auch von allen konzediert wird); die Unterschiede in der Verfahrensdauer beruhen in diesem Bereich dann auf auf der Häufigkeit und Dauer von Sonder-Sequenzen (wobei wiederum Arbeitsroutinen angeführt werden könnten). Die Aktenaufenthaltszeit gibt insoweit an, was außerhalb der Sonder-Sequenzen innerhalb der Haupt-Sequenz der aktenführenden Behörde an Zeit verbleibt, und das bleibt sich, wegen eingefahrener Arbeitsroutinen (?), in der Tat meist gleich. Somit könnte auf der relativ formalen Ebene der Verfahrens-Sequenzen (in Verbindung mit Zeit-Messungen) schon etliches mehr an Überlegungen angesetzt werden (als auf rein quantitativer Ebene).

cc) Arbeitsweisen der Justizbürokratie könnten noch weiter untersucht werden, und unter dem Stichwort „Gestaltung des Verfahrensablaufs durch seine Beteiligten" ist dies auch vorgenommen worden (freilich auch aus methodisch begründeten Überlegungen, nämlich um die Herstellung der bisher allein behandelten Strukturen der Verfahren durch deren Akteure zu zeigen). Es zeigen sich dabei nur schnell die (noch weiter zu behandelnden) Grenzen der Erfaßbarkeit.

(1) Die Haupt-Sequenz ist in ihrem Herstellungsaspekt nur relativ indirekt angehbar. Die großen Zielpunkte der Haupt-Sequenz, i. e. für die StA die Anklagefertigung, für das Gericht die fixierende Terminierung, sind auf ihr Zustandekommen mit der Aktenanalyse nicht sehr weitgehend untersuchbar, vor allem dann nicht, wenn man die zeitliche Frage behandeln will, also, *wann* geschieht das (warum ge-

rade dann, wie wird dieser Zeitpunkt zustande gebracht, etc.). Die Aktenanalyse ergibt eher das Bild, daß dies irgendwann einmal getätigt wird und sonst wird irgend etwas anderes oder auch gar nichts gemacht (sicher ein überzogenes Bild).

Speziell bei der Anklage tut sich eine besondere Schwierigkeit daraus auf, daß aus der Aktenanalyse kaum beurteilt werden kann, wann eine Sache „anklagereif" ist.

Man könnte zwar daran denken, mit dem Rückverfügungsparameter zu arbeiten, d. h., wenn gar keine Rückverfügung an die Polizei mehr erfolgt, die Sache für *sofort* anklagereif zu halten, und sonst an dem Zeitpunkt, an dem die Polizei von sich aus die Sache abgegeben hat, aber es ist durchaus nicht klar, was man außerdem noch als relevante Ermittlungshandlungen anzusehen hat (wie etwa Beiakten-Anforderungen, Übernahmeverhandlungen oder auch nur das Einholen von weiteren Auskünften). Ermittlungs- und andere Handlungen lassen sich so nicht sauber trennen.

Wie eine (fixierende) Terminierung praktisch erreicht wird, läßt sich nur dann belegbar verfolgen, wenn nicht, wie meist, nach einer gewissen Zeitspanne ohne jede Vorankündigung Ermittlungsbeschluß und Terminierung erfolgen, sondern diese beiden Punkte nicht zusammenfallen oder sonstwie Vermerke etc. anfallen, aus denen sich ergeben könnte, daß bereits Überlegungen über den Termin der Hauptverhandlung angestellt worden sind (insb. Absprache-Versuche). Warum dann so terminiert wurde, ist aus den Akten heraus nicht ergründbar (sondern allenfalls Strukturen in der zeitlichen Dimension bezüglich des Zeitpunktes der Terminierung wie der Zeitspanne von da an bis zur Hauptverhandlung). Der Zeitraum nach der (fixierenden) Terminierung zeichnet sich nur dadurch gegenüber anderen Teilen der Verfahrenssequenzen aus, daß er eindeutig festgelegt ist (und so Möglichkeiten für die Verlängerung der Haupt- durch Sonder-Sequenzen entfallen — es sei denn, die Fixierung wird wieder aufgehoben).

(2) Die Vielfalt der Sonder-Sequenzen ermöglicht die Verfolgung ihrer Gestaltung durch die Verfahrensbeteiligten in weitergehendem Maße.

Besonders wenn es um die konstituierenden Aspekte der Haftverfahren geht, ist eine Vielzahl an Tätigkeiten festzustellen, d. h. wenn das weitere Bestehen des ‚Status' Haftsache betroffen ist (also Verschonung/Entlassung bzw. Übergang in Strafhaft angestrebt wird).

Ebenso verändern sich die Handlungsmuster, wenn der Haupt-Sequenz untergeordnete Beteiligte eingeführt werden (i. e. Sachverständige, Polizei sowie Akteneinsichten).

An diesen Punkten läßt sich die aktive Herstellung der in den vorangegangen Kapiteln gemessenen Verfahrensstrukturen durch die Verfahrensbeteiligten besser aufzeigen. Der Text konnte freilich weniger das *ob* der Einschaltung einer Sonder-Sequenz (was gelegentlich auch schon direkt aus dem Gesetz folgt, s. fristgebundene Haftprüfungen) als vielmehr die inhaltliche Ausgestaltung von Sonder-Sequenzen verfolgen. Dabei können sich die einzelnen Handlungsabläufe relativ weit verselbständigen (die „Privatkriege" sind nur die extremste Ausprägung). Daran läßt sich wiederum aufzeigen, daß die Arbeitsweise der Justizbürokratie selten auf das ganze Verfahren ausgerichtet ist, sondern meist nur auf den nächsten zu erreichenden Teilpunkt. Diese Form der Arbeitsaufteilung entwickelt nur eine oft beträchtliche Eigendynamik, die zeitliche Auswirkung hat.

dd) Die Relevanzstrukturen der aufzeichnenden Organisation(en) haben an vielen Stellen für die Möglichkeiten der Analyse Folgen. Dadurch entziehen sie der Diskussion möglicherweise Wichtiges, evtl. auch Wichtigeres als das, was anhand ihrer Aufzeichnungen diskutiert werden kann. Grundsätzlich wird alles auch als etwas Geschehenes aufgezeichnet, so daß sich die Aktenanalyse erst einmal als die Analyse einer Abfolge von Handlungen darstellt, als Rekonstruktion von Ereignissen (für die dann zeitliche Abstände berechnet werden können und wurden). Welche Handlungen überhaupt aufgezeichnet werden, ist Sache der Relevanz-Strukturen der Organisation, die aus den normativen Vorschriften für die Aufzeichnung (Prozeß- und Aktenordnung) nur sehr unzulänglich erschlossen werden können, Das Berichten der Organisation über das, was sie selbst an Handlungen vollbracht hat (Probleme des Berichten über andere als ihre eigenen Handlungen, i. e. diejenigen ihrer Klienten, wurden aus dem Untersuchungsbereich ausgeschlossen), ist Bestandteil ihrer alltäglichen Routine-Prozeduren. Für den Untersucher wird aus deren Perspektive immer nur gleichsam nebenbei mitgeteilt, *daß* etwas geschehen ist, Sequenzen abgelaufen oder im Ablauf begriffen sind usw.

Daß das, was in den Akten berichtet wird, sicherlich nicht alles ist, was getan wurde, ist nicht einmal das Hauptproblem für den Forscher (also kein Problem einer sowieso nicht erreichbaren Abbild-Genauigkeit), sondern eher die Tatsache, daß er gezwungen ist, alles als Abfolge von Handlungen zu rekonstruieren, und zwar (nur) von solchen Handlungen, die für die Kommunikation der Beteiligten und/oder die Legitimation ihres Handelns wichtig sind.

(1) Eine Folge aus der Möglichkeit, Handlungen beobachten zu müssen, ist, daß es schwierig wird, das zu erfassen, was nicht geschieht. Schon die zeitliche Ausdehnung von Handlungen und Handlungsabfolgen muß erschlossen werden, so daß es immer problematisch ist, eine Zeitspanne, in der nichts geschieht, noch einem Handlungsverlauf zuzurechnen oder nicht. Zum Teil ist es davon abhängig, wie ein bestimmter Handlungsablauf definiert ist (weil in die Definition „Leerlauf" eingebaut sein kann, wie etwa bei Polizei-Gesamtzeit oder Gesamtdauer Ermittlungsverfahren, aber je feiner die Unterteilung ist, desto problematischer wird es). Die Orientierung der aufzeichnenden Behörden an ihren eigenen Relevanzstrukturen wirkt sich z. B. in der Diskussion (des Textes) um Ruhezeiten und Wartezeiten aus, wo eben *keine* Handlungen vorliegen. Noch schwieriger wird es bei Handlungen, die man geneigt ist als überflüssig anzusehen, gleichwohl aber als Handlungen gezählt etc. werden müssen (z. T. das Problem der Schiebeverfügungen).

(2) Eine ganz andere Folge der Relevanzstrukturen der aufzeichnenden Organisation ist das, was im Text als zeitorientiertes Handeln bezeichnet wurde. Besonders deutlich wird es bei den „Rechtfertigungsvermerken", die unter der Perspektive der Orientierung am Beschleunigungsgrundsatz dessen Befolgung noch einmal beson-

ders betonen sollen, indem es einfach noch einmal, indirekt, gesagt wird; gleichzeitig macht sich darin ein Mißtrauen gegenüber der Möglichkeit, aus dem Verfahrensablauf allgemein schon die Beachtung des Beschleunigungsgrundsatzes erkennen zu können, bemerkbar.

In der (zeitlichen) „Definitionsmacht" geht es dagegen um die grundsätzliche Möglichkeit der Gestaltung von Verfahrensabläufen durch die aktenführende Behörde. Dabei sind zugleich Realitätsprobleme betroffen. Die Behörde muß erkennen (und so definieren), was z. B. für ein Antrag vorliegt, und gleichzeitig wird durch dessen Bezeichnung die Möglichkeit des Ablaufs einer bestimmten Teil-Sequenz erst geschaffen (dies Thema ließe sich auf die kognitive Dimension ausweiten, da auch ein bestimmter Verfahrensstand erst einmal erkannt werden muß und sich gleichzeitig aus der Festlegung erst wieder das weitere Procedere ergibt).

(3) Weiter wirken sich die Relevanzstrukturen nicht nur auf die Art der Aufzeichnung (wie ad. (1)) und die Art der zu wählenden Vorgehensweise durch eindeutige Festlegung der vorhanden Realität (wie ad. (2)), sondern auch auf die zeitlichen Strukturen des Verfahrens aus. Das geht aber über die Relevanzstrukturen für die Aufzeichnung weit hinaus; die Tatsache, daß und wie aufgezeichnet wird, bleibt vom veränderten Tempo bei der Absolvierung bestimmter Verfahrensabschnitte weitgehend unberührt (aber bis auf Vermerke über sonst anscheinend ungewöhnliche telefonische Erledigungen!). Formuliert man das, was im Abschnitt Frist-Handeln behandelt wurde, etwas einfacher, so hieße das, daß unter Druck alles schneller geht (und möglich wird, was anscheinend sonst nicht geht). Es ließe sich auch noch dahingehend ausweiten, daß Druck allein nicht reicht, sondern zum Druck auch die Sanktionsmöglichkeit, wie sie das OLG (faktisch) hat, hinzukommen muß. Allerdings mahnen die Strategien, die angewendet werden, zur Vorsicht bei Schlußfolgerungen, denn es scheint ohne Bedeutung zu sein, ob dem Druck durch Befolgung oder durch Umgehung stattgegeben wird (auch bezüglich der Polizei und der Sachverständigen sind Herrschaftsverhältnisse feststellbar, die sich aber wegen vorhandener Gegenpositionen nicht so stark auf deren Handeln auswirken). Insgesamt scheinen die Relevanzstrukturen in dieser Hinsicht nicht nur von Gehorsam (wie es der Legitimitätsaspekt verlangen würde) und vom Zeigen, daß man korrekt gehandelt hat, als vielmehr von dem Bestreben, *irgendwie* mit dem möglichen Druck fertig zu werden, bestimmt zu sein.

Das Handeln anderer als der aktenführenden Behörden ist nur schwer auf deren Relevanzstrukturen zu untersuchen: Die von der Untersuchungshaft Betroffenen haben keine andere Möglichkeit, als die Ebene der Aktenführenden zu akzeptieren, und können sich nur zum *ob* der Haft, also qua Haftprüfungen, artikulieren, aber nicht zum Ausmaß der Dauer selbst, und die Anwälte zeichnen sich eher durch nichts Aktenkundiges im Verlauf des Verfahrens vor der Hauptverhandlung aus, was zum Teil Folge der schwachen Situation des Betroffenen, zum Teil aber auch Folge ihrer eigenen Relevanzstrukturen sein mag; d. h., entweder sie handeln nur informell, aber nicht auf aktenkundige Weise, oder sie handeln gar nicht und warten auf die Hauptverhandlung, die ja allgemein als ‚Herzstück' des Strafverfahrens angesehen wird.

(d) In rein methodischer Hinsicht ist festzustellen, daß natürliche Interaktionen mit der Aktenanalyse überhaupt nicht beobachtbar sind, sondern nur hoch indexikalische, d. h. auf Kenntnis des zugrundeliegenden Kontextes verweisende Aufzeichnungen. Hieraus ist kaum ein sicherer Rückschluß auf zugrundeliegende Interaktionen zu ziehen (schon wegen (dd) nicht), da bislang auch Theorien über die Konstruktion und das Lesen von Texten, insbesondere innerhalb von formalen Organisationen, fehlen.

Es wurde daher nur versucht, dasjenige, was faßbar ist, präzise zu beschreiben, aus dem wiederum das, was im quantitativen Teil als „objektive Ergebnisse" berichtet ist, sich zusammensetzt, einschließlich des Umgangs der Verfahrensbeteiligten mit dem, was man die „objektiven Verfahrensstrukturen", insbesondere in zeitlicher Hinsicht, nennen könnte.

Zwar kann damit nicht dem Vorwurf entgangen werden, daß Makro-Informationen gebraucht werden, als ob der ihnen vorangegangene Diskurs irrelevant wäre, aber es ist immerhin versucht worden, die in den Ergebnisteilen 2. und 3. geschilderten Verfahrensstrukturen jedenfalls so weit auf ihren Herstellungsaspekt zu verfolgen, wie es die Möglichkeiten der Aktenanalyse zulassen; da nichts bis zum ursprünglichen Diskurs zurückverfolgt werden kann, sondern nur bis zu dem, was sich davon schon, oft nur vorläufig, als Notiz, Randbemerkung usw. in den Akten niedergeschlagen hat, wurde in den Teilen 4. und 5. besonders sorgfältig angegeben, worauf sich welche Schlüsse etc. stützen (um evtl. dem Leser Dissens zu ermöglichen).

e) Einschränkungen

Bei den etwaigen Änderungen wird zu bedenken sein, daß die Kürze des Verfahrens kein Selbstzweck ist[41]. Z. B. werden Haftprüfungsanträge oft gar nicht mehr gestellt[42], weil die Beteiligten um ihren zeitraubenden Effekt wissen. Die notwendige Schlußfolgerung kann aber vernünftigerweise nicht sein, die Möglichkeiten zu Haftprüfungsanträgen einzuschränken, weil sie Zeit kosten, sondern nur dafür Sorge zu tragen, daß es keine Zeit kostet (und keine mühsam genug errungenen rechtsstaatlichen Prinzipien abzubauen).

Das heißt, daß die Wahrung der Rechte der von Strafverfahren (und insb. von Untersuchungshaft) Betroffenen[43] bei allen Überlegungen zur Beschleunigung von Strafverfahren (und zur Verkürzung der Haftdauer) der Prüfmaßstab sein muß, an dem sich Veränderungen zu orientieren haben. Auf der Ebene der Organisation der Strafverfolgung und der Haftverfahren scheint noch einiger Raum zu sein.

---

[41] Vgl. *Grünwald* 50. DJT 1974, S. C 17; *Vöcking* 1977, S. 242.

[42] Was sich zwar der direkten Messung entzieht, aber auch an der Rücknahme schon gestellter Anträge „im Interesse der Verfahrensbeschleunigung" oder an Hinweisen an den Betroffenen, daß das Verfahren wegen seiner häufigen Anträge und der dadurch notwendig werdenden Aktenversendungen so lange dauerte, ablesbar ist.

[43] Vgl. *Giehring* in *Hassemer/Lüderssen* (Hrsg.) 1978, S. 187 f.; *Mauz* 1975, S. 6.

2. Mögliche Effekte

Dieser Teil ist auf das beschränkt, was unmittelbar aus den vorhandenen Daten der Untersuchung an möglichen Effekten vorgeschlagener Abhilfen angebbar ist. Gegen solche Vorgehensweise bestehen einige Vorbehalte[1], die in den entsprechenden Kapiteln angesprochen werden[2]. Es geht hier lediglich darum, einige Auswirkungen ungefähr angeben zu können.

a) Aktenaufenthaltszeiten

(1) Unter dem Gesichtspunkt der Doppelakten können die Aktenaufenthaltszeiten den *maximalen* Bereich angeben, in dem sich die Führung von Doppelakten einsparend auswirken könnte. Durch die Aktenaufenthaltszeit-Berechnung wurde die Dauer der (Haft-)Strafverfahren auf die Zeiträume reduziert, in denen die Akte im Bereich der aktenführenden Instanz geblieben ist. Das entspricht der durch Doppelakten angesprochenen Prämisse, nämlich daß die Akten bei der Führung von Doppelakten gar nicht mehr außer Haus gehen müssen. Die entsprechenden Tabellen[3] sind daher auch so angelegt, daß aus ihnen unmittelbar abgelesen werden kann, welcher Einsparungseffekt sich ergeben könnte. Dazu muß nur der Anteil der Aktenaufenthaltszeit am entsprechenden Verfahrensabschnitt betrachtet werden[4].

(2) Es wurde bereits mehrfach betont, daß sich in dieser Hinsicht staatsanwaltlicher und gerichtlicher Verfahrensabschnitt beträchtlich unterscheiden.

Der Schwerpunkt der maximalen Einsparungsmöglichkeiten liegt im staatsanwaltschaftlichen Verfahrensabschnitt bei 30—70 %, während im gerichtlichen Verfahrensabschnitt in einer Hälfte der Verfahren keine[5] Einsparungsmöglichkeiten ersichtlich sind; im verbleibenden Teil ist ein leichter Schwerpunkt bei 30—50 % festzustellen.

(3) Die Betonung, daß hier nur ein *maximaler* Bereich vorliegt, kann jetzt präzisiert werden.

Dadurch, daß eine Akte sich außer Haus befand, kann noch nicht gesagt werden, daß das Verfahren schneller abgelaufen wäre, wenn dies vermieden worden wäre[6].

So könnte argumentiert werden, daß Wartezeiten auf Sachverständige (auch wenn sie nur einen kleinen Teil der untersuchten Gesamtheit ausmachen) auf jeden Fall anfallen würden, also auch dann, wenn der Sachverständige nur ein Doppel der

---

[1] Wenn dies auch in methodischer Hinsicht kein Ex-post-facto-Experiment ist; es ist lediglich ein Planspiel.

[2] Sowie auch schon unmittelbar im Ergebnis-Teil (Dritter Teil, 3.).

[3] S. o. Dritter Teil, 3., b), aa), (6), c), S. 82 f.

[4] Der Anteil der Aktenaufenthaltszeit gibt an, was auf keinen Fall eingespart werden kann.

[5] In 26 von 62 Verfahren; rechnet man noch die 5 Verfahren mit Einsparungsmöglichkeiten unter 10 % hinzu, so fällt die Hälfte aller Verfahren im gerichtlichen Abschnitt aus.

[6] Freilich ist auch umgekehrt noch nicht gesagt, daß Verfahren schneller sind, nur weil sie im Hause bleiben.

Tabelle 19

I. Einsparungsmöglichkeiten im staatsanwaltschaftlichen Verfahrensabschnitt

Berechnet: Anteil der Aktenaufenthaltszeit *außerhalb* des Bereichs der Staatsanwaltschaft am gesamten Verfahrensabschnitt (soweit Haft bestand)[1].

Haft im StA-Abschnitt in Tagen	Anteile (= Einsparungsmöglichkeiten) in %									
	-9,9	-19,9	-29,9	-39,9	-49,9	-59,9	-69,9	-79,9	-89,9	-100
bis 14	–	–	–	–	–	–	–	1	–	–
15– 29	1	1	1	2	1	–	1	2	2	1
30– 59	–	2	3	3	3	2	1	1	1	–
60– 89	2	1	1	3	4	2	4	–	1	–
90–119	–	–	1	2	5	5	2	3	1	1
120–149	–	–	–	4	2	3	1	2	–	–
150–179	–	1	1	–	2	5	3	1	–	–
180–209	–	–	–	1	–	1	1	–	–	–
210–239	–	–	–	–	1	–	–	1	1	–
240–269	–	–	–	–	–	–	1	–	–	–
270–299	–	–	–	–	–	–	1	–	1	–
300 +	–	–	–	–	–	–	1	2	–	–
Summe (104)	3	5	7	15	18	18	16	13	7	2

II. Einsparungsmöglichkeiten im gerichtlichen Verfahrensabschnitt

Berechnet: analog I.[2]

Haft im g. Abschnitt in Tagen		Anteile (= Einsparungsmöglichkeiten) in %				
	0	-9,9	-29,9	-49,9	-69,9	mehr
bis 14	3	–	1	–	–	–
15– 29	9	–	–	1	–	–
30– 59	9	2	–	4	1	2
60– 89	5	3	–	6	2	–
90–119	–	–	1	1	2	–
120–149	–	–	1	1	1	–
150 +	–	–	–	3	1	3
Summe (62)	26	5	3	16	7	5

[1] Vgl. die Tabelle 12, S. 83.
[2] Vgl. die Tabelle Anhang 18 (II.), S. 183 f. (die Tabellen hier sind die Kehrwerte jener).

Akten erhalten hat. Allerdings ist zu beachten, daß sich die Verfahrensabläufe insgesamt beim Vorhandensein von Doppel/Mehrfachakten anders gestalten würden, so daß auch hierfür andere Beschleunigungsmöglichkeiten entwickelt werden könnten[7].

Im staatsanwaltschaftlichen Verfahrensabschnitt könnte argumentiert werden, daß zu der Aktenaufenthaltszeit bei der Staatsanwaltschaft noch diejenige bei der Polizei hinzugerechnet werden müßte, um den Bereich erfassen zu können, der durch Doppelakten nicht beeinflußbar ist. Dazu sind aber mehrere Gesichtspunkte

[7] Es sind auch die im Untersuchungszeitraum noch nicht vorhandenen gesetzlichen Möglichkeiten (§ 77 Abs. 2 StPO) in Betracht zu ziehen; vgl. auch Dritter Teil, 3., a), bb), (1), S. 68 f.

zu bedenken: Zunächst fallen in einem großen Teil der Verfahren keine Aktenaufenthaltszeiten bei der Polizei mehr an[8]; weiter sind letztere oft minimal, so daß sich aus diesen beiden Gründen eine gesonderte Berechnung kaum lohnen würde.

Vor allem aber ist die Beauftragungspraxis bisher unergründet[9], so daß hier die Frage der Zusammenarbeit Staatsanwaltschaft—Polizei relevant wird; veränderte Organisationsformen in diesem Bereich können wahrscheinlich größere Einsparungsmöglichkeiten bieten. Das aber ist einer Berechnung nicht zugänglich.

Eine weitere kleine Randunschärfe ist darin enthalten, daß die Haftprüfungssequenz auch einen Durchlauf der Akten bei der aktenführenden Instanz umfaßt[10]. Da mit der Verwendung von Doppelakten vor allem auch Zeitverluste durch Haftprüfungen eingespart werden sollen, wäre der tatsächliche Effekt noch etwas größer.

Im gerichtlichen Verfahrensabschnitt können, wie bereits mehrfach betont, Doppelakten nur vor der (endgültigen) Terminierung greifen, weil der danach liegende Zeitraum bereits durch die Terminierung fixiert ist.

(4) Ein von diesen Daten aus nicht angebbarer Effekt von Mehrfach-Akten liegt in der Veränderung der Arbeitsvorgänge. Insbesondere entfiele der manchmal beträchtliche Aufwand für die Rückforderung der Akten. Die Möglichkeiten der parallelen Arbeitsweise, die dann eröffnet wäre, sind zudem überhaupt nicht abschätzbar.

b) Haftprüfungen

Einige Schwächen der Berechnung des möglichen Effekts von Doppelakten mittels der Aktenaufenthaltszeiten können vermieden werden, wenn man kleinere Bereiche heranzieht. Haftprüfungen sind schon in der Diskussion von einigem Gewicht gewesen, da sie oft als (nur ?) zeitraubend angesehen werden, woraus sich zudem die Möglichkeit einer regelrechten Rechtsmittelbehinderung ergibt, wenn deswegen Anträge unterbleiben.

Die vorhandenen Daten bieten die Möglichkeit, aus den berechneten Haftzeiten die ebenfalls berechneten Zeiträume für Haftprüfungen herauszuziehen. Das würde genau der Prämisse entsprechen, daß bei der Verwendung von Doppel/Mehrfachakten die Haftprüfungen keinen Einfluß auf den Verfahrensablauf und damit die Verfahrensdauer mehr haben dürften. Die Berechnungsgrundsätze für die Dauer von Haftprüfungen sind daher auch genau an der Verfahrenssequenz orientiert.

Als besonderes Problem für diese Effekt-Berechnung tauchen aber diejenigen Haftprüfungen auf, die mit einer Entlassung endeten[11]. In diesen Fällen kann nicht einfach argumentiert werden, die Haftprüfungszeit entfiele aus der Verfahrensse-

---

[8] Siehe Dritter Teil, 3., b), aa), (7), S. 84 f.

[9] S. a. Dritter Teil, 5., b), (5), S. 122 f.

[10] Siehe die Übersicht, Anhang Nr. 23, S. 187 ff.

[11] Davon nur solche Haftprüfungen, bei denen auch der letzte im Verfahren inhaftierte Häftling entlassen wurde (falls mehrere Häftlinge vorhanden waren); für die Haftzeit des insgesamt kürzer Einsitzenden gilt das im übernächsten Absatz Gesagte.

quenz und sei einsparbar, weil damit auch gleichzeitig die gesamte Sequenz beendet wird, für die die Haftzeit berechnet wurde.

Für die OLG-Haftprüfungen könnte dies (Einsparungs-)Problem allerdings dadurch gelöst werden, daß die Doppelakten so rechtzeitig dem OLG vorgelegt werden, daß es bereits bei Fristablauf entscheiden kann; Erfahrungssätze für die Dauer des OLG-Haftprüfungsverfahrens sind sicher auch außerhalb der Daten dieser Untersuchung vorhanden.

Für nicht fristgebundene Haftprüfungen sind aber keine Möglichkeiten ersichtlich, wie diese so gestaltet werden könnten, daß sie keinen unmittelbaren Einfluß auf die Haftdauer mehr haben, wenn man von der Veränderung der entsprechenden Sequenzen absieht — vor allem auch, was deren rein technischen Ablauf angeht. Der Effekt letzterer Veränderungen dürfte nicht zu gering zu veranschlagen sein, ist aber hier nicht berechenbar.

Daher wurde eine Tabelle erstellt, die beide Gesichtspunkte berücksichtigt. Die ersten beiden[12] Spalten geben an, wie sich die Verfahren nach der Dauer verteilen, wenn man die Haftprüfungszeiten abzieht. Die nächsten beiden Spalten geben die gleichen Werte für die sog. „vollen" Verfahren, in denen definitionsgemäß[13] keine sequenzbeendende Haftprüfung vorkommen kann.

Tabelle 20

Alle Verfahren ohne Haftprüfungen

Berechnet: Es wurde, soweit vorhanden, die berechnete Dauer sämtlicher Haftprüfungen von der für die Verfahren berechneten *Haftzeit* abgezogen; zum Vergleich sind außerdem die entspr. Werte (der Tabellen 2; 3) für dieselben Verfahren insgesamt angegeben.

Da bei allen Haftprüfungen auch solche enthalten sein können, die zur Entlassung geführt haben, sind diese beiden Werte auch für die Grundgesamtheit der „vollen" Verfahren (bei denen definitionsgemäß keine Entlassungen vorkamen) angeführt.

Dauer in	alle Verfahren		„volle" Verfahren	
Tagen	mit HP	ohne HP	mit HP	ohne HP
bis 29	8	11	–	1
30– 59	9	11	5	4
60– 89	14	18	9	10
90–119	17	19	7	10
120–149	13	21	7	12
150–179	18	14	12	10
180–209	14	5	7	4
210–239	4	2	2	2
240–269	1	4	1	4
270–299	3	–	3	–
300 +	6	4	6	4
400 +	3	1	3	1
Summe	110	110	62	62
Durchschnitt	(149,51)	(134,36)	(178,61)	(172,2)
Median	135	110	157	131,5

[12] Zwei Spalten, weil zum Vergleich die Werte für die entsprechende Menge Verfahren insgesamt beigefügt worden sind.

[13] (Verfahren, in denen von der Festnahme bis zur letzten Hauptverhandlung erster Instanz Haft bestand) s. a. dazu Dritter Teil, 2., a), S. 53 und 3., a), aa), (3), S. 62 ff.

Aus den Anteilen der Haftprüfungszeiten an der Gesamtdauer des entsprechenden Verfahrensabschnitts[14] läßt sich ebenfalls unmittelbar der Einsparungseffekt ablesen[15].

Im gerichtlichen Verfahrensabschnitt ergibt sich eine Beschränkung aus der zeitlichen Fixierung durch die Terminierung. D. h., Haftprüfungen, die danach liegen, dürften nicht unmittelbar mit in Ansatz gebracht werden; die vorangegangene Tabelle hat indes darauf verzichtet, weil dies noch eine weitere Unterteilung bedingen würde[16].

c) Haftprüfungen und Akteneinsichten

Zu den Haftprüfungen (mit den gezeigten Grenzen) kommen noch die Akteneinsichten. Von diesen kann auf jeden Fall gesagt werden, daß sie beim Vorhandensein von Doppel/Mehrfachakten einzusparende Zeit bilden. Zieht man Haftprüfungen unter Berücksichtigung der gezeigten Grenzen[17] und ebenso Akteneinsichten zusammen, dann erhält man den *minimal* einzusparenden Zeitraum.

Graphische Darstellung

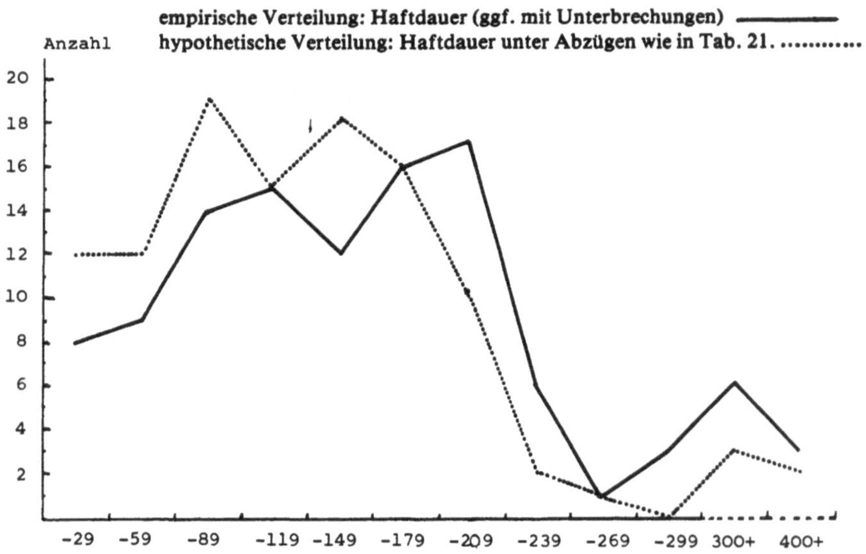

[14] Für den staatsanwaltschaftlichen Verfahrensabschnitt s. Dritter Teil, 3., b), aa), (8), Tab. 13, S. 85, für den gerichtlichen dort bb), (5) — dort wegen der sogleich angesprochenen Probleme keine Tabelle.

[15] Daher wurde auf eine eigene Tabelle für diesen Teil verzichtet.

[16] Es sind auch nicht sehr viele Haftprüfungen nach der Terminierung durchgeführt worden; s. aber sogleich c).

[17] Entlassungshaftprüfungen und Haftprüfungen wie Akteneinsichten nach fixierender Terminierung.

Tabelle 21

Minimale Einsparungsmöglichkeiten

Ausgangsmenge: alle 110 Verfahren. Anordnung einschließlich etwaiger Unterbrechungszeiten[1].
Berechnung: Abzug von Zeiten für Haftprüfungen und Akteneinsichten in den im Text aufgezeigten Grenzen.

Dauer (Haft, ggf. + Unt.)	Anzahl insg.	Einsparungsmöglichkeiten bis 29 T.	30–59	60–89	90 +	Keine[2]	Anzahl[3]
bis 29 Tage	8	–	–	–	–	8	12
30– 59	9	3	1	–	–	5	12
60– 89	14	5	1	–	–	8	19
90–119	15	4	5	1	–	5	15
120–149	12	6	4	–	–	2	18
150–179	16	6	6	1	1	2	16
180–209	17	7	7	1	2	–	10
210–239	6	2	2	2	–	–	2
240–269	1	–	1	–	–	–	1
270–299	3	–	1	2	–	–	–
300 +	6	1*	–	2	3	–	3
400 +	3	–	–	–	3	–	2
Summe	110	34	28	9	9	30	110

*später Unterbringungssache

Bemerkungen:

Auf die Berechung von Durchschnittswerten[4] etc. wurde vorerst verzichtet, da in diese streng verfahrensbezogene Tabelle *alle* Werte, die vorübergehende Haftunterbrechungen einschließen, mit einbezogen werden mußten.

Die Anschaulichkeit sollte durch die absoluten Werte der so gegebenen Einsparungsmöglichkeiten gewährleistet werden.

Anmerkungen:

[1] Daher ist diese Tabelle nicht mit Tab. 4, S. 63 kompatibel (z. B. Median hier 144 gegenüber dort 135; die Unterschiede sind also allerdings nicht sehr groß); ebenso nicht mit Tab. 2.

[2] D. h. keine abziehbaren Haftprüfungs- und Akteneinsichtszeiten.

[3] Sich aus den Abzügen ergebende Verteilung.

[4] Medianvergleich: 144 gegenüber 111 (!).

d) Weiteres zum gerichtlichen Verfahrensabschnitt

In diesem Abschnitt spielten Probleme mit dem Aufenthalt der Akten keine so große Rolle wie im staatsanwaltschaftlichen Verfahrensabschnitt. Vor der (endgültigen) Terminierung sind alle normalen Abhilfen anwendbar; nach dieser kann nur eine Veränderung der Terminierungspraxis helfen.

Wenn man unter Hintansetzung aller Bedenken gegen starre Fristen eine feste Zeit setzen wollte, die für den Abstand zwischen Eröffnung/Terminierung und der geplanten Hauptverhandlung etwa nicht größer als 14 Tage sein dürfte[18], dann ergibt sich, daß nur die beschleunigten Verfahren bei den Schöffengerichten solche Werte im Durchschnitt erreichen, während Schöffengerichte in ‚normalen' Verfahren mit 23, Große Strafkammern mit 44 und Schwurgerichte mit 24 Tagen höhere Medianwerte aufweisen[19]; für alle Erst-Terminierungen ergibt sich, daß nur 16 von 69 Erst-Terminierungen[20] die 14-Tage-Grenze nicht überschreiten würden.

Es ist ebenfalls möglich, eine feste Zeit für den Abstand von Anklageeingang bis Eröffnungsbeschluß in gleicher Weise zu setzen; dann würden 20 von 62 Verfahren[21] die 14-Tage-Grenze nicht überschreiten[22].

e) Weiteres zum staatsanwaltschaftlichen Verfahrensabschnitt

Für diesen Abschnitt erscheint es schwieriger, feste Zeiten zu setzen. Für die ganze Verfahrenssequenz wäre es denkbar, daß man für den Zeitraum vom Abschluß der Ermittlungen über Anklageeingang und Zustellung bis zur Eröffnung des Verfahrens ebenfalls eine Soll-Zeit setzt. Dafür schiene ebenfalls eine Frist von 14 Tagen noch vertretbar.

Berechnungen dafür können hier nicht angegeben werden. Die Problematik des im Untersuchungszeitraum noch vorhanden gewesenen Schlußgehörsangebots ist bereits eingehend erörtert worden[23]. Aber selbst wenn man davon absieht, scheinen Berechnungen kaum möglich, da der Zeitpunkt der Abschlußverfügung keinen Regeln und keiner Kontrolle unterliegt, diese Verfügung also beliebig gesetzt werden kann[24], so daß mit daran anknüpfenden Folgerungen nur wenig gewonnen wäre. Schon zu Zeiten des Schlußgehörsangebots war als Praxis zu beobachten, daß zu diesem Zeitpunkt die Anklage bereits fertig erstellt war.

Daraus folgt, daß man für die staatsanwaltschaftliche Tätigkeit selbst keine ver-

---

[18] Eine solche Quantifizierung scheint nicht irreal (immerhin war es bei den beschleunigten Verfahren vor dem Schöffengericht möglich, innerhalb von 14 Tagen die Hauptverhandlung anzuberaumen; selbst der Durchschnittswert für die Schwurgerichtsverfahren — deren Probleme allerdings *vor* der Terminierung lagen — ist davon nicht so weit entfernt) vgl. auch Dritter Teil, 3., b), bb), (4), S. 93.

[19] Siehe Dritter Teil, 3., b), bb), 5., S. 93 f. und Tabelle 20 im Anhang, S. 185.

[20] S. o. FN 19 (das wären 23 %).

[21] 32 %; s. FN 19.

[22] Solche einfachen Berechnungen müssen von allen Besonderheiten abstrahieren, die die Einhaltung dieser Richtsätze erst möglich machen, ebenso wie von Sonderfällen. Die praktische Tätigkeit der Verfahrensbeteiligten kann damit nicht erfaßt werden.

[23] S. o., Dritter Teil, 3., b), aa), (4), S. 78 sowie 5., b), (4), S. 120 ff.

[24] Es ist durchaus nicht von Manipulation die Rede.

tretbaren Soll-Zeiten gewinnen kann[25]; diese müßten sich auf eine maximale Zeit für die Anklagefertigung beziehen.

f) Feste Fristen

Aus letzterem Punkt ergibt sich, daß man dann gleich zu festen Fristen nach US-amerikanischem Vorbild[26] übergehen könnte, jedenfalls als Planspiel. Dann kann man die vorhandenen Verfahrensdaten danach untersuchen, wie viele Verfahrens(abschnitte) über solchen Richtwerten liegen würden. In Anlehnung an das amerikanische Vorbild und an die obige Diskussion könnte man für den gerichtlichen Verfahrensabschnitt von einer 30-Tage-Frist[27] und für den staatsanwaltschaftlichen Verfahrensabschnitt von einer 60-Tage-Frist ausgehen, so daß die 90 Tage des Speedy Trial Act[28] erreicht wären.

Es kann nur angegeben werden, wieviel Verfahrens(abschnitte) solche Soll-Zeiten überschreiten würden. Dazu muß nur in den Tabellen zur Gesamtdauer von staatsanwaltschaftlichem[29] und gerichtlichem[30] Verfahrensabschnitt abgelesen werden, wieviel Verfahren über diesen Grenzen liegen würden. Weitere Berechungen sind nicht notwendig, da bei konsequenter Einhaltung der Soll-Zeiten ja kein Verfahren mehr darüber liegen würde.

Insgesamt würde es kein Verfahren über 90 Tagen Haftdauer mehr geben dürfen; soweit in den jeweiligen Abschnitten die Soll-Zeiten unterschritten wurden, können sich weitere Einsparungen ergeben, wenn der jeweils andere Abschnitt an der Soll-Zeit ausgerichtet wird[31].

g) Veränderungen von Praktiken

Fraglich ist, wie sich die Praxis auf solche festen Soll-Zeiten einrichten würde, ganz abgesehen von der dann wahrscheinlich besonders interessant werdenden Gestaltung und Handhabung der Ausnahmeregelungen[32].

---

[25] Ohne Schlußgehör wäre mit dem angesprochenen Zeitraum zwischen Abschlußverfügung und Verfahrenseröffnung allerdings ein Zeitraum berechenbar gewesen, der wesentlich von eher technischen Vorgängen bestimmt ist.

[26] Vgl. *Steinberg* Journal of Criminal Law & Criminology 1975, 233.

[27] Aus einer Zusammenziehung der beiden 14-Tage-Fristen im Abschnitt g).

[28] Vgl. FN 26 und die Diskussion der Fristen im Abschnitt 1, b), cc), S. 145.

[29] S. o., Tabelle 10, S. 77, es wären 51 von 71 Verfahren = 72 %.

[30] S. o., Tabelle 15, S. 91, es wären 48 von 62 Verfahren = 77 %.

[31] Also Soll-Zeit für den einen und tatsächliche (unterschreitende) Zeit für den anderen Abschnitt zusammengezogen; von einer näheren Tabellierung wurde abgesehen.

[32] Das Modell des § 121 StPO ist dafür kein gutes Beispiel, da die ursprüngliche Absicht, die Haftzeitdauer zu beschränken, in der Praxis nicht erreicht wird.

Die Festsetzung von Soll-Zeiten bewegt sich auf rein quantitativer Ebene, wobei notwendigerweise ein sehr grober Maßstab angelegt wird.

Demgegenüber ist schon die Gestaltung der formalen Ablaufsequenzen ein Ansatzpunkt, an dem näher differenziert werden kann; Veränderungen in diesem Bereich würden vor allem auf innerbehördliche, bürokratische Verfahrensweisen abzielen, wie sie im Abschnitt „Arbeitsweisen" angedeutet wurden[33].

Mit der Handhabung der Sequenzen ist die alltägliche Routine-Tätigkeit der Verfahrensbeteiligten angesprochen. Ansatzpunkte für Beschleunigungsmöglichkeiten werden damit ungleich vielfältiger, ohne daß die Konsequenzen unter dem Beschleunigungsaspekt tabellarisch zusammengefaßt werden könnten; mehr als einige Hinweise dazu waren nicht möglich. Schon bei der Darstellung der Handhabung der Sequenzen, noch mehr aber bei dem, was hier zeitbezogenes Handeln genannt wurde, geht es darum, die Tätigkeiten der Verfahrensbeteiligten, wenn auch nur in Hinblick auf den zeitlichen Verfahrensablauf, überhaupt verstehen zu können[34]. Damit sind beträchtliche theoretische und methodologische Probleme verbunden, die in einer einfachen Darstellung von quantitativen Ergebnissen nur nicht auftauchen, aber gleichwohl virulent sind[35]. Ausgehend von dem ganz praktischen, handfesten Problem, Beschleunigungsmöglichkeiten für Haftverfahren zu finden, konnte so lediglich der Übergang von praktischer Analyse zur Beschäftigung mit spezifischen wissenschaftlichen Problemen angedeutet werden[36].

---

[33] S. o., 1., d), S. 146 ff.

[34] Das Kapitel 5. im Dritten Teil der Untersuchung darf daher keinesfalls als „Mängelbericht" angesehen werden, sondern dient nur der Vorbereitung der Diskussion (in mehrfacher Hinsicht).

[35] Vgl. *Cicourel* 1976, S. xvi, der auch darauf hinweist, daß in diese Problematik auch genauso die Interessen des Forschers gehören (auch daher Dritter Teil, 6., oben S. 139 ff.).

[36] Zur Unterscheidung von konstruktiver (praktischer) Analyse und „strenger Wissenschaft" s. *Wieder/Zimmerman* in *Weingarten/Sack/Schenkein* (Hrsg.), S. 124 und *Garfinkel/Sacks* im selben Band S. 138 f. Das Verhältnis beider Vorgehensweisen ist recht umstritten, vgl. *Garfinkel/Sacks* einerseits und *Mehan/Wood* 1975, S. 194 ff. sowie *Cicourel*, Versus 1975, S. 61 andererseits. Diese Arbeit kann wohl keiner Position gerecht werden.

Anhang

Anhang 0

Berechnungsgrundsätze

a) In jeder Tabelle ist ggf. angegeben worden, *von* welchem *bis* zu welchem Tag berechnet worden ist.

b) Gewöhnlich sind Hafttage berechnet worden, d. h., zu der Differenz (aus von/bis) wird ein Tag hinzugezählt. (Falls die Sache die Angabe von Abständen verlangte, wurde dies gekennzeichnet.)

c) Haftunterbrechungen (s. dazu die entspr. Kapitel im Text, bes. Dritter Teil, 2., b), ff), S. 60) sind bei der Berechnung von Haftzeiten[1] stets abgezogen worden, aber nicht bei der Berechnung von Verfahrensabschnitten. Ggf. wird besonders darauf hingewiesen, ob Unterbrechungen berücksichtigt worden sind.

d) Verfahrenseckpunkte sind der Festnahmetag und der letzte Hafttag.

Der Festnahmetag wird gem. § 39 Abs. 3 a StrVollzO mit angerechnet, nicht aber bei der Bestimmung der Frist nach § 121 StPO[2]. Praktisch ist dies der Unterschied zwischen Einlieferung in Polizeigewahrsam und Einlieferung in die Untersuchungshaftanstalt bzw. richterlicher Vorführung. In immerhin 92 (von 127) Fällen fiel dies zeitlich *nicht* zusammen. Für die vorliegende Untersuchung wurde immer die gesamte Zeit der Freiheitsberaubung berechnet, der Festnahmetag also stets mitgezählt.

Falls die Untersuchungshaft über die Hauptverhandlung hinaus dauerte, so wurde der Tag der letzten Hauptverhandlung (erster Instanz) als letzter Hafttag fingiert, da nur das Verfahren erster Instanz behandelt werden sollte. Dies betrifft 39 Fälle[3].

Bei (vorzeitiger) Entlassung wurde der Entlassungstag gezählt[4], bei Übergang in Strafhaft der sich aus der Strafzeitberechnung ergebende Tag.

e) Durchschnittswerte sind nur zur Information angegeben und in Klammern gesetzt. Statistisch allein zulässig sind die Medianwerte (s. Tab. 2, Anm. 1), S. 54).

f) Vgl. sonst auch die Bemerkungen zu den einzelnen Tabellen.

---

[1] Vgl. zur Fristberechnung nur *Kleinknecht* 33. Aufl., Anm. 3 zu § 121 StPO; § 39 StrVollzO.

[2] *Kleinknecht* ebd.

[3] Das heißt nicht, daß in allen Fällen Rechtsmitttel eingelegt worden waren; es sind z. T. auch nur Probleme in der Organisation der Strafvollstreckung.

[4] Incl. Entlassung nach Hauptverhandlung.

Anhang 1

Personaldaten der Häftlinge

1) *Geschlecht*: 2 weibliche Häftlinge
2) *Nationalität*: 9 ausländische Häftlinge (Jugoslawien: 2; Türkei: 3; Österreich und Niederlande je 1; (nord-)afrikanische Staaten: 2).
3) *Alter*:

Alter zur Tatzeit	Anzahl	
bis 21 Jahre	1	(Ausnahmefall, § 103 JGG)
21–24	36	
25–29	38	
30–34	26	
35–39	13	
40 +	3	
50 +	4	
Summe	123	(in 4 Fällen waren genaue Angaben nicht vorhanden bzw. nicht erhoben)

4) *Beruf und Schulbildung*

Gedacht als Rudiment zur Schichtfeststellung; Einkommensangaben waren meist nicht zu erlangen (vgl. *Dreher* § 46 StGB Anm. 5 C c). Die Einteilung war oft sehr schwierig.

Berufe	Anz.	Bemerkungen
Angestellte	5	(davon 2 nur formal, sonst eher Randgruppe)
Hausfrau(en)	1	(eher Randgruppe)
Arbeiter	52	(nur Personen mit festem Arbeitsverhältnis)
arbeitslos	26	(wenn nur vorübergehend, Abgrenzungen fließend)
Randgruppen	39	(Gelegenheitsarbeiter, Stadtstreicher etc.)[1]
k. A.	4	

Schulbildung

	Anz.	Bemerkungen
k. A.	52	(daher wurde auf weitere Aufgliederung verzichtet)
Realschule	4	(alles andere Volks- oder Sonderschule, jeweils mit und ohne Abschluß)

5) *Vorstrafen*

k. A.	8	(davon 3 Ausländer)
keine	15	(in 2 Fällen nur lt. Register)
vorbestraft	104	

Auf weitere Aufgliederung, etwa Gewichtung der Vorstrafen nach Anzahl (zwischen 1 und 10), oder danach, ob schon Freiheitsstrafen verbüßt worden waren, wurde verzichtet.

[1] Incl. Drogenabhängige, „Freaks", Obdachlose, etc., also alle nicht zur bürgerlichen Gesellschaft Gehörenden.

6) *anwaltliche Vertretung*

ohne anwaltliche Vertretung	20 Häftlinge in 18 Verfahren
eigener Anwalt	70 Häftlinge
vom Gericht bestellter Anwalt	37 Häftlinge (davon 7 später mit eigenem Anwalt)
Anwaltswechsel	14 Häftlinge in 14 Verfahren (einschließlich der eben genannten 7)

Bemerkungen:

Als eigener Anwalt wurde jeder betrachtet, den der Häftling selbst anbrachte.

Vom Gericht bestellt ist jeder Anwalt, den ein Gericht von sich aus oder nach Befragen des Häftlings bestellt hat.

Dieser Parameter ist wegen der Pflichtverteidigerbestellung vor Ablauf der Dreimonatsfrist des § 117 Abs. 4 StPO nicht sehr aussagekräftig; deswegen ist auch eine Unterscheidung nach dem juristischen Status des Verteidigers nicht möglich, da die „eigenen" Anwälte später oft zu Pflichtverteidigern bestellt werden.

Anhang 2

Anlaßdelikte für die Haftbefehle

Delikt lt. Haftbefehl (§§ StGB)	Anzahl
242/43, 246, 259 allein	56
242 i. V. m. 249	5
249 ff. allein	12
263/267 allein	3
263/267 i. V. m. 242 ff.	11**
242 ff. i. V. m. sonstige	9
211/12*	6
306–308*	4
176/77	2
181	2
223 f.	3
AuslG*	2
BTM-G*	11
230 StPO	1
Summe	127

* auch i. V. mit anderen Paragraphen

** davon in 2 Fällen 242 ff. Schwerpunkt, sonst 263 ff.

Bemerkungen:

In der Tabelle ist nur das angegeben, was in dem Haftbefehl angegeben wurde, der auf die Festnahme erfolgte.

Spätere Erweiterungen und Änderungen, die sich auf Zahl wie Art der Delikte beziehen können, sind also nicht berücksichtigt.

Das dritte Element von Haftbefehlen (außer Delikt und Haftgrund), der dringende Tatverdacht, ist näherer Analyse kaum zugänglich, da schon im Haftbefehlsformular enthalten („... ist dieser Tat/en dringend verdächtig und ...").

Anhang 3

Haftgründe

Grund lt. Haftbefehl	Nennungen insg.	davon allein
1. Verdunkelungsgefahr	7	1*
2. Tötungsdelikt	3	3
3. Vorbeugehaft**	28	9
4. § 230 StPO	1	1
5. kein Grund angegeben	2	2
6. Flucht und Fluchtgefahr	111	86
Summe	./.	102 (+ 25 aus 6. b))

Aufschlüsselungen:

zu 6.	Nennungen	allein
a) davon Flucht	17	14
b) davon i. V. 1. + 3.	25	25
c) davon „hohe Strafe"	47	15
d) davon „bindungslos"	63	30
e) davon b) *und* c)	(25)	23
f) davon sonstige Begründung	1	1
g) davon k. A.	3	3
Summe	./.	111

Bemerkungen:

b): 19 Fälle i. V. 3) sowie 6 Fälle i. V. 1)
c): einschließlich drohender Bewährungswiderruf sowie Hinweise auf das Vorleben.
d): detaillierte Begründungen wie einfache Hinweise auf fehlenden festen Wohnsitz
e): ist bei den Nennungen zu c) und d) auch enthalten, deshalb die Klammern

zu 1. * spätere Fluchtgefahr nachgeschoben.

zu 3.** vgl. Text, S. 58. Bei alleiniger Begründung:
§ 112a Abs. 1 Nr. 1 StPO: zwei Fälle,
aus § 112a Abs. 1 Nr. 2 StPO: BTM-G drei Fälle,
§§ 243 ff. StGB vier Fälle.

zu 2. und 5. Bei sechs Tötungsdelikten insgesamt (vgl. Tab. 2 — Anlaßdelikte) gab es drei Haftbefehle mit entspr. Begründung, meist schlicht festgestellt, zwei Haftbefehle ohne jede Begründung und in einem Haftbefehl als Begründung Fluchtgefahr.

Anhang 4

Haftbeendigungen vor der Hauptverhandlung

Ausgangsbasis:

Von den anfänglich 127 Häftlingen waren zum Zeitpunkt der letzten Hauptverhandlung erster Instanz noch 72 in Haft. (Das betrifft 69 Häftlinge in 62 „vollen" Verfahren — vgl. Tab. Nr. 2 und 3 Häftlinge, in 3 Verfahren, die erst in einem späten Verfahrensstadium in Haft genommen worden sind.)

Somit ist bei 55 Häftlingen die Haft vorzeitig wieder beendet worden.
Verteilung dieser nach Haftdauer.

Haftdauer	Fälle vorzeitiger Haftbeendigung
bis 29 Tage	9
30– 59	4
60– 89	7
90–119	11
120–149	7
150–179	6
180–209	9
210–239	2
240–269	–
270–299	–
300 +	–
400 +	–
Summe	55

Bemerkungen:

Um diese Tabelle mit der Tabelle 2 (S. 54) in Übereinstimmung zu bringen, sind folgende Anmerkungen nötig:

Die genannten 3 Häftlinge verteilen sich auf die Gruppen wie folgt: 30—59 Tage: 2; 90—119 Tage: 1.

(Ein Fall dieser Art fällt in die Gruppe — 29 Tage der Tab. hier, wo er enthalten ist.)

Die Haftbeendigungen kann man nach 4 Arten von Gründen einteilen:

I. endgültiger Übergang in Strafhaft (21 Fälle) (Unterbrechungen s. Tab. Anhang Nr. 5)
II. Haftverschonung (21 Fälle)
III. Entlassung nach Haftbefehlsaufhebung (4 Fälle)
IV. Entlassung nach OLG-Haftprüfungen gem. §§ 121 ff. StPO (9 Fälle)

Verteilung nach Haftdauer

Haftdauer	Entlassungsgründe/Haftende			
in Tagen	I.	II.	III.	IV.
bis 29	2	5	2	x
30– 59	2	2	–	x
60– 89	2	5	–	x
90–119	8	3	–	x
120–149	4	2	1	x
150–179	2	3	1	–
180–209	–	–	–	9
210–239	1	1	–	–
Summe	21	21	4	9

Bemerkungen:

Bei Haftdauer von über 240 Tagen gab es keine vorzeitigen Haftbeendigungen mehr.

Die vier Fälle von Haftbefehlsaufhebungen — alle durch Große Strafkammern — betrafen zwei Fälle von Vorbeugehaft gem. § 112 a Abs. 1 Nr. 1 StPO, einen Fall von Unverhältnismäßigkeit und einen Fall von Aufhebung kurz vor der endgültigen Einstellung.

Die Bildung von Durchschnittswerten ist nicht sehr sinnvoll.

Anhang 5

Haftunterbrechungen

Haftunterbrechungen geschahen aus drei Gründen

I. Vollstreckung von Ersatzfreiheitsstrafen (bzw. Beugehaft bei Ordnungswidrigkeiten)

II. Widerruf von zur Bewährung ausgesetzt gewesenen Freiheitsstrafen (in den meisten Fällen führte dies allerdings zur endgültigen Beendigung der Untersuchungshaft, die hier nicht behandelt wird)

III. sonstige Gründe (ein Fall Flucht, 2 Fälle widerrufene Haftverschonung)

Dauer der Unterbrechung		Gründe	
in Tagen	I.	II.	III.
bis 9	3	–	1
10– 19	5	–	–
20– 29	6	–	1
30– 39	1	–	–
40– 49	2	–	–
50– 59	1	–	–
60– 89	–	1	1
90–119	–	2	–
120 + (359)	–	1	–
Summe	18	4	3

Die Vollstreckung von Ersatzfreiheitsstrafen geschah in 13 Verfahren (in 3 Verfahren zweimal, in einem Verfahren dreimal).

Es erscheint angesichts der relativ kleinen Zahlen nicht sinnvoll, die Anteile der Unterbrechungszeiten auf die gesamte Haftzeit des jeweiligen Häftlings zu beziehen (in der sie ja nicht enthalten sind).

Anhang 6

Varianten zu Tab. 4

a) Bei den Verfahren vor dem Schöffengericht mag es sinnvoll erscheinen, die beschleunigten Verfahren gem. §§ 212 ff. StPO herauszurechnen.

b) Es mag weiter sinnvoll erscheinen, nur die Schwurgerichtsverfahren herauszurechnen.
Alle Verfahren außer Schwurgerichtsverfahren
Hafttage : 14 049
Verfahren : 103
Median : 131

Haftdauer	„normale“ Verf.	212-Verf.
bis 29 Tage	5	–
30– 59	3	5
60– 89	14	–
90–119	13	1
120–149	10	–
150–179	13	–
180–209	10	–
210–239	2	–
240 +	1	–
Summe	71	6
Hafttage	8755	308
Median	131	48

Anhang 7

Dauer „volle“ Verfahren

Der einzige Unterschied zur Tabelle 5 besteht darin, daß hier die sonst immer abgezogenen Unterbrechungszeiten miteinbezogen sind.

Damit ist diejenige Zeit angegeben, die ein Verfahren von der Festnahme bis zum Urteil (erster Instanz) dauerte.

Dadurch verändern sich die Werte für insgesamt 11 Verfahren (von den in Anhang 5 genannten 25 Unterbrechungen betrafen einige solche Verfahren, die nicht als „volle“ gezählt werden, und im übrigen kamen in einem Verfahren auch gelegentlich mehrere Unterbrechungen vor).

Verfahrensdauer	‚volle‘ Verfahren insgesamt
bis 29 Tage	–
30– 59	5
60– 89	9
90–119	5
120–149	6
150–179	10
180–209	10
210–239	4
240–269	1
270–299	3
300 +	6
400 +	3
Summe	62
Tage	11 783
Median	161

Anhang 8

„Volle" Verfahren nach Gerichtstypen

„volle" Verfahren: s. Tab. Anhang 7 (auch hier *mit* Unterbrechungen)
Gerichtstypen:
I. Schöffengericht
II. Große Strafkammer
III. Schwurgericht

Verfahrensdauer in Tagen	Gerichtstyp I.	II.	III.
bis 29	–	–	–
30– 59	5	–	–
60– 89	9	–	–
90–119	5	–	–
120–149	6	–	–
150–179	9	1	–
180–209	7	3	–
210–239	4	–	–
240–269	–	1	–
270–299	1	1	1
300 +	–	4	2
400 +	–	1	2
Summe	46	11	5
Tage	6160	3457	2166
Durchschnitt	(133,91)	(314,27)	(433)
Median	131	281	360

Variante:

Die beschleunigten Verfahren beim Schöffengericht gem. §§ 212 ff. StPO bilden geschlossen die Gruppe 30—59 Tage. Trennt man diese von den übrigen Schöffengerichtsverfahren, so ergibt sich:

5 Verfahren gem. §§ 212 ff. StPO, 215 Tage, Median 48 Tage. 41 (übrige) Schöffengerichtsverfahrens 5 945 Tage, Median 149 Tage.

Weitere Variante:

Isoliert man nur die Schwurgerichtsverfahren, so ergibt sich bei einer Addition der Spalten I. und II.:

57 Verfahren vor Schöffengericht und Strafkammer, 9 617 Tage, Median 156.

Weitere Variante:

Nimmt man der Gesamtmenge die Extreme, das heißt, die Verfahren gem. §§ 212 ff. StPO auf der einen und die Schwurgerichtsverfahren auf der anderen Seite, so verbleiben:

52 Verfahren, 9 402 Tage, Median 161.

Anhang 9

Gesamtdauer nicht „volle" Verfahren

von: Festnahmetag (bei mehreren Häftlingen erster)
bis: Letzter Hauptverhandlungstag erster Instanz
Ausgangsmenge: 48 Verfahren (da 62 „volle")

Dauer nicht „volle" Verfahren insgesamt

Tage	Anzahl
bis 89	–
90–119	1
120–149	1
150–179	4
180–209	7
210–239	4
240–269	4
270–299	1
300–399	10
400–499	4
500–599	1
600–699	1
700–799	–
800–899	2
900–999	1
1000 +	1
k. A.	6
Summe	42
Durchschnitt	(350,76)
Median	282,5
Tage	14 732

Bemerkungen:

Von den sechs Fällen, in denen Angaben fehlen, liefen zwei Verfahren zum Zeitpunkt der Untersuchung immer noch, bei drei Verfahren war der Beginn nicht mehr genau genug festzustellen, und ein Verfahren war von der StA eingestellt worden

Trennt man die Gruppe 300—399 an der Stelle 365, um etwa festzustellen, was über ein Jahr dauerte, so liegen dort acht Verfahren unter dieser Grenze (also insg. 30).

Anhang 10

I. Gesamtdauer der Erstellung medizinischer Gutachten

von: 1. Aktenversendung anordnende Verfügung (an den Sachverst.)
bis: erste verfahrensbezogene Tätigkeit nach letztem Wiedereingang der Akten.

I. absolute Dauer	Anzahl	
bis 29 Tage	2	
30– 59	3	
60– 89	3	
90–119	1	
120–149	3	
150 +	1	
Summe	13 (11)	(davon in 2 Fällen nur die anteilige Zahl, da die Gesamtzeit die Haftzeit übertraf; diese Fälle sind dann auch nicht in den Mittelwerten enthalten)
Durchschnitt	(94,3)	
Median	77	

II. Relative Dauer

(Anteil der eben berechneten Gesamtzeit an der gesamten Haftverfahrensdauer, einschl. etwaiger Unterbrechungen, in %).

Haftverfahrensdauer in Tagen	Anteile in % bis 20 %	bis 30 %	über 30 %
bis 240 Tage	–	2	2
bis 360 Tage	3	–	2
über 400 Tage	2	–	2

Bemerkungen:

Die gesamte Haftverfahrensdauer mußte so (zusammengestrichen) gruppiert werden, um überhaupt noch zu sinnvollen Untergruppen gelangen zu können.

Wieviel Zeit der Sachverständige selbst zur Erstellung seines Gutachtens benötigt hat, ist den Akten nicht zu entnehmen, sondern allenfalls die Zeit, in der die Akten dort vorgelegen haben.

Die soeben dargestellte Berechnung erfaßt aber die gesamte Zeit, die die Gutachtenerstellung insgesamt, einschließlich aller Unterbrechungen (besonders durch Haftprüfungen) für sich in Anspruch nahm.

Variante:

Es mag sinnvoll erscheinen, sämtliche Verfahren mit Beteiligung von Sachverständigen aus der gesamten Menge der Verfahren herauszurechnen, obwohl die Tabelle zeigen mag, daß deren Einfluß sehr breit streut, was die Länge der Verfahren angeht.

Verändert wird dann die Grundtabelle 4.

Haftdauer in Tagen	Anzahl Verfahren	
bis 29	8	
30– 59	9	
60– 89	14	
90–119	16	
120–149	13	
150–179	17	
180–209	13	
210–239	3	
240–269	1	
270–299	1	
300 +	1	
400 +	1	
Summe	97	Hafttage: 12 484
Median	126	

Bemerkung:

In Tabelle Anhang 10 mußte wegen der Anteilsberechung der Spalte 2 nicht die Haftdauer, sondern die Verfahrensdauer *mit* Haftunterbrechungen als Ausgangspunkt genommen werden (dies betrifft 2 Verfahren)

Anhang 11

Dauer von Akteneinsichten

von: Verfügung, die die Versendung von Akten zwecks Einsichtnahme anordnet
bis: Rückkehr der Akten beim Aktenführenden (Eingangsdatum)
Unterteilung: nach staatsanwaltschaftlichem (StA) und gerichtlichem (Gericht) Verfahrensabschnitt.

Dauer AE		Anzahl	
in Tagen	StA	Gericht	zusammen
bis 3	6	4	10
4– 7	19	6	25
8–14	45	14	59
15–21	10	1	11
22–28	4	1	5
darüber	4	–	4
Summe	88	26	114
Tage	986	231	1217
Durchschnitt	(11,2)	(8,9)	(10,7)
Median	9	9	9

Bemerkungen:

Als End-Termin wäre auch die nächste verfahrensbezogene Tätigkeit des Aktenführenden denkbar gewesen; das ist aber bei Gericht kaum sinnvoll, wenn nur noch die Hauptverhandlung folgt (sonst würden sich einige Werte beträchtlich vergrößern).

Weiter wäre auch möglich gewesen, die Akteneinsichten nach ihrem Adressaten zu unterscheiden, d. h., nach Anwalt des/der Beschuldigten, und sonstigen. Dies ist auch so berechnet worden. Die Werte unterscheiden sich indes von denen für alle Akteneinsichten nur ganz unwesentlich (so bleibt der Median in der großen Untergruppe „nur Anwälte“ stets bei 9, und auch die Durchschnittswerte verändern sich nur um Bruchteile).

Von den 88 Akteneinsichten im staatsanwaltschaftlichen Verfahren entfallen 63 auf die Gruppe „Anwälte", im gerichtlichen Verfahrensabschnitt 21 (von 26). Von den 4 Akteneinsichten in der Extremgruppe „über 28 Tage" entfallen 3 auf andere Behörden als Adressaten.

Anhang 12

1. ‚normale' Haftprüfungen

Das umfaßt:

1) Beschwerden gegen Haftbefehle
2) Haftprüfungen auf Antrag
3) mündliche Haftprüfungen
4) Haftbeschwerden
5) weitere Beschwerden zum OLG

Bemerkungen:

a) *Beginn der Haftprüfung*

Haftprüfungen kommen grundsätzlich (d. h., mit 2 Ausnahmen) nur auf Antrag vor, der vom Häftling oder seinem Anwalt gestellt wird. Der Eingang entsprechender Schreiben ist aber oft nicht feststellbar und schon gar nicht deren Absendung, etwa in der Vollzugsanstalt, und sie können an den verschiedensten Stellen eingehen (StA, Haftrichter, OLG über das Vollzugsamt, sonstige Gerichte), und zudem gibt es das Definitionsproblem — der Antrag muß erst einmal als solcher erkannt werden, damit dann entsprechend darauf reagiert werden kann.

Als Beginn der Haftprüfung wird daher erst die erste Reaktion des StA — im Ermittlungsverfahren — oder des Gerichts gezählt, was auch eine Aktenanforderung sein kann (müssen die Akten erst dorthin versandt werden, so dieses).

b) *Ende der Haftprüfung*

Als Ende der Haftprüfung wurde — im Ermittlungsverfahren — die erste verfahrensbezogene Tätigkeit der StA nach Wiedereingang der Akten gezählt — also keine Tätigkeiten, die noch mit der Haftprüfung selbst zu tun haben, wie etwa Beschlußzustellung. Der Wiedereingang bei der Stelle, wo die Akten ggf. angefordert worden waren, konnte nicht gewählt werden, da dies oft entfällt.

c) *Berechnung:* Gezählt wurde in jedem Fall Zeit (Abstand + 1).

d) *Verweis:* S. a. die besonderen Haftprüfungssequenzen, Anhang Nr. 23.

1) Beschwerden gegen Haftbefehle

von: Einlegung bei Haftbefehlsverkündung
bis: 1. verfahrensbezogene Tätigkeit StA danach (in einem Fall Entlassung)

Dauer	Anzahl
1– 6	1
7–13	6
14–20	5
21 +	3
Summe	15
Tage	226
Durchschnitt	(15,07)
Median	14

Bemerkung:

Dreimal liefen Beschwerden bei zwei Beschuldigten parallel, was jeweils als eine gezählt wurde.

2) Haftprüfungen auf Antrag

von: 1. Reaktion des Aktenführenden auf Antrag
bis: 1. verfahrensbezogene Tätigkeit des Aktenführenden danach bzw. Wiedereingang bzw. Entlassung.

Dauer	Anzahl	
1– 6	6	
7–13	18	
14–20	3	
21 +	1	
Summe	28	(in 25 Verfahren)
Tage	283	
Durchschnitt	(10,11)	
Median	7	

Bemerkungen:

Eine Haftprüfung war extrem lang, da um Verschonung verhandelt wurde; rechnet man diesen Fall heraus, so senkt sich der Durchschnitt auf 8,81.

Eine Haftprüfung verlief ohne Aktenversendung; diese wurde nicht mitberechnet.

In zwei Fällen war der Haftprüfungsantrag unzulässig, in einem Fall wurde die Haftprüfung vorzeitig abgebrochen. 9 führten zur Entlassung.

3) mündliche Haftprüfungen

von: 1. Reaktion StA (bzw. Gericht) auf Antrag
bis: 1. verfahrensbezogene Tätigkeit danach / Entlassung.

Dauer	Anzahl	
1– 6	2	
7–13	16	
14–20	9	
21–27	3	
28 +	3	
Summe	33	(in 27 Verfahren)
Tage	492	
Durchschnitt	(14,91)	
Median	13	

Bemerkungen:

Zwei Haftprüfungen waren besonders langwierig, da um Verschonung gehandelt wurde; die beiden sehr schnellen liefen im Hauptverfahren ab (ohne diese beiden beträgt der Durchschnitt 15,65); eine Haftprüfung wurde vorzeitig abgebrochen; eine Haftprüfung fand im vorhandenen Aktendoppel statt, wurde daher nicht gezählt; zwei führten zur Entlassung.

4) Haftbeschwerden

von: 1. Reaktion StA (bzw. Gericht)
bis: 1. verfahrensbezogene Tätigkeit danach/E.

Dauer	Anzahl	
1– 6	2	
7–13	17	
14–20	18	
21–27	6	
28–34	1	
35 +	1	
Summe	45	(in 34 Verfahren)
Tage	725	
Durchschnitt	(16,11)	
Median	15	

Bemerkungen:

In sieben Fällen wurde die Beschwerde bei der mündlichen Haftprüfung eingelegt. Diese Fälle wurden, da sie sich kaum aufspalten lassen und im Verfahrensablauf einen einheitlichen Vorgang darstellen, zusammen und unter 4) gezählt. In vier Fällen war schon keine Abhilfe durch den Haftrichter erfolgt (zusätzlich zu den genannten sieben), so daß diese Verfahrenssequenz entfiel. Weiter gab es zwei Haftbeschwerden im vorhandenen Aktendoppel und eine, die parallel zur OLG-Haftprüfung lief, die nicht gezählt wurden, im Gegensatz zu einem Fall, in dem die Beschwerde als unzulässig angesehen wurde.

Zieht man einen extrem langen, komplizierten Fall ab, so senkt sich der Durchschnitt auf 15,39.

Vier Haftbeschwerden waren erfolgreich.

5) weitere Beschwerden zum OLG

von: 1. Reaktion auf Antrag
bis: 1. verfahrensbezogene Reaktion

Dauer	Anzahl
14–20	1
21–27	5
28–34	2
Summe	8
Tage	201
Durchschnitt	(25,13)
Median	26,5

Bemerkungen:

In einem Fall handelte es sich um eine Beschwerde gegen einen Haftbefehl gem. § 230 StPO i. V. m. §§ 121 ff. StPO.

6) Zusammenfassung

Alle Haftprüfungen
— ohne OLG-Prüfungen gem. §§ 121 ff. StPO
— nur solche mit Aktenbewegungen

Dauer	Anzahl
1– 6	11
7–13	57
14–20	35
21–27	17
28–34	6
35 +	3
Summe	129
Tage	1927
Durchschnitt	(14,94)
Median	13

Bemerkungen:

Diese Haftprüfungen verteilen sich auf die Verfahren wie folgt:

Anzahl Haftprüfungen	Anzahl Verfahren
keine	47
1	31
2	14
3	9
4	5
5	2
6	1
7	1
Summe	110

Bemerkung:

Darin sind noch nicht die obligatorischen OLG-Haftprüfungen gem. §§ 121 ff. StPO enthalten. Von den 47 Verfahren ohne Haftprüfungen hatten 8 allein solche durch das OLG!

2. OLG-Haftprüfungen gem. §§ 121 ff. StPO

1) Sechsmonatsprüfung

von: Aktenanforderung durch die StA; bzw. Verfügung durch die StA, wenn die Akten sich dort befanden, UmA zum Haftrichter wegen (keine) „Abhilfe"; bzw. Verfügung des Gerichts im Zwischen- und Hauptverfahren UmA zur StA zur Stellungnahme (oder Aktenanforderung)
bis: Die erste Verfügung nach Beschlußzustellung bzw. im Zwischen- und Hauptverfahren (da die StA den Beschluß zustellt) Wiedereingang bei Gericht bzw. Entlassung.

Dauer	Anzahl
1–13	1
14–20	3
21–27	5
28–34	7
35–41	6
42–47	1
48 +	2
Summe	25
Tage	747
Durchschnitt	(29,88)
Median	29

Bemerkungen:

Eine Prüfung fand trotz laufender, aber nicht bemerkter Unterbrechung statt.

In sieben Fällen (bzgl. 9 Häftlinge) führte die Prüfung zur Entlassung.

2) weitere Prüfung(en) gem. § 122 Abs. 4 StPO, *von/bis* wie oben

Dauer	Anzahl
14–20	2
21–27	6
28–34	3
35 +	2
Summe	13
Tage	360
Durchschnitt	(27,69)
Median	27

3) Zusammenfassung der OLG-Haftprüfungen gem. §§ 121 ff. StPO

Dauer	Anzahl Prüfungen
1–13	1
14–20	5
21–27	11
28–34	10
35–41	7
42–48	2
Summe	38 (in 25 Verfahren)
Tage	1107
Durchschnitt	(29,13)
Median	28

Bemerkungen zu 2):

In zwei Verfahren fanden drei weitere Prüfungen statt, in zwei Verfahren zwei weitere Prüfungen und in drei Verfahren eine weitere Prüfung. In einem Verfahren fand noch eine weitere, vierte (insgesamt also die fünfte) Prüfung statt, aber dies geschah mit einem Sonderheft ohne die ganze Akte und wurde daher nicht berücksichtigt.

Es gab in dieser Gruppe keine Entlassungen mehr.

3. Zusammenfassung aller Haftprüfungen (Addition der Tabellen 1. 6) und 2. 3)).

Dauer in Tagen	Anzahl Haftprüfungen aller Art
1– 6	11
7–13	58
14–20	40
21–27	28
28–34	16
35–41	8
42–48	4
49 +	2
Summe	167
Tage	3034
Durchschnitt	(18,17)
Median	15

4. Zusammenfassende Übersicht über alle Haftprüfungen

1) — sogleich — eingelegte Beschwerde gegen Haftbefehl
2) Haftprüfungen auf Antrag
3) mündliche Haftprüfungen
4) — sonstige — Haftbeschwerden (auch einschl. vorangegangenen 2), 3))
5) weitere Beschwerden zum OLG
6) OLG-Sechsmonatsprüfungen
7) weitere OLG-Haftprüfungen

jeweils berechnet:
von: 1. Reaktion auf Haftprüfung (bei 1) ab Einlegung)
bis: 1. verfahrensbezogene Tätigkeit danach bzw. Entlassung, bzw. Wiedereingang
Art der Berechnung: Zeit (Abstand + 1)

Dauer des Vorgangs	Art des Vorgangs, Anzahl						
in Tagen	1)	2)	3)	4)	5)	6)	7)
1– 6	1	6	2	2	–	–	–
7–13	6	18	16	17	–	1	–
14–20	5	3	9	18	1	3	2
21–27	3	–	3	6	5	5	6
28–34	–	–	2	1	2	7	3
35–41	–	–	1	–	–	6	1
42 +	–	1	–	1	–	3	1
Summe	15	28	33	45	8	25	13
Tage	226	283	492	725	201	747	360
Median	14	7	13	15	26,5	29	27

Bemerkungen:

39 Verfahren waren ohne jegliche Haftprüfung. 8 Verfahren hatten allein OLG-Haftprüfungen (6/7). Es wurde durchweg nicht zwischen Haftprüfungs- etc. Anträgen und bloßen Verschonungsanträgen unterschieden (bzgl. 1—5); die Abgrenzung zwischen 2) und 4) richtet sich allein danach, ob die Akten dazu versandt werden mußten.

Anhang 13

Anlaufzeiten

von: Festnahmetag (ggf. von der ersten an)
bis: 1. (aktenkundige) Tätigkeit des (zuständigen) StA. Die zweite Einschränkung schließt die Verfügungen der Abteilungsleiter und sonstiger Staatsanwälte aus, wenn sie sich darauf beschränken, die Akte weiterzuleiten.
berechnet: Abstände
Ausgangsmenge: 102 Verfahren, in 8 Fällen war die Berechnung sinnlos; meist weil das Verfahren schon längere Zeit lief.

Anlaufzeit	Anzahl
1 Tag	–
2 Tage	1
3 Tage	12
4 Tage	9
5 Tage	16
6 Tage	18
7 Tage	11
8 Tage	7
9 Tage	3
10 Tage	5
11 Tage	6
12 Tage	1
13 Tage	5
14 Tage	5
mehr	3
Summe	102
Tage	745
Median	6

Bemerkung:

Ohne die Gruppe über 14 Tage senkt sich der Durchschnitt auf 6,92.

Anhang 14

„Vorlauf"

Tätigkeiten vor der Verhaftung:
I. Aufnahme der Anzeigen bei der Polizei
II. polizeiliche Ermittlungen
III. Ermittlungstätigkeit der Staatsanwaltschaft
IV. bereits begonnenes Hauptverfahren

Der Festnahmetag wurde nicht berücksichtigt.

Jede Kategorie schließt die Erfüllung der vorhergehenden mit ein.

Kategorie	Anzahl Verfahren
I.	20
II.	24
III.	10
IV.	4
Summe	58

Von einer Quantifizierung dieser Zeiten in Tagen wurde abgesehen, da einige Angaben nicht verfügbar waren und außerdem die Zahlen ganz erheblich streuen (von 1 bis 355 Tage).

Anhang 15

Aktenaufenthaltszeiten Staatsanwaltschaft

jeweils
von: Eingang der Akte bei StA (lt. Eingangsstempel)
bis: nächste UmA-Verfügung (Datum)
Ausgangsmenge: 71 Verfahren[1]

Aktenaufenthalts-zeit / Dauer in Tagen	Anzahl Verfahren
0– 6	1
7– 14	4
15– 29	17
30– 59	26
60– 89	15
90–119	6
120 +	2
Summe	71
Tage	3557
Median	45

Bemerkungen:

[1] Nur die Haft-Ermittlungsverfahren (s. die entspr. Tabelle; also abzüglich 37 Verfahren, die an ihrem Ende keine Haftsache mehr waren, und 2 Verfahren wegen längerer Unterbrechungen)

Anhang 16

a) Polizei-Gesamtzeit

von: 1. UmA-Verfügung durch StA an Polizei
bis: letzter Eingang bei StA von Polizei
berechnet: Zeit (Abstand + 1)

Dauer	Anzahl
bis 14 Tage	9
15– 29	17
30– 59	19
60– 89	9
90–119	4
120 +	3
Summe	61
Tage	2924
Durchschnitt	(47,93)
Median	35

Bemerkung:

Zu den Verfahren ohne Rückverweisung s. Text, S. 84, 122 f.

b) Verteilung der Polizei-Gesamtzeit nach Anteilen an der Gesamtdauer des Ermittlungsverfahrens

Ausgangsbasis: Nur Ermittlungsverfahren, in denen bis zum Ende Untersuchungshaft bestand.

Dauer Haft-Ermittlungsv.	Anteil Polizei-Gesamtzeit in % bis 19,9	20–39,9	40–59,9	60–100	nicht bei Polizei
bis 29 Tage	–	–	–	–	10
30– 59	–	2	–	1	10
60– 89	–	8	–	1	4
90–119	2	6	1	1	1
120–149	–	2	–	2	2
150–179	3	3	2	1	1
180 +	1	4	1	2	–
Summe	6	25	4	8	28

Bemerkungen:

Die Gruppe 60—100 % konnte zusammengefaßt werden, da nur ein Fall über 80 % lag. Die Gesamtsumme ergibt 71 — die Dauer der Ermittlungsverfahren ergibt sich aus Tabelle 11.

Anhang 17

Aktenaufenthaltszeit bei Polizei

von: Akteneingang bei Polizei
bis: Polizei-Verfügung UmA an Staatsanwaltschaft
Ausgangsmenge: alle (110) Verfahren — nur in der Haftzeit

Aktenaufenthaltszeit bei Polizei in Tagen	Anzahl
1– 7	10
8–14	8
15–29	21
30–59	16
60–89	5
90 +	1
k. A.[1]	13
0[2]	36
Summe	110
Tage[3]	1669
Median	23

Bemerkungen:

1) k. A. bezieht sich auf Verfahren, in denen diese Angabe sinnlos ist; jedenfalls zu Haftzeiten gab es keine Rückverweisung mehr.

2) 0 bedeutet, daß es in diesen Verfahren keine Rückverweisung an die Polizei gab.

3) Dieser und der folgende Wert bezieht sich nur auf die 61 Verfahren, in denen Rückverweisungen zu Haftzeiten stattfanden.

Anhang 18

I. Aktenaufenthaltszeit im gerichtlichen Verfahrensabschnitt

von: Eingang Akte beim (ggf. jeweils zuständigen) Gericht
bis: nächste UmA-Verfügung
jeweils
Ausgangsmenge: 62 Verfahren (nur die, die im gesamten Abschnitt Haftsache waren)

Dauer	Anzahl
bis 29 Tage	20
30– 59	18
60– 89	10
90–119	–
120 +	4
Summe	62
Tage	3009
Median	47

II. Aktenaufenthaltszeit — Anteil an der Gesamtdauer des Abschnitts

Gesamtdauer	Anteile der Aktenaufenthaltszeit in %					
in Tagen	bis 29,9	30–49,9	50–69,9	70–89,9	90–99,9	100
bis 14	–	–	–	1	–	3
15– 29	–	–	1	–	–	9
30– 59	2	1	4	–	2	9
60– 89	–	2	6	–	3	5
90–119	–	2	1	1	–	–
120–149	–	1	1	1	–	–
150 +	3	1	3	–	–	–
Summe	5	7	16	3	5	26

Bemerkung:

Es lag kein Fall unter 20 %; daher konnte die erste Gruppe bis 30 % zusammengefaßt werden. In 5 der 7 Fälle über 150 Tagen Dauer handelte es sich um Verfahren mit Sachverständigenbeteiligung, wo dann oft die Akten sich längere Zeit dort aufhalten.

Anhang 19

Terminsbeschluß

von: (1. bzw. letzter, s. Tab. 21, S. 159) Eröffnungsbeschluß
bis: letzte Terminverfügung
berechnet: Abstände
Ausgangsmenge: s. Bemerkungen

Abstand	Anzahl
1– 7 Tage	3
8–29	3
30–63	4
...	
161 +	5 (Mittel: 219)
0	50
k. A.	6
entf.	39
Summe	110

Bemerkungen:

0 heißt, daß der letzte Terminbeschluß zusammen mit dem Eröffnungsbeschluß ergangen ist.

k. A. betrifft Verfahren gem. §§ 212 ff. StPO, zusammen 5, und ein Verfahren mit Eröffnungsbeschluß i. a. S.

entf. bezieht sich auf Verfahren, in denen zum Zeitpunkt der letzten Terminsverfügung sich keine Person mehr in Untersuchungshaft befand, oder schon, ohne Haft, eröffnet war (letzteres betrifft 3 Verfahren).

Die Gründe für diese Divergenzen sind nicht gesondert tabelliert worden. (Die Gruppe über 161 Tage betrifft alles Gutachten).

Anhang 20

Terminierung

von: Terminsverfügung
bis: geplanter 1. Hauptverhandlungstag
Ausgangsmenge: alle 69 Verfahren, in denen bei der Terminsverfügung noch mindestens eine Person in Untersuchungshaft war.

Abstand	erste Terminierung			weitere Terminierung		
in Tagen	SchöffG	GrStrK	SchwurG	SchöffG	GrStrK	SchwurG
bis 6	2	1	–	–	–	–
7–14	13	–	–	1	–	–
15–29	18	–	4	1	1	–
30–44	10	7	–	2	–	1
45–59	7	2	–	–	1	–
60–74	1	1	–	2	–	1
75–89	–	2	–	–	–	–
90 +	1	–	–	–	–	–
Summe	52	13	4	6	2	2
Tage	1424	600	91			
Durchschnitt	(27,38)	(46,15)	(22,75)			
Median	21	41	./.			

alle zus.	SchöffG	GrStrK	SchwurG	alle Gerichte
Summe	58	15	6	79
Tage	1689	679	204	2638
Durchschnitt	(29,12)	(45,27)	(34,0)	(33,39)
Median	22,5	44	[24]	29

Alle Erst-Terminierungen	
Summe	69
Tage	2115
Durchschnitt	(30,65)
Median	27

Bemerkungen:

In den Zahlen für das Schöffengericht sind 5 Verfahren gem. §§ 212 ff. StPO (für diese: 71 Tage, Durchschnitt 14,2) und ein besonders langes Verfahren enthalten; zieht man diese ab, so bleibt für 46 Verfahren mit 1 240 Tagen ein Durchschnitt (26,96), Median 23.

Anhang 21

Hauptverfahren nach Terminsverfügung

von: letzte Terminsverfügung
bis: letzter Hauptverhandlungstag
berechnet: Abstände
Ausgangsmenge: 62 Verfahren (nur „volle“)

Dauer	Anzahl
1– 6	2
7–14	13
15–29	16
30–44	13
45–59	12
60–74	3
75–89	2
90 +	1
Summe	62
Tage	2012
Durchschnitt	(32,45)
Median	35

Verteilung nach Gesamtdauer gerichtl. Verfahrensabschnitt Anteile in %

Gesamtdauer Verf.-Abschn. in Tagen	Anteile in % bis 19,9	20–39,9	40–59,9	60–79,9	80–100	
bis 29	–	2	4	2	–	
30– 59	–	5	7	5	1	
60– 89	–	3	5	7	1	
90–119	1	–	1	2	–	
120–149	–	2	1	–	–	
150+239	3	3	1	–	–	
Summe	4	15	19	16	2	
k. A.						6

Bemerkung:

5 Verfahren gem. §§ 212 ff. StPO sind nicht in die Tabelle eingegangen (bis auf eines lägen sie alle in der letzten Spalte), sowie das Verfahren mit Eröffnungsbeschluß i. a. S.

Anhang 22

Durchschnittswerte — „volle Verfahren“

berechnete Durchschnittswerte für	Haftdauer (mit Unterbrechungen) 30–89	90–179	180–299	300 +
insgesamt	65,1	140,9	213,7	453,5
Sachverständigenzeit	0,0	0,0	16,0	83,2
Dauer StA-Abschnitt	36,8	81,9	121,5	277,6
davon bis Abschlußverfg.	27,6	62,6	93,7	196,3
Aktenaufenthaltszeit	19,9	43,9	55,1	76,4
Haftprüfungen	1,9	6,2	19,4	50,4
Dauer gerichtl. Abschnitt	28,3	59,0	92,2	175,9
davon bis Eröffnungsbeschl.	16,2	23,7	32,8	18,7
Aktenaufenthaltszeit	25,9	52,1	46,9	78,6
Haftprüfungen	0,0	4,0	17,2	37,2
(Anzahl Verfahren)	14	21	18	9

Bemerkungen:

Die einzelnen Begriffe sind in den entsprechenden Kapiteln näher definiert.

Diese Tabelle wird als nicht sehr sinnvoll angesehen; s. dazu die Bemerkungen im Text, 3., cc), (3), S. 98.

Anhang 23

Haftprüfungssequenzen

Vorbemerkung:
Jeder Sequenzschritt steht auf einer eigenen Zeile.
Es sind hier nur diejenigen Tätigkeiten erfaßt, die in den Akten auch vermerkt sind. Die Einzelheiten des Geschäftsgangs fehlen also.

a) Beschwerden gegen Haftbefehle
— Beschwerdeeinlegung bei Haftbefehlsverkündung
— Vfg. Haftrichter: UmA StA, meist sogleich „keine Abhilfe“
— Eingang Haftvorgang StA
— Vfg. StA: UmA LG, meist mit Fortdauerantrag
— Eingang Vorgang LG
— Vfg. vors. Richter: Berichterstatter
— LG: Beschluß
— Vfg. vors. Richter: Beschlußausfertigung und UmA StA
— Eingang Vorgang StA
— Vfg. StA: Beschlußzustellung
— (gleichzeitig oder nach Wiedervorlage): Nächste Tätigkeit StA

b) Haftprüfung auf Antrag (im Ermittlungsverfahren)
— Schreiben des Antrags durch Häftling oder RA
— Eingang des Schreibens bei Haftrichter oder StA
— ggf. Vfg. Haftrichter: Antragsweiterleitung m. d. B. Stellungnahme und Beifügung der Akte
— * ggf. Anforderung der Akten durch StA außerhalb
— Eingang der Akten bei StA
— *Vfg. StA: UmA Haftrichter, mit Antrag
— Eingang Akten bei Haftrichter
— Beschluß Haftrichter
— Vfg. Haftrichter: Beschlußausfertigung und UmA StA
— Eingang der Akten bei StA
— Vfg. StA: Beschlußzustellung
— nächste Tätigkeit StA

c) mündliche Haftprüfung
dazu muß b) wie folgt modifiziert werden:
.... Eingang Akten bei Haftrichter
— Vfg. Haftrichter: Terminsvfg. und Ladung (idR 1 Woche)
— Termin
— ggf. schriftliche Entscheidung
— Vfg. Haftrichter: UmA StA
— Eingang Akten StA
....

d) Beschwerden
— Schreiben der Haftbeschwerde
— Eingang bei StA oder Gericht
— * ggf.: wenn bei Haftrichter: sogleich „Keine Abhilfe“
— bei anderen Gerichten: UmA StA, Stellungnahme
— Eingang StA
— * Vfg. StA.: UmA Haftrichter, Antrag keine Abhilfe
— Eingang Akten Haftrichter
— Vfg. Haftrichter: keine Abhilfe, UmA StA
— Eingang Akten StA
— Vfg. StA: UmA LG, mit Antrag
— Eingang Akten LG
....
(ab dann wie zu a)

e) OLG-Haftprüfungen
— * ggf.: Aktenanforderung durch oder Übersendung an StA
— Eingang Akten StA
— * Vfg. StA: UmA Haftgericht, Antrag keine Abhilfe
— Eingang Akten dort
— Vfg.: keine Abhilfe, UmA StA
— Eingang Akten StA
— Vfg. StA: UmA StA OLG
— Eingang Akten StA OLG
— Vfg. StA OLG: UmA Senat OLG mit Antrag
— Eingang Akten Senat OLG
— Vfg. vors. Richter: Äußerungsfrist, Berichterstatter
— —— Äußerungsfrist meist eine Woche

Anmerkung:

Die gezeigten Sequenzen umfassen das, was als Haftprüfungszeit gezählt wurde (in Dritter Teil, 3., bb), (2)).
*Berechnungsbeginn

— Beschluß durch Senat OLG
— Vfg. OLG: Beschlußausfertigung
— Vfg. OLG: UmA StA OLG
— Eingang Akten StA OLG
— Vfg. StA OLG: UmA StA (Kiel)
— Eingang Akten StA
— Vfg. StA: Beschlußzustellung
— nächste Tätigkeit, oder:
— UmA Absender der Akte
— Eingang der Akte dort

f) weitere Beschwerden zum OLG
— Schreiben der weiteren Beschwerde
— Eingang StA oder Gericht (zu letzterem s. wie d))
— Vfg. StA: UmA LG, keine Abhilfe
— Eingang Akten LG
— Vfg. LG: keine Abhilfe, UmA StA
— Eingang Akten StA
— Vfg. StA: UmA StA OLG
....
(dann wie zu e), mit Ausnahme der Äußerungsfrist)

Bemerkungen.

Alle Sequenzen beziehen sich zunächst auf den Ablauf im Ermittlungsverfahren, wo sie auch sehr viel häufiger sind.

Für den gerichtlichen Verfahrensabschnitt müssen einige Modifikationen gemacht werden bei Anträgen:
— Vfg. Gericht: UmA StA zur Stellungnahme
— Eingang der Akten bei StA
— Vfg. StA: UmA Gericht, mit Stellungnahme
— Eingang der Akten bei Gericht
andererseits entfallen Wege für die Abhilfeversuche, da diese sogleich verneint werden.

Alle mit * gekennzeichneten Stellen sind alternativ mögliche Anfänge für die Berechnungen.

Anhang 24

Festnahmesequenz

....
Festnahme
polizeiliche Vernehmung
Vorführung vor dem Haftrichter und Haftbefehlserlaß
Vfg. Haftrichter: UmA StA, oft nur die Vorführakte, dann:
    Anforderung der Akten durch StA bei Polizei (ggf.)
    Rücksendung der Akten durch Polizei
Eingang Akten bei StA
Vfg. StA: Vorstrafenauskunft, Karteiauskunft, Wiedervorlage
....
(ggf. UmA Polizei, Abschluß der poliz. Ermittlungen
....
oder andere Sondersequenzen)
bis zur Abschlußverfügung.

Literaturverzeichnis

Arndt, Herbert: Haftentscheidung nach der MRK, DRiZ 1966, S. 75—80.

Atkinson, J. Maxwell: Discovering Suicide. Studies in the Social Organization of Sudden Death, London etc.: Macmillan 1978.

Atteslander, Peter: Methoden der empirischen Sozialforschung, 2. Aufl., Berlin/New York: Slg. Göschen (de Gruyter) 1971.

Bächle, Hans-Ulrich: Die angemessene Frist für die Untersuchungshaftdauer (Art. 5, 6, MenschRKonv.), NJW 1965, S. 475—477.

Bartsch, Hans-Jürgen: Dauer der Untersuchungshaft und Europäische Menschenrechtskonvention — Europäischer Gerichtshof für Menschenrechte, DVBl. 1968, 968 (Fall Wemhoff), JuS 1970, S. 445—450.

Bartsch, Hans-Jürgen: Richtermangel und Dauer der Untersuchungshaft, NJW 1973, S. 1303—07.

Bauer, Hans G.; Regina *Berg*; Vera *Kuhlen*: Forschung zu Problemen der Jugendhilfe, Bestandsaufnahme und Analyse, München: Juventa 1976.

Baumann, Jürgen: Die Bedeutung des Art. 2 GG für die Freiheitsbeschränkungen im Strafprozeß, S. 525—550, in: Festschrift für Eberhard Schmidt, Göttingen: Vandenhoeck & Ruprecht 1961.

Baumann, Jürgen: Beeinträchtigung der Verbrechensverfolgung durch die Strafprozeßnovelle? JuS 1965, S. 172—175.

Baumann, Jürgen: Probleme der Untersuchungshaft, S. 149—166 in: Ulrich Sonnemann (Hrsg.) Wie frei ist unsere Justiz? München: Kindler 1969.

Bender, Rolf (Hrsg.): Tatsachenforschung in der Justiz. Reform der Justizreform, Tübingen: Mohr (Siebeck) 1972.

Bender, Rolf; Peter *Wax*: Einführung in die Methoden der Tatsachenforschung, S. 17—57 in: *Bender* (Hrsg.) 1972.

Bender, Rolf; Brigitte *Heissler*: Rechtstatsachenforschung zur Reform des Hauptverfahrens, ZRP 1978, S. 30—33.

Berelson, Bernard: Content Analysis in Communication Research, Glencoe, Ill.: Free Press of Glencoe 1952.

Berger, Peter; Thomas *Luckmann*: Die gesellschaftliche Konstruktion der Wirklichkeit, Frankfurt: S. Fischer 1969.

Bericht des BJM an den Rechtsausschuß vom 4. 2. 1971 (unveröff.) zit. bei Diemer-Nicolaus, NJW 1972, 1692 und bei *Krümpelmann* 1976, S. 53, FN 13.

Betaenkning om Anholdelse og varetaegt: Afgivet af det af justisministeriet den 16. januar 1968 nedsette udvalg Betaenkning nr. 728, København: statens trykningskontor 1974.

Binswanger, Ralf; Werner *Brandenburger*: Zum Problem langdauernder Untersuchungshaft. SchwZStrR 1975, S. 406—420.

Bittner, Egon: Review of Michel Foucault, „I, Pierre Rivière, ...“, American Journal of Sociology Vol 82, 1976, pp. 256—60.

Blankenburg, Erhard: Die Staatsanwaltschaft im Prozeß sozialer Kontrolle, KrimJ 1973, S. 181—196.

Blankenburg, Erhard (Hrsg.): Empirische Rechtssoziologie, München: Piper 1975.

Blankenburg, Erhard: Kap. 4, Aktenanalyse (Einleitung) S. 193—198 in: *ders.* (Hrsg.) 1975.

Blankenburg, Erhard: Nicht-Kriminalisierung als Struktur und Routine, Kriminologische Gegenwartsfragen Heft 12, 1976, S. 175—185.

Blankenburg, Erhard; Hellmuth *Morasch*; Heimfrid *Wolff*: Die Dauer der Zivilprozesse S. 235—247, in: *Blankenburg* (Hrsg.) 1975.

(Blankenburg, Erhard) „Richter und Geschäftsstelle" — Notiz über einen Vortrag aus einem laufenden Forschungsobjekt zu diesen Thema auf einem ÖTV-Wochenendseminar in Springe, Oktober 1977 in: ötv in der Rechtspflege Nr. 18 (Februar 1978), S. 3.

Blankenburg, Erhard; Klaus *Sessar*; Wiebke *Steffen*: Die Schichtverteilung der (Eigentums- und Vermögens-)Kriminalität: Eine Willkür der Instanzen? KrimJ 1975, S. 36—47.

Blankenburg, Erhard; Klaus *Sessar*; Wiebke *Steffen*: Die Staatsanwaltschaft im Prozeß strafrechtlicher Sozialkontrolle (lange i. Vorb.; dann:) Berlin: Duncker & Humblot 1978.

Bohnsack, Ralf: Handlungskompetenz und Jugendkriminalität, Neuwied: Luchterhand 1973.

Bondzio, Wilhelm: Anm. zu OLG Hamm NJW 1973, 720, NJW 1973, S. 1468—69.

Bratholm, Anders: Pågripelse og varetektsfengsel, Oslo 1957.

Brusten, Manfred: Polizei — Staatsanwaltschaft — Gericht, MschrKrim 1974, S. 129—150.

Brusten, Manfred: Prozesse der Kriminalisierung, Ergebnisse einer Analyse von Jugendamtsakten, S. 85—121 in: H. U. Otto/S. Schneider (Hrsg.) Gesellschaftliche Perspektiven der Sozialarbeit, II. Halbbd. Neuwied: Luchterhand 1972.

Brusten, Manfred: Dokumente formeller Kontrolle — zur quantitativen Analyse von Jugendamtsakten, S. 199—218 in: *Blankenburg* (Hrsg.) 1975.

Bursten, Manfred; Werner *Springer*: Die Klienten der Sozialarbeit, vergleichende Aktenanalyse aus sechs Institutionen einer Stadt — Forschungsplan — KrimJ 1976, S. 280—291.

Christie, Nils: Is It Time to Stop Counting, in: Evaluation Research in Criminal Justice, p. 63—76, UNSDRI — Publications No. 11, Rome 1976.

Chua, Beng-Huat: On the Commitments of Ethnomethodology, Sociological Inquiry Vol. 44, 1976 pp. 241—256.

Churchill, Lindsey: Ethnomethodology and Measurement, Social Forces Vol. 50, 1971 pp. 182—191.

Cicourel, Aaron V.: Methode und Messung in der Soziologie, Frankfurt: Suhrkamp 1970 (Free Press of Glencoe 1964).

Cicourel, Aaron: V. The Social Organization of Juvenile Justice, New York etc.: Wiley 1968, sowie: London: Heinemann Educational Books 1976.

Cicourel, Aaron V.: Discourse and text: cognitive and linguistic processes in studies of social structure, VS (Versus) Vol. 12, 1975, pp. 33—84.

Clauss, Günter; Heinz *Ebner*: Grundlagen der Statistik für Psychologen, Pädagogen und Soziologen, Berlin: Volk und Wissen 1967.

Clemenz, Manfred; Wolfgang *Habicht*; Beate *Rudolph*: „Verwahrlosung" — Sprache und Interaktion in Systemen sozialer Kontrolle — Aus einem Forschungsprojekt zur Genese sozialer Auffälligkeit, Neue Praxis 1977, S. 152—172.

Cordier, Franz: Zeitlich begrenzter Haftbefehl, NJW 1968, S. 1710—11.

Dahs, Hans (sen.): Recht und Unrecht der Untersuchungshaft, NJW 1959, S. 505—511.

Dahs, Hans: Die Bewältigung großer Strafverfahren — um welchen Preis? NJW 1974, S. 1538—1543.

Diemer-Nicolaus, Emmy: Das geänderte Haftrecht, NJW 1972, S. 1692—1695.

Dotterweich, Jörg; *Franzen*, Richard; *Weihermüller*, Manfred: Simulationsmethoden in der juristischen Verfahrensforschung, Berlin: Schweitzer 1977.

Dreher, Eduard: Strafgesetzbuch mit Nebengesetzen und Verordnungen, 37 Aufl., München: Beck, 1977.

Dreher, Eduard; Herbert *Tröndle*: Strafgesetzbuch und Nebengesetze, 38. Aufl., München: Beck 1978.

Dünnebier, Hanns: Untersuchungshaftstatistik des Landes Bremen, MschrKrim 1962, S. 103—109.

Dünnebier, Hanns: Bemerkungen zum Verfahren des Oberlandesgerichts nach §§ 121, 122 StPO. Ein Appell an Gesetzgeber, JZ 1966, S. 251—254.

Dünnebier, Hanns: Reform der Untersuchungshaft? S. 29—51 in: *Lüttger* (Hrsg.) 1975.

Emerson, Robert M.: Judging Delinquents, Chicago: Aldine 1969.

Falk, Gunter; Heinz *Steinert*: Über den Soziologen als Konstrukteur von Wirklichkeit, das Wesen der sozialen Realität, die Definition sozialer Situationen und die Strategien ihrer Bewältigung, S. 13—45 in: Heinz Steinert (Hrsg.) Symbolische Interaktion, Arbeiten zu einer reflexiven Soziologie, Stuttgart: Klett 1973 (zit. 1973b).

Feest, Johannes; *Blankenburg*, Erhard: Die Definitionsmacht der Polizei, Düsseldorf: Bertelsmann 1972.

Feest/Haferkamp/Lautmann/Schumann/Wolff: Kriminalpolitik und Sozialstruktur, Programm für einen neuen Schwerpunkt der Deutschen Forschungsgemeinschaft, KrimJ 1977, S. 1—9.

Frank, Götz: Bericht über die diesjährige Tagung der Vereinigung für Rechtssoziologie in München, JZ 1977, S. 573—575.

Franzheim, Horst: Der Begriff „dieselbe Tat" in § 121 Abs. 1 StPO, NJW 1967, S. 1597—98.

Franzmann, Ewald: Die Untersuchungshaftverfahren in der Praxis des Landgerichtsbezirks Arnsberg in den Jahren 1957 bis 1959, jur. Diss. Bonn 1963.

Friedrichs, Jürgen: Methoden der empirischen Sozialforschung, Reinbek: Rowohlt Taschenbuch Verlag 1973.

Galtung, Johan: Theory and Methods of Social Research, London: Allen & Unwin 4. Print 1973 (zuerst Oslo, Universitetsforlaget 1967).

Gammeltoft-Hansen, Hans: Die Untersuchungshaft in Dänemark und Norwegen, ZStW 88 (1976) S. 516—556.

Garfinkel, Harold: Conditions for Successful Degradation Ceremonies, American Journal of Sociology Vol. 61, 1956, pp. 420—24, u. a. in: *Rubington/Weinberg* (eds.) 1968 pp. 89—94, dt. in *Lüderssen/Sack* (Hrsg.) 1976/77, S. 31—40.

Garfinkel, Harold: Studies in Ethnomethodology, Englewood Cliffs: Prentice-Hall 1967.

Garfinkel, Harold; Harvey *Sacks*: Über formale Strukturen praktischer Handlungen, S. 130—176 in: *Weingarten/Sack/Schenkein* (Hrsg.) 1976 (zuerst 1970).

Gerth, Werner: Kap. Dokumentenanalyse S. 519—534 in: Walter Friedrich; Werner Hennig (Hrsg.). Der sozialwissenschaftliche Forschungsprozeß, Berlin: VEB Deutscher Verlag der Wissenschaften 1975.

Gessner, Volkmar, et al. (Barbara *Rhode*; Gerhard *Strate*, Klaus A. *Ziegert*): Prozeßproduzierte Daten in der Rechtssoziologie, S. 179—197 in: Paul J. *Müller* (Hrsg.) 1975.

Giehring, Heinz: Rechte des Beschuldigten, Handlungskompetenz und kompensatorische Strafverfolgung, S. 181—214 in: Hassemer/Lüderssen (Hrsg.) Sozialwissenschaften im Studium des Rechts, Band III, Strafrecht, München: Beck 1978.

Gillig, Volker Kurt: Staatsanwaltschaftliche Ermittlungstätigkeit und staatsanwaltschaftliche Sanktionierungskriterien bei geringwertigen Ladendiebstahlsverfahren, KrimJ 1976, S. 205—212.

Golsong, Heribert: Die „angemessene Dauer" der Untersuchungshaft in der Rechtsprechung des EuGHMR, S. 68—75 in: Aktuelle Probleme des Internationalen Strafrechts (Grützner-Festschrift, Hamburg: v. Decker 1970.

Grebing, Gerhard: Untersuchungshaftrecht in der Bundesrepublik Deutschland, ZRV 1975, S. 161—191.

Grünwald, Gerald: Empfiehlt es sich, besondere strafprozessuale Vorschriften für Großverfahren einzuführen? Gutachten; S. C 1 — C 92 in: Verhandlungen des fünfzigsten Deutschen Juristentages, Bd. I, Teil C, 1974.

Güldenpfennig, Rudolf: Anm. zu OLG Oldenburg NJW 72, 1585, NJW 1972, S. 2008.

Guradze, Heinz: Die Angemessenheit der Dauer der Untersuchungshaft nach Art. 5 Abs. 3 der Europäischen Menschenrechtskonvention, NJW 1968, S. 2161—65.

Hanack, Ernst-Walter: Prozeßhindernis des überlangen Strafverfahrens, JZ 1971, S. 705–715.

Hesse, Hans Albrecht: Routine im Richter-Beruf, KZfSS 1978, S. 305—320.

Hiltl, Harald: Die richterliche Praxis der Untersuchungshaft. Eine Untersuchung an 189 Fällen aus den Mannheimer Untersuchungshaft- und Strafakten des Jahres 1971, jur. Diss. Heidelberg 1977.

Hillenkamp, Thomas: Verwirkung des Strafanspruchs durch Verfahrensverzögerung? JR 1975, S. 133—140.

Hink, Ulf: Die kriminogene Wirkung der Untersuchungshaft, Kriminalistik 1967, S. 523—25 (Zusammenfassung einer Diss. Salzburg 1967).

Holsti, Ole R.: Content Analysis for the Social Sciences and the Humanities, London: Oxford University Press 1969.

Jahrbuch für Rechtssoziologie und Rechtstheorie, Bd. IV, Zur Soziologie des Gerichtsverfahrens, Hrsg. Lawrence H. Friedman und Manfred Rehbinder, Düsseldorf: Westdeutscher Verlag Opladen 1976.

Jescheck, Hans-Heinrich: Recht und Praxis der Untersuchungshaft in der Bundesrepublik Deutschland, GA 1962, S. 65—74.

Jescheck, Hans-Heinrich: Rechtsvergleichung als Grundlage der Strafprozeßreform, S. 7—28 in: *Lüttger* (Hrsg.) 1975.

Jescheck, Hans-Heinrich; Justus *Krümpelmann* (Hrsg.): Die Untersuchungshaft im deutschen, ausländischen und internationalen Recht, Bonn: Röhrscheid 1971.

Kaiser, Eberhard: Die Bedeutung des oberlandesgerichtlichen Prüfungsrechts gem. § 121 StPO, NJW 1966, S. 435—437.

Kaiser, Eberhard: Auswirkungen des Strafprozeßänderungsgesetzes unter besonderer Berücksichtigung des Haftrechts, NJW 1968, S. 777—781.

Kaiser, Günther: The Significance of Empirical Research into the State Prosecutor's Office for Criminology and for Legal Policy, Annales Internationales de Criminologie Vol. 15 No. 1, 1976, 45—62.

Kaiser, Günther: Ansprache zur Begrüßung und Eröffnung, Kriminologische Gegenwartsfragen Heft 12, 1976, S. 1—7.

Kaiser, Günther; Hans Jürgen *Kerner*; Heinz *Schöch*: Strafvollzug. Eine Einführung in die Grundlagen, 2. Aufl. 1977; Tb. 1978, Karlsruhe/Heidelberg: C. F. Müller/UTB 1977/78.

Katz, Bruce.; A. Wesley *Sharrock:* Eine Darstellung des Kodierens, S. 244—271 in: *Weingarten/Sack/Schenkein* (Hrsg.) 1976.

Kern, Eduard; Claus *Roxin*: Strafverfahrensrecht, 14. Aufl. München: Beck 1976.

Kerner, Hans-Jürgen: Untersuchungshaft und Strafurteil. Analyse von Zusammenhängen nach neueren amtlichen Angaben, S. 549—563 in: Gedächtnisschrift für Horst Schröder, München: Beck 1978.

Kitsuse, John: Deviance, deviant behavior, and deviants: Some conceptual problems, pp. 233—243 in: William J. Filstead (ed.). An Introduction to Deviance, Chicago: Markham 1972.

Kleines kriminologisches Wörterbuch, Hrsg.: Günther Kaiser; Fritz Sack; Hartmut Schellhoss, Freiburg: Herder 1974.

Kleinknecht, Theodor: Anmerkung zu OLG Oldenburg (341), JZ 1968, S. 341—42.

Kleinknecht, Theodor: Anmerkung zu BVerfGE 36, 264 = JZ 1974, 582. JZ 1974, S. 585—86.

Kleinknecht, Theodor: Strafprozeßordnung mit GVG und Nebengesetzen, 33. Aufl. München: Beck 1977.

Kleinknecht, Theodor; Georg *Janischowsky*: Das Recht der Untersuchungshaft, München: Beck 1977.

Kohlmann, Günter: Der Anspruch des Beschuldigten auf schnelle Durchführung des Ermittlungsverfahrens, S. 501—515 in: Maurach-Festschrift, Karlsruhe: C. F. Müller 1972.

Kramer, Bernhard: Europ. MRK und angemessene Dauer von Strafverfahren und Untersuchungshaft, jur. Diss. Tübingen 1973.

Kraß, Erwin: Anklage und Begleitverfügung, Fehlermöglichkeiten und Formulierungsvorschläge. Köln etc.: Heymanns, 1977.

Kreuzer, Arthur: Untersuchungshaft bei Jugendlichen und Heranwachsenden. RdJB 1978, S. 337—356.

Kriminologische Gegenwartsfragen Heft 12: „Kriminologie und Strafverfahren", Hrsg.: Hans Göppinger und Günther Kaiser, Stuttgart: Enke 1976.

Krümpelmann, Justus: Probleme der Untersuchungshaft im deutschen und ausländischen Recht. ZStW 82 (1970), S. 1052—1116.

Krümpelmann, Justus: Statistische Angaben über die Untersuchungshaft in der Bundesrepublik Deutschland in: *Jescheck/Krümpelmann* (Hrsg.) 1971, S. 82—94.

Krümpelmann, Justus: Aktuelle Probleme des Haftrechts in empirischer und verfahrensrechtlicher Sicht. Kriminologische Gegenwartsfragen, Heft 12, 1976, S. 44—55.

LaFave, Wayne: Arrest: The Decision to take a Suspect into Custody, Boston: Little, Brown 1965.

Larsson, Sven: Anm. til H. Gammeltoft-Hansen, Varetaegtsfaengsling, København 1976, Svensk Juristtidningen 1977, S. 370—374.

Lautmann, Rüdiger: Justiz — die stille Gewalt, Frankfurt: Athenäum — FAT 1972.

Lewald, Paul: Einige Bemerkungen zur oberlandesgerichtlichen Haftprüfung in Fällen mit teilweiser Erledigung der Anklageschrift, SchlHA 1975, S. 57—58.

Löwe-Rosenberg: Die Strafprozeßordnung und das Gerichtsverfassungsgesetz, 23. Aufl. Berlin, New York: de Gruyter 1975 ff.

Low, Colin: The Sociology of Criminal Justice. Prospects and Problems, pp. 7—22 in: John Baldwin; Keith A. Bottomley (eds.) Criminal Justice — Selected Readings, London: Martin Robertson 1978.

Luckhaupt, Hans: Zur Zulässigkeit der Untersuchungshaft nach Verurteilung zu einer Freiheitsstrafe, die zur Bewährung ausgesetzt wurde, MDR 1974, S. 550—552.

Lüderssen, Klaus u. Fritz *Sack* (Hrsg.): Seminar: Abweichendes Verhalten III. Die gesellschaftliche Reaktion auf Kriminalität Bd. 2: Strafprozeß und Strafvollzug, Frankfurt: Suhrkamp 1976/1977.

Lüttger, Hans (Hrsg.): Probleme der Strafprozeßreform, Berlin, New York: Slg. Göschen (de Gruyter) 1975.

Luhmann, Niklas: Funktion und Folgen formaler Organisationen, Berlin: Duncker & Humblot 1964.

Mc Hugh, Peter: Defining the Situation, Indianapolis: Bobbs-Merrill 1968.

Mc Hugh, Peter: A. Common-Sense Conception of Deviance, pp. 61—68 in: Jack D. Douglas (ed.), Deviance and Respectability, New York: Basic Books 1970.

Mc Hugh, Peter; Stanley *Raffel;* Daniel C. *Foss;* Alan *Blum:* On the Beginning of Social Inquiry, London: Routledge & Kegan Paul 1974.

Mahler, Horst: Die Angemessenheit der Untersuchungshaft nach der MRK, NJW 1969, S. 353—55.

Mauz, Gerhard: Das Spiel von Schuld und Sühne. Die Zukunft der Strafjustiz, Düsseldorf: Diederichs 1975.

Mayntz, Renate; Kurt *Holm*; Peter *Hübner*: Einführung in die Methoden der empirischen Soziologie, 4. Aufl. 1974, Opladen: Westdeutscher Verlag.

Mehan, Hugh; Houston *Wood*: The Reality of Ethnomethodology, New York etc.: Wiley 1975.

Mehan, Hugh; Houston *Wood*: De-Secting Ethnomethodology, The American Sociologist 1976 Vol. 11 (Febr.) pp. 13—21.

Mehling, Wolfgang: Die Sechsmonatsfrist in § 121 StPO, NJW 1966, S. 142—143.

Meyer, Jürgen: Tagungsbericht (Bericht über das Kolloquium „Die Untersuchungshaft im ausländischen und deutschen Recht"). ZStW 82 (1970) S. 1117—1135.

Meyer, K. H.: Anmerkung zu OLG Hamburg JR 1969, 68, JR 1969, S. 69—70.

Mikinovic, Stefan; Wolfgang *Stangl*: Das Rechtsmittel im Strafprozeß. Eine empirische Studie richterlicher Rechtsfindung (2 Bde.). Wien: Ludwig-Boltzmann-Institut für Kriminalsoziologie 1977, auch als: Strafprozeß und Herrschaft, Neuwied: Luchterhand 1978.

Molotch, Harvey; Marilyn *Lester*: Accidents, Scandals and Routines: Resources for Insurgent Methodology. The Insurgent Sociologist Vol. 3, 1973, pp. 1—11.

Molotch, Harvey; Marilyn *Lester:* News as Purposive Behavior. On the Strategy of Routine Events, Accidents, and Scandals, American Sociological Review Vol. 39, 1974, pp. 101—112.

Moore, Harriet; Gerhard *Kleining*: Das soziale Selbstbild der Gesellschaftsschichten in Deutschland, KZfSS 1969, S. 86—119.

Müller, Paul J. (Hrsg.): Die Analyse prozeßproduzierter Daten, Stuttgart: Klett-Cotta 1977.

Neumann, Albrecht: Die Untersuchungshaftpraxis untersucht und dargestellt an Haftsachen des OLG Bezirks Saarbrücken aus dem Jahre 1960, jur. Diss. Saarbrücken 1969.

Opp, Karl-Dieter: Abweichendes Verhalten und Gesellschaftsstruktur, Neuwied: Luchterhand 1974.

Peters, Karl: Fehlerquellen im Strafprozeß, 3 Bde., Karsruhe: C. F. Müller 1970/72/74.

Philipp, Erich: Das künftige Haftrecht und seine Folgen, DRiZ 1965, S. 83—85.

Pollner, Melvin: Mundanes Denken, S. 295—326 in: *Weingarten/Sack/Schenkein* (Hrsg.) 1976, (zuerst: Mundane Reasoning, Philosophy of the Social Sciences Vol. 4. 1974, pp. 35—54).

Pusinelli, Gerhard: Die weitere Prüfung der Fortdauer der Untersuchungshaft nach § 122 Abs. 3 StPO, NJW 1966, S. 96—97.

Rains, Prudence: Imputations of Deviance: A Retrospective Essay on the Labeling Perspective, Social Problems Vol. 23, 1975, pp. 1—11.

Rebmann, Eberhard: Der Begriff „dieselbe Tat" in § 121 Abs. 1 StPO, NJW 1965, S. 1752—55.

Richter, H. C.: Verlängerung der Untersuchungshaft über 6 Monate — § 121 StPO untersucht anhand von Strafakten aus den LG-Bez. Wuppertal und Bonn, jur. Diss. Bonn, in Vorbereitung (nach Dokumentation Forschung in den Sozialwissenschaften).

Ritsert, Jürgen: Inhaltsanalyse und Ideologiekritik. Ein Versuch über kritische Sozialforschung, Frankfurt: Fischer — Athenäum — Taschenbuch 1972.

Ritter, Kurt-Lennart: Der praktische Gang der Strafrechtspflege, Bonn: Röhrscheid 1962.

Rosenthal, Claudia: § 121 StPO — Die Verkürzung der Dauer der Untersuchunghaft durch die Beschleunigung des Verfahrens, jur. Diss. München 1975.

Rotthaus, Karl-Peter: Unzulänglichkeiten der heutigen Regelung der Untersuchungshaft, NJW 1973, S. 2269—73.

Roxin, Claus: Recht und soziale Wirklichkeit im Strafverfahren, in: Kriminologische Gegenwartsfragen Heft 12, 1976, S. 9—27.

Rubington, Earl; Martin S. *Weinberg* (Eds.): Deviance. The Interactionist Perspective, New York: Macmillan 1968.

Rupprecht, Reinhard: Verfassungsrechtsprechung zur Untersuchungshaft, NJW 1973, S. 1633—36.

Sack, Fritz: Interessen im Strafrecht. Zum Zusammenhang von Kriminalität und Klassen-(Schicht-)Struktur, in: KrimJ 1977, S. 248—278.

Sack, Hans-Jürgen: Sechsmonatsfrist des § 121 StPO und „Kontinuierlicher Freiheitsentzug", NJW 1975, S. 2240—41.

Sacks, Harvey: Sociological Description, Berkeley Journal of Sociology, Vol. VIII 1963, pp. 1—16.

Sacks, Harvey: On the Analysability of Stories by Children, pp. 216—232 in: Roy Turner (ed.) Ethnomethodology, Harmondsworth: Penguin 1974 (zuerst 1972).

Sacks, Harvey: Some Technical Considerations of a Dirty Joke, pp. 249—269 in: Jim Schenkein (ed.) Studies in the Organization of Conversational Interaction, New York: Academic Press 1978.

Sauer, H.: Die Praxis der Untersuchungshaft — Kritische Bemerkungen aus haftrichterlicher Sicht, NJW 1959, S. 1993—1996.

Schäfer, Gerhard: Die Praxis des Strafverfahrens, Stuttgart etc.: Kohlhammer 1976.

Schäfer, Karl: Strafprozeßrecht — Sonderausgabe der Einleitung zu Löwe-Rosenberg 23. Aufl. Berlin, New York: de Gruyter 1976.

Scheuch, Erwin K.: Sozialprestige und soziale Schichtung, KZfSS, Sonderheft 5 („Soziale Schichtung und soziale Mobilität") 1961, S. 65—103.

Schmidt, Eberhard: Lehrkommentar zur Strafprozeßordnung und zum Gerichtsverfassungsgesetz Teil I (Grundlagen), 2. Aufl. 1964 und: Nachtragsband I (StPO) 1967, Göttingen: Vandenhoeck & Ruprecht.

Schmidt, Eberhard: Die oberlandesgerichtliche Kontrolle der Dauer der Untersuchungshaft (StPO §§ 121, 122), NJW 1968, S. 2209—19.

Schmitt, Rudolf: Das Strafverfahren zweiter Klasse, ZStW 89 (1977), S. 639—648.

Schneider, Hans-Joachim (et al.): Kriminalitätsdarstellung im Fernsehen und kriminelle Wirklichkeit — Bericht über die Ergebnisse einer empirisch-kriminologischen Teamforschung, Opladen: Westdeutscher Verlag 1977.

Schorn, Hubert: Das Oberlandesgericht als Haftprüfungsgericht, JR 1966, S. 452—54.

Schorn, Hubert: Die Untersuchungshaft nach dem Strafprozeßänderungsgesetz, NJW 1965, S. 841—845.

Schreiber, Hans-Ludwig: Verfahrensrecht und Verfahrenswirklichkeit, ZStW 88 (1976), S. 117—161.

Schultz, Dietrich: Die Entscheidung des Europäischen Gerichtshofs zur angemessenen Dauer der Untersuchungshaft, JR 1968, S. 441—444.

Schumann, Karl F.: Der Handel mit Gerechtigkeit. Funktionsprobleme der Strafjustiz und ihre Lösungen am Beispiel des amerikanischen plea bargaining, Frankfurt: Suhrkamp 1977.

Schwarberg, Günther: Der Treibsand der Justiz in: Stern Nr. 2/1978, S. 12—17.

Schwartz, Howard: On Recognizing Mistakes: A Case of Practical Reasoning in Psychotherapy, Philosophy of the Social Sciences Vol. 6 (1976) 55—73.

Schwartz, Howard: Allgemeine Merkmale, S. 327—367 in: *Weingarten/Sack/Schenkein* (Hrsg.) 1976.

Schwenk, Edmund H.: Das Recht des Beschuldigten auf alsbaldige Hauptverhandlung, ZStW 79 (1967), S. 721—740.

Schwenk, Edmund H.: Strafprozessuale Probleme des Nato-Truppenstatuts, JZ 1976, S. 581—83.

Seebald, Rudolf: Zur Verhältnismäßigkeit der Haft nach erstinstanzlicher Verurteilung, NJW 1975, S. 28—29.

Seetzen, Uwe: Zur Verhältnismäßigkeit der Untersuchungshaft, NJW 1973, S. 2001—2006.

Seetzen, Uwe: Untersuchungshaft und Verfahrensverzögerung, insbesondere nach erstinstanzlicher Verurteilung, ZRP 1975, S. 29—32.

Selltiz, Claire; Marie *Jahoda*; Morton *Deutsch*; Stuart W. *Cook*: Untersuchungsmethoden der Sozialforschung, II Bde., Neuwied: Luchterhand 1972 (zuerst 1952).

Sessar, Klaus: Empirische Untersuchungen zur Funktion und Tätigkeit der Staatsanwaltschaft, ZStW 87 (1975), S. 1033—1062.

Sieverts, Rudolf: Die Wirkungen der Freiheitsstrafe und der Untersuchungshaft auf die Psyche der Gefangenen, Mannheim: Bensheimer, 1929.

Silverman, David: Reading Castaneda. A Prologue to the Social Sciences, London etc.: Routledge & Kegan Paul 1975.

Smith, Dorothy E.: The Social Construction of Documentary Reality, Sociological Inquiry Vol. 44, 1974, pp. 257—268.

Sonntag, Gerd: Die Untersuchungshaftpraxis nach dem Strafprozeßänderungsgesetz vom 19. 12. 1964, untersucht und dargestellt an Haftsachen des OLG-Bezirks Saarbrücken in der Zeit vom 1. 7. 65 — 31. 12. 67, jur. Diss. Saarbrücken 1973.

Spiecker, Herbert: Reform der Haftjustiz, MschrKrim 1962, S. 97—102.

Steffen, Wiebke: Analyse polizeilicher Ermittlungstätigkeit aus der Sicht des späteren Strafverfahrens, Wiesbaden: BKA Forschungsreihe, 1976.

Steffen, Wiebke: Grenzen und Möglichkeiten der Verwendung von Strafakten als Grundlage kriminologischer Forschung, S. 89—108, in: Paul J. *Müller* (Hrsg.) 1977.

Stein, Ekkehart; Karl F. *Schumann*; Gerd *Winter* (u. a.): Organisatorische Probleme des Strafprozesses S. 112—125, in: *Steinert* (Hrsg.) 1973, etwas erweiterte Fassung: Ms. Konstanz o. J. (25 S.)

Steinberg, Marc I.: Right to Speedy Trial: The Constitutional Right and its Applicability to the Speedy Trial Act of 1974, Journal of Criminal Law & Criminology Vol. 66, 1975, pp. 229—239.

Steinberg, Marc I.: Dismissal With or Without Prejudice under the Speedy Trial Act: A proposed Interpretation, Journal of Criminal Law & Criminology Vol. 68, 1977, pp. 1—14.

Steinert, Heinz (Hrsg.): Der Prozeß der Kriminalisierung, München: Juventa 1973.

(Stiebeler, Walter): Bericht in der Frankfurter Rundschau vom 13. 9. 1976 „Hoher Richter: längere U-Haft ermöglichen" (über ein Rundfunkinterview).

Sudnow, David: Normal Crimes, Sociological Features of the Penal Code, Social Problems Vol. 12, 1965, pp. 255—276 (z. T. in: *Rubington/Weinberg* (eds.) 1968, pp. 174—185).

Sudnow, David: Temporal Parameters of Interpersonal Observation, pp. 259—279, in: David Sudnow (ed.), Studies in Social Interaction, New York: Collier-Macmillan 1972.

Treiber, Hubert: Entscheidungsprozesse in der Bundesregierung, S. 219—234, in: *Blankenburg* (Hrsg.) 1975.

Verhandlungen des 50. Deutschen Juristentages: Band I (Gutachten), Teil C, Band II (Sitzungsberichte), Teil K, München: Beck 1974.

Vöcking, Johannes: Die oberlandesgerichtliche Kontrolle der Untersuchungshaft gem. § 121 StPO, jur. Diss. Mainz 1977.

Vogler, Theo: Fragen in der Spruchpraxis der Europäischen Kommission, ZStW 86 (1977), S. 761—795.

Wassermann, Rudolf: Zur Soziologie des Gerichtsverfahrens, S. 127—153, in: Naucke, Wolfgang und Paul Trappe (Hrsg.), Rechtssoziologie und Rechtspraxis, Neuwied: Luchterhand 1970.

Weber, Max: Wirtschaft und Gesellschaft Bd. I, Tübingen: Mohr (Siebeck) 1956.

Weingarten, Elmar; Fritz *Sack*; Jim *Schenkein* (Hrsg.): Ethnomethodologie, Beiträge zu einer Soziologie des Alltagshandelns, Frankfurt: Suhrkamp 1976.

Wieder, D. Lawrence; Don H. *Zimmerman*; Regeln im Erklärungsprozeß, Wissenschaftliche und ethnowissenschaftliche Soziologie, S. 105—129, in: *Weingarten/Sack/Schenkein* (Hrsg.) 1976.

Wolff, Jörg: Die benachteiligende Funktion der Untersuchungshaft, KrimJ 1975, S. 17—25.

Worsley, Peter (ed.): Introducing Sociology, Harmondsworth: Penguin 1970.

Zimmerman, Don H.: Record Keeping and the Intake Process in a Public Welfare Agency, pp. 319—354, in: Stanton Wheeler (ed.), On Record, Files and Dossiers in American Life Russel Sage/Basic Books 1969.

Zimmerman, Don H.: A Reply to Professor Coser, The American Sociologist 1976 Vol. 11, pp. 4—13.

Zimmerman, Don H.; Melvin *Pollner*: Die Alltagswelt als Phänomen. S. 64—109, in: *Weingarten/Sack/Schenkein* (Hrsg.) 1976.

Zimmerman, Don H.; D. Lawrence *Wieder*: Ethnomethodology and the Problem of Order, Comment on Denzin, in: Jack D. Douglas (ed.), pp. 285—295, Understanding Everyday Life, (Chicago: Aldine 1970); London: Routledge & Kegan Paul 1971.

FSC
www.fsc.org
MIX
Papier | Fördert
gute Waldnutzung
FSC® C083411

Kolibri 360 GmbH
Ferdinand-Jühlke-Straße 7
99095 Erfurt, Deutschland
produktsicherheit@kolibri360.de

Druck:
CPI Druckdienstleistungen GmbH
im Auftrag der
Kolibri 360 GmbH
Ferdinand-Jühlke-Str. 7
99095 Erfurt